国家社科基金
后期资助项目

文本与时代：
马克思"世界历史"思想研究

周康林 著

社会科学文献出版社
SOCIAL SCIENCES ACADEMIC PRESS (CHINA)

图书在版编目(CIP)数据

文本与时代：马克思"世界历史"思想研究／周康林著. -- 北京：社会科学文献出版社，2024.6.
ISBN 978-7-5228-3784-0

Ⅰ.A811.692

中国国家版本馆 CIP 数据核字第 2024Z23L03 号

国家社科基金后期资助项目
文本与时代：马克思"世界历史"思想研究

著　　者／周康林

出　版　人／冀祥德
责任编辑／王小艳
责任印制／王京美

出　　版／社会科学文献出版社·马克思主义分社（010）59367126
　　　　　地址：北京市北三环中路甲29号院华龙大厦　邮编：100029
　　　　　网址：www.ssap.com.cn
发　　行／社会科学文献出版社（010）59367028
印　　装／三河市龙林印务有限公司
规　　格／开　本：787mm×1092mm　1/16
　　　　　印　张：18.75　字　数：295千字
版　　次／2024年6月第1版　2024年6月第1次印刷
书　　号／ISBN 978-7-5228-3784-0
定　　价／98.00元

读者服务电话：4008918866

版权所有 翻印必究

国家社科基金后期资助项目
出版说明

　　后期资助项目是国家社科基金设立的一类重要项目，旨在鼓励广大社科研究者潜心治学，支持基础研究多出优秀成果。它是经过严格评审，从接近完成的科研成果中遴选立项的。为扩大后期资助项目的影响，更好地推动学术发展，促进成果转化，全国哲学社会科学工作办公室按照"统一设计、统一标识、统一版式、形成系列"的总体要求，组织出版国家社科基金后期资助项目成果。

全国哲学社会科学工作办公室

学习马克思,就要学习和实践马克思主义关于世界历史的思想。马克思、恩格斯说:"各民族的原始封闭状态由于日益完善的生产方式、交往以及因交往而自然形成的不同民族之间的分工消灭得越是彻底,历史也就越是成为世界历史。"马克思、恩格斯当年的这个预言,现在已经成为现实,历史和现实日益证明这个预言的科学价值。今天,人类交往的世界性比过去任何时候都更深入、更广泛,各国相互联系和彼此依存比过去任何时候都更频繁、更紧密。一体化的世界就在那儿,谁拒绝这个世界,这个世界也会拒绝他。万物并育而不相害,道并行而不相悖。我们要站在世界历史的高度审视当今世界发展趋势和面临的重大问题,坚持和平发展道路,坚持独立自主的和平外交政策,坚持互利共赢的开放战略,不断拓展同世界各国的合作,积极参与全球治理,在更多领域、更高层面上实现合作共赢、共同发展,不依附别人、更不掠夺别人,同各国人民一道努力构建人类命运共同体,把世界建设得更加美好。

　　——《习近平著作选读》(第二卷),人民出版社,2023,第165~166页。

序　言

　　周康林博士的书稿《文本与时代：马克思"世界历史"思想研究》喜获 2023 年国家社科基金后期资助项目立项，在专著出版之际其邀请我为之作序，我欣然答应。周康林是我在中国人民大学马克思主义学院招收的 2016 级马克思主义基本原理专业博士研究生。早在 2014 年 9 月，当时还在宁波大学攻读硕士学位的周康林给我发来一封"拜师"邮件，从邮件中得知他硕士阶段已经在《马克思主义研究》等刊物上发表多篇论文，具有较为扎实的科研积累，同时他也表明了报考我博士研究生的强烈愿望，我对其印象颇为深刻。2015 年，周康林第一次报考中国人民大学马克思主义学院博士研究生，未能进入面试环节，周康林随即向我表明脱产"二战"的决心和意志。我也经常鼓励他认真备考，帮助他舒缓压力。一个来自贵州偏远山区的农村学子做出脱产"二战"的决定，注定要承受来自各方面的巨大压力。好事多磨，事在人为。周康林在 2016 年顺利通过博士招生初试和复试，成为我指导的博士研究生，由此正式结下我们的师生缘。

　　在中国人民大学攻读博士学位期间，周康林勤学善问、为人真诚、甘于奉献，做事成熟稳重，深得老师和同学们的信赖和喜爱。周康林长期担任我的科研助理，协助我高质量完成了许多科研工作。在中国人民大学的培养下，周康林博士在做人做事做学问等方面都取得了长足进步。他学习主动性强，我们先后在《马克思主义与现实》《马克思主义研究》《中国特色社会主义研究》等刊物上合作发表了《构建人类命运共同体——全球治理的中国方案》《马克思"人民主体"思想的内在逻辑与当代价值》《新时代中国马克思主义实践观论析》等高质量学术论文，在学界产生了良好反响。

　　2018 年 6 月，周康林向我请教博士学位论文选题事宜。我以习近平总书记在纪念马克思诞辰 200 周年大会上的讲话作为背景和契机，给他确定了"命题作文"：《马克思"世界历史"思想及其当代价值研究》。

20世纪80年代以来,学界对这个"常研常新"的议题已经进行了大量研究,要进一步拓展该领域研究的问题视域和理论空间确实存在很大难度。周康林最终顺利完成博士学位论文并通过答辩,但彼时依然留下一些有待进一步解答的问题。

在留校从事师资博士后的教学与研究工作期间,周康林围绕博士学位论文中一些尚未解答的问题进行深入研究,《马克思"世界历史"思想的问题域与当代启示》一文发表在《教学与研究》2022年第4期,文章在马克思"世界历史"思想的出场逻辑与问题视域的阐释方面实现了新突破。该论文明确指出,在《德意志意识形态》中,马克思"站在德国以外的立场"批判黑格尔派的民族偏狭性与地域局限性,遵循"符合现实生活的考察方法"科学地揭示"历史成为世界历史"的内在机理。马克思站在"世界历史"的高度,深入分析世界普遍交往中的资本逻辑、秩序危机、自由实现、无产阶级革命、跨越论等时代前沿问题,在拓展唯物史观的问题视域和理论空间的同时,深刻地揭示世界历史发展的辩证图景。这一回归马克思主义经典文本的新发现、新阐释,解答了马克思"世界历史"思想的出场逻辑问题,也初步勾勒了马克思"世界历史"思想的基本问题域。

博士后出站正式入职中国人民大学后,周康林以"文本"与"时代"两个关键词重新切入马克思"世界历史"思想研究,旨在把文本中的问题与时代中的问题结合起来,通过对文本问题的研究为时代问题的解答提供理论指导,通过对时代问题的分析思考和挖掘经典文本的时代价值。根据这一研究思路,周康林在其博士学位论文基础上做出了较大幅度调整和完善,形成了本著作"导论+五章"的总体结构。该著作在拓展马克思"世界历史"思想研究的理论空间和问题视域方面的重要贡献主要体现在三个方面。

第一,深刻阐释马克思"世界历史"思想的出场逻辑和深化路向。对变革的时代做出理论回应是欧洲近代"世界历史"观念形成和演进的逻辑起点。维柯、伏尔泰、赫尔德、康德、黑格尔等思想先驱站在唯心史观的立场从不同层面回应世界历史发展的前沿问题,马克思则"站在德国以外的立场",立足新唯物主义的"坚实的地面",对历史向"世界历史"转变做出了符合事实的一般科学阐明,实现"世界历史"阐释范式的伟大变革。马克思沿着唯物史观的理论逻辑深入政治经济学研究，在"有关时代的经济"中找到普遍交往的世界历史实践生成的内在奥秘："资本的现代生活史"开启了普遍交往的"作为结果的世界史"。该著作对马克思"世界历史"思想的出场逻辑和深化路向作出了具有经典文献依据的深刻阐释，富有创见性。

第二，全面概括马克思"世界历史"思想的问题视域。作者认为，在马克思文本语境中，"历史成为世界历史"与"交往成为世界交往"是同义语，世界普遍交往中的秩序危机问题、主体生成问题、发展道路问题、自由与革命问题、中国革命问题构成马克思"世界历史"思想的基本问题域。伴随历史向"世界历史"转变的程度不断加深，获得了独立性和自主性的现代资本使人对"人的依赖性"转向"对物的依赖性"，形形色色的宗教主体观、英雄主体观同样面临破产的命运，只有在世界范围内消灭资本主义私有制，以工人阶级为中心的"真正的人民"才能成为掌握现代生产力的"大写的人"。资本主义世界交往秩序是其国家秩序的空间延伸，以自由竞争为核心的世界历史秩序必将"走向死胡同"，取而代之的必定是以工人阶级为中心的"自由联合"的世界交往秩序。世界普遍交往为自由实现与阶级革命提供了广阔的实践场域，无产阶级的"自由联合"取代资产阶级的"自由竞争"是世界历史发展的大趋势。世界历史的整体性预示各民族发展道路总体遵循"自然历史过程"的统一性规定，同时，世界普遍交往的时空境遇为落后民族学习和借鉴人类先进文明成果从而实现跨越式发展提供可能。马克思从农业与手工业紧密结合的独特生产方式出发阐释中华文明"向内发展"的历史逻辑，指明中、西革命的联动性，预示中国革命的光明前景。这种"从问题找方法"的研究思路是值得肯定的。

第三，多维度探讨马克思"世界历史"思想的时代意蕴。审视传统，中国古代流变约"天下"格局与"天下"观念在塑造中华文明的连续性、创新性、统一性、包容性、和平性过程中发挥着重要作用，历史向"世界历史"转变带来的危机和挑战同样使中国传统"天下"范畴面临解体与重构的命运。中国共产党在"两个结合"中重构中华民族现代文明的"天下"逻辑。洞察世界，全球化是世界普遍交往深度发展的产物，西方主导的逆全球化在本质上并不是反全球化，而是要重构以西方为中心的全球化。立足现实，面对当今世界百年未有之大变局，只要我们坚持以中国式现代化全面推进中华民族伟大复兴，就必定能为这个充满矛盾的不确定性的世界增添更多确定性的积极因素。展望未来，我们应该重视"世界历史"的意识形态功能和史学价值，树立和强化"世界历史"的问题意识，探索世界交往的新文明叙事范式，积极构建走向世界历史、影响世界历史、引领世界历史的中国话语体系。这些多维度的探索无疑增强了马克思"世界历史"思想的时代性和解释力。

总体而言，该著作牢牢抓住"文本"与"时代"两个关键词，深入阐释马克思"世界历史"思想的出场逻辑、问题视域和时代意蕴，既重视构建经典文本中的理论逻辑，又注重结合时代问题拓展马克思"世界历史"思想的当代视域，力图实现厚重的文本逻辑与鲜明的时代意识的良性互动、同频共振。本著作的最大特色是把马克思"世界历史"思想的"文本问题"与"时代问题"结合起来加以研究，既有助于凸显文本研究的当代性，又有助于增强时代问题分析的学理性，力图突破"守本有余"而"开新不足"的研究瓶颈，助力构建中国自主知识体系与中国特色话语体系。

当然，该著作依然存在提升的空间，比如对国外学术前沿问题还需要进一步跟踪研究，对中国古代"天下"格局历史变迁与中国古代"天下"观念解体的论证还有待深入，对马克思"世界历史"思想的问题视域的概括阐释还有待拓展。但总体而言，瑕不掩瑜。相信这部富有创见性的学术力作能够获得学术争鸣的机会，也能够为深化本领域研究、构建中国自主知识体系提供有益参考。

从撰写博士学位论文到书稿喜获国家社科基金后期资助项目立项，再从顺利结项到专著出版，我在这个过程中见证了周康林博士学术求真的精进态度，也见证了一个青年学人的情怀养成。我期待周康林博士继续在"以马克思主义为业"的道路上躬耕不辍、砥砺前行，不断取得新突破、新进步。

是为序。

郝立新

2024 年 5 月 30 日

北京世纪城

目 录

导 论 …………………………………………………………………… 1
  一 问题提出 ………………………………………………………… 1
  二 研究现状 ………………………………………………………… 4
  三 研究构想 ………………………………………………………… 21

第一章 马克思"世界历史"思想的出场逻辑 …………………… 24
第一节 近代欧洲"世界历史"观念形成的时代背景 ……………… 24
  一 现代民族国家的兴起 …………………………………………… 25
  二 生产方式的重大变革 …………………………………………… 26
  三 殖民扩张与世界市场的建立 …………………………………… 27
  四 宗教改革与理性启蒙的胜利 …………………………………… 27
第二节 马克思"世界历史"思想的理论渊源 …………………… 29
  一 维柯的"世界历史"观念 ……………………………………… 29
  二 伏尔泰的"世界历史"观念 …………………………………… 30
  三 赫尔德的"世界历史"观念 …………………………………… 32
  四 康德的"世界历史"观念 ……………………………………… 33
  五 黑格尔的"世界历史"理论 …………………………………… 35
第三节 马克思"世界历史"思想的创立与深化 ………………… 38
  一 沿着前辈们探索世界历史时代问题的步履前进 …………… 38
  二 "站在德国以外的立场"确立"世界历史"的
     阐释新范式 …………………………………………………… 42
  三 探寻历史向"世界历史"转变的深层奥秘 ………………… 48
  四 马克思晚年"世界历史"思想的问题转向 ………………… 52
第四节 马克思"世界历史"范畴的逻辑层次 …………………… 54
  一 客观生成过程的"世界历史" ………………………………… 54
  二 劳动创造的"世界历史" ……………………………………… 57

三　作为思想形态的普遍交往的"世界历史" ………… 60
　　四　彰显全球视野的"世界史观" ………………………… 66

第二章　马克思"世界历史"思想的问题视域 ………… 69
第一节　世界普遍交往中的主体生成问题 ………………… 69
　　一　宗教的"世界历史"及其幻灭 …………………………… 70
　　二　英雄的"世界历史"及其破产 …………………………… 73
　　三　资本主导的"世界历史"及其局限 ……………………… 74
　　四　"人民主体"及其世界历史使命 ………………………… 77
第二节　世界普遍交往中的秩序危机问题 ………………… 84
　　一　资本主义世界交往秩序的本质 ………………………… 85
　　二　资本主义世界交往秩序的内在危机 …………………… 87
　　三　重构世界普遍交往秩序的新出路 ……………………… 91
第三节　世界普遍交往中的自由与革命问题 ……………… 95
　　一　世界历史与自由实现的内在关联 ……………………… 95
　　二　资产阶级革命与自由实现的局限性 …………………… 97
　　三　无产阶级革命与普遍自由的实现 ……………………… 98
第四节　世界普遍交往中的发展道路问题 ………………… 100
　　一　科学揭示"自然历史过程"的总体图景 ……………… 100
　　二　跨越资本主义制度"卡夫丁峡谷"的探索 …………… 102
　　三　世界普遍交往与社会发展道路的复杂性 ……………… 104
第五节　世界普遍交往中的中国革命问题 ………………… 105
　　一　破除中华文明"封闭论"等主观偏见 ………………… 106
　　二　中国革命与欧洲革命的联动性 ………………………… 108
　　三　预示"整个亚洲新纪元的曙光" ……………………… 111

第三章　马克思"世界历史"思想的理论贡献 ………… 114
第一节　拓展马克思主义的视野格局 ……………………… 114
　　一　拓展马克思主义哲学的问题视域 ……………………… 115
　　二　拓展马克思主义政治经济学的理论视野 ……………… 117
　　三　拓展科学社会主义的实践格局 ………………………… 119

目录

第二节　超越"西方中心主义"的固化思维 …………………… 122
 一　确立"按照历史的尺度"的叙事方法 ………………… 123
 二　坚持彻底的"生产力标准" ……………………………… 125
 三　彰显以工人阶级为中心的世界主义情怀 …………… 128

第三节　内蕴世界普遍交往的实践辩证法 …………………… 130
 一　传统性与现代性的辩证统一 ………………………… 131
 二　前进性与代价性的辩证统一 ………………………… 135
 三　民族性与世界性的辩证统一 ………………………… 138
 四　历时性与共时性的辩证统一 ………………………… 141

第四章　马克思"世界历史"思想本土化时代化 …………… 146

第一节　列宁与马克思"世界历史"思想俄国化时代化 …… 146
 一　科学把握帝国主义的时代特征 ……………………… 147
 二　创造性提出"一国胜利论"的革命策略 …………… 150
 三　提出"同世界保持联系"的社会主义建设方案 …… 152

第二节　毛泽东与马克思"世界历史"思想中国化时代化 … 154
 一　辩证看待中国革命与世界革命的关系 ……………… 155
 二　根据世界矛盾运动建立广泛的统一战线 …………… 158
 三　拓展"实事求是"的世界视野 ……………………… 160

第三节　改革开放和社会主义现代化建设新时期马克思"世界历史"
  思想中国化时代化 …………………………………… 163
 一　邓小平与马克思"世界历史"思想中国化时代化 … 163
 二　江泽民与马克思"世界历史"思想中国化时代化 … 169
 三　胡锦涛与马克思"世界历史"思想中国化时代化 … 171

第四节　新时代开辟马克思"世界历史"思想中国化时代化
  新境界 …………………………………………………… 174
 一　时代呼唤全球治理的中国方案 ……………………… 175
 二　"人类命运共同体"的历史逻辑与理论逻辑 ……… 179
 三　"构建人类命运共同体"的基本原则与价值目标 … 184
 四　"构建人类命运共同体"理念的原创性贡献 ……… 188

第五章　马克思"世界历史"思想的时代意蕴 ……… 192
第一节　理解中国传统"天下"范畴的重要参照 ……… 192
　　一　中国古代"天下"格局的历史嬗变 ……… 193
　　二　中国传统"天下"观念的基本特征 ……… 198
　　三　中国传统"天下"观念的解体与重构 ……… 202
第二节　洞察全球化进程中"逆全球化"现象的方法论 ……… 205
　　一　世界交往深入发展的全球化 ……… 205
　　二　"逆全球化"的现象及本质 ……… 209
　　三　塑造新型全球化的中国新发展理念 ……… 213
第三节　科学把握"两个大局"内在联动性的方法论 ……… 217
　　一　"百年未有之大变局"的世界历史审视 ……… 218
　　二　"中华民族伟大复兴战略全局"的世界历史意蕴 ……… 219
　　三　把握"两个大局"的内在关联性 ……… 221
第四节　内蕴"中国式现代化"的本质要求 ……… 222
　　一　世界历史是理解中国式现代化的基本视角 ……… 223
　　二　实现现代化是世界历史发展的普遍规定性 ……… 226
　　三　中国式现代化体现世界历史发展的客观规律性与主体选择性 ……… 231
　　四　"世界历史"视野下中国式现代化的基本经验 ……… 239
第五节　奠定"世界历史"中国话语的理论基础 ……… 248
　　一　重视"世界历史"范畴的意识形态属性 ……… 249
　　二　挖掘马克思"世界历史"思想的史学价值 ……… 252
　　三　强化"世界历史"的问题意识 ……… 256
　　四　展现"变革与开放"的中国逻辑 ……… 261
　　五　构建世界交往的新文明叙事体系 ……… 265

结　语 ……… 271

参考文献 ……… 275

后　记 ……… 285

导 论

伟大的思想家往往会留下许多宝贵的精神遗产，他们的精神遗产总能在人类面对"世界之问""时代之问"之时以各种方式"复活"。马克思虽然已经离开我们140多年，即使世界社会主义运动遭遇了像"苏东剧变"这样的严重挫折，但他和战友恩格斯创立的"主义"作为一种世界历史性存在的理论形态并没有因此而走向终结，反而在经历蛰伏期后呈现出新的理论样态。面对"一体化的世界"的种种矛盾危机，国内外理论界纷纷"问诊马克思"，希冀从马克思诊断资本主义世界经济危机时所开出的"药方"中找到破题之策。可以说，马克思"世界历史"思想依然是我们分析当代全球性重大问题的理论参照，也是推动"构建人类命运共同体"的方法论基础，已经成为当下备受关注的理论议题。

一 问题提出

问题是时代的声音。新科技革命以来，各国经济、文化、信息交往更加密切、频繁，整个世界发展越发呈现出"一体化"的时代特征。然而，世界一体化的进程并不是一马平川的，充满着各种力量的博弈与较量。长期以来，西方发达国家凭借其先发优势掌握国际话语，操控国际秩序，在推动世界经济一体化的进程中发挥主导作用，广大发展中国家则在西方中心主义全球治理秩序的夹缝中谋求发展。"一体化的世界"是不平衡的，没有哪一个国家能完全把危机与风险阻挡在国门之外。2008年爆发的金融危机席卷全球，如今十余年过去，世界经济增长依然乏力。后疫情时代，为了转嫁危机，严重"空心化"的发达国家纷纷实行贸易保护主义政策，肆意挥舞关税大棒，抵制外国商品，妄图把别国商品阻挡在国门之外，以达到振兴本国实体经济的目的。同时，一些发达国家为了遏制其他国家发展壮大，在WTO规则之外，又签订诸多"排他性"色彩较重的区域性商贸协定，比如曾由美国发起的"TPP"在很大程度上就是为了钳制中国发展壮大的步伐。美国民粹主义、民族主义、保护主义盛行，英国通过"公投"脱离欧盟，妄图摆脱"欧债"困扰；社会主义的中国则向世界宣布"开放的大门只会越开越大"，已经成为推动新型全球化的中坚力量。这是否预示人类已经处在迎接全球化新秩序的十字路口？为什么曾经主张自由竞争与自由贸易的资本主义国家会成为当今"逆全球化"的主导力量呢？人类将如何消解"一体化的世界"与"碎片化的秩序"之间的矛盾与张力呢？科学回答全球化时代涌现出的新问题，我们需要回到马克思及其"世界历史"思想，从中探寻"解题"或"破题"的思路与方法。

中国的社会主义改革开放伟大实践催生了马克思"世界历史"思想研究的热潮，理论界对马克思"世界历史"思想的深入研究反过来为中国改革开放实践提供科学的话语支撑和重要的理论注解。可以说，中国改革开放伟大实践与理论界对马克思"世界历史"思想的深入研究是同行共进、良性互动的。马克思"世界历史"思想最初作为一种"学术话语"参与中国改革开放实践，又在中国改革开放实践中不断获得马克思主义基本原理的"身份确认"，逐步从一般"学术话语"升级为治国理政相关的"政治话语"。党的十八大以来，以习近平同志为核心的党中央站在世界历史高度把握世情、国情、党情，坚持以更加积极有为的姿态参与全球治理与合作，创造性地提出"一带一路"倡议和"构建人类命运共同体"的中国方案，为促进国际问题的真正解决贡献了中国智慧，在国际社会引起了重大反响。2018年5月4日，习近平总书记在纪念马克思诞辰200周年的讲话中强调："学习马克思，就要学习和实践马克思主义关于世界历史的思想。""我们要站在世界历史的高度审视当今世界发展趋势和面临的重大问题，坚持和平发展道路，坚持独立自主的和平外交政策，坚持互利共赢的开放战略，不断拓展同世界各国的合作，积极参与全球治理，在更多领域、更高层面上实现合作共赢、共同发展，不依附别人、更不掠夺别人，同各国人民一道努力构建人类命运共同体，把世界建设得更加美好。"[①] 习近平总书记将"学习和实践马克思主义关

---

① 习近平：《在纪念马克思诞辰200周年大会上的讲话》，《人民日报》2018年5月5日，第2版。

于世界历史的思想"视为"学习马克思"的"九个方面"① 之一，足以见得，马克思"世界历史"思想在新时代中国已经成为兼具"学术性"与"政治性"的理论热点问题。党的二十大明确将"必须坚持胸怀天下"确立为习近平新时代中国特色社会主义思想的世界观和方法论的精髓要义和重要内容之一，充分彰显新时代中国共产党人宽广深邃的世界历史眼光。新时代，新境遇。马克思"世界历史"思想具有"常研常新"的鲜明特征，我们需要结合世界历史发展涌现出的诸多新问题继续研究这一思想及其时代价值，不断获得新的启迪。从马克思"世界历史"思想的理论逻辑与问题视域中挖掘其当代价值或方法论启示，努力实现从"照着讲"向"接着讲"的话语转变，已经成为我们继续学习和实践马克思"世界历史"思想的重要使命任务。

马克思"世界历史"思想具有持久生命力，人们面对诸多世界性重大课题需要寻求"本质性的解答"之时，往往会不约而同地把目光聚焦到马克思身上。根本原因就在于，当今世界历史时代的问题与马克思所揭示的时代问题在本质上是相通的，而马克思对世界历史时代问题的揭示恰恰又深入到"历史的本质性的一度"② 之中。我们需要沿着马克思的足迹，遵循"历史事实"与"发展过程"相结合的研究方法，挖掘历史深处的思想精髓，而非游离于某些表象之上。马克思"世界历史"思想是革命的、批判的、实践的，其根本目标在于实现"每个人全面发展"的"自由人联合体"。世界那么大，问题那么多，我们怎么办？今天继续研究马克思"世界历史"思想的基本问题，根本上是要透视马克思对世界历史时代课题的规律性揭示，借助马克思提供的"世界历史之镜"洞悉当今全球化进程中的诸多矛盾，科学把握发展壮大的中国在现代世界体系中所处的历史方位和历史坐标，共同推动构建人类命运共同体，把这个充满矛盾的"一体化的世界"建设得更加美好。站在中国特色社会主义进入新时代的历史方位上继续探究马克思"世界历史"思想

---

① 九个方面的内容包括学习和实践马克思主义关于人类社会发展规律、坚守人民立场、生产力和生产关系、人民民主、文化建设、社会建设、人与自然关系、世界历史、政党建设的思想。

② 参见海德格尔《关于人道主义的书信》，载孙周兴选编《海德格尔选集》上卷，上海三联书店，1996，第383页。

的出场逻辑与问题视域，有助于我们更加清晰地回顾自己走过的路，更加客观地比较别人的路，更加从容地坚持以中国式现代化全面推进中华民族伟大复兴，为建设中华民族现代文明和提升人类文明新境界提供有益思考。

二 研究现状

（一）基本概念厘清

1. 马克思的"世界历史"范畴

作为历史科学的马克思"世界历史"思想具有历史哲学与实证科学的双重属性。马克思"世界历史"思想不属于作为学科的"世界历史学"，这是理论界的一个基本共识。叶险明认为，马克思的"世界历史"概念有四层相互联系的含义："一是指人类历史发展的统一性及其共同基础。二是指各个民族和国家的生产力与生产关系的系统间的相互联系、相互作用的总体。三是专指资本主义世界历史时代。四是特指在资本主义发展的一定阶段上所产生的现实的共产主义运动及其结果。"[①] 吕世荣认为："资产阶级开创的世界历史仅是马克思狭义世界历史的一个初始阶段，具体表现为以资本为主体的经济全球化，它担负着为'新社会'创造物质基础的历史使命。"[②]

基于文本分析，马克思的"世界历史"概念主要有四种用法：一是作为没有实质意义的虚词，比如"旧制度犯的是世界历史性的错误"[③]；二是编撰学意义上的世界史，比如由中国史、希腊史、西班牙史、英国史、法国史等国别史"堆砌"而成的世界历史；三是作为历史哲学范畴的世界史观或普遍历史，比如"迄今为止的全部历史"；四是从民族历史向世界历史转变的过程，也即从原始封闭的地域性交往转向世界性普遍交往的过程。"世界历史"这一概念在马克思那里经历着从无实质意义到有一般意义，再到有特定意义的转变，也经历了从"僵死的历史"

---

① 叶险明：《马克思世界历史理论建构的方法和逻辑》，《中国社会科学》1998年第6期，第31~43页。
② 吕世荣：《马克思的世界历史思想与经济全球化》，《哲学研究》2002年第10期，第10~15页。
③ 《马克思恩格斯选集》第1卷，人民出版社，2012，第5页。

到"流动的历史",再到"现实的历史"的问题转向,作为思想形态的"世界历史"概念主要是从后两种意义上来考察的。基于此,笔者认为,要准确界定马克思"世界历史"概念应该回到《德意志意识形态》那里。在马克思看来,"世界历史"是指各民族在日益完善的生产方式与交换方式推动下突破原始封闭的地域性交往,迈向世界普遍交往的过程,尤其指资本主义生产方式的全球扩张使彼此相对隔绝的各民族卷入世界市场之中建立普遍交往联系的时代。从本质上看,资本逻辑主导的普遍交往的"世界历史"是由资本主义基本矛盾的全球扩张所引起的,它必将促使其他各民族的阶级关系、社会结构、交往秩序与时空关系或快或慢地发生变革,这为全人类的真正解放创造了"不自觉的"历史前提。

2. 马克思"世界历史"思想的基本内涵

主要有四种观点。一是认为马克思"世界历史"思想是一种世界现代化及其发展规律的系统反思性理论。赵士发认为,这一思想的"主要内容在于以现实的人的发展和解放为核心对世界现代化的基本前提、基本动力、过程特征和基本规律进行系统反思"[①]。二是认为马克思"世界历史"思想是一种关于世界"一体化"进程的理论。韩海涛等认为,"马克思世界历史是指资本主义形成后各民族、国家之间的经济、政治、文化等各方面形成一个相互影响、相互渗透、相互制约的有机整体,世界由此进入'一体化'的历史"[②]。三是认为马克思"世界历史"思想是关于世界范围内的无产阶级运动及其发展规律的思想。宋国栋认为,"马克思世界历史思想是马克思揭示相对离散的个体为什么会和如何形成资产阶级属性世界历史的,以及在这个历史的前提和基础上无产阶级属性世界历史如何最终形成的特定思想"[③]。四是从"历史过程"及其逻辑延伸的视角去概括和提炼马克思"世界历史"思想的基本内涵。曹绿认为,"马克思世界历史理论探究了历史向世界历史转变的根源、动力和趋势,以及内蕴的本质属性和根本特征,科学分析了人类社会从区域性、

---

① 赵士发:《从实践观的思维方式看马克思的世界历史理论》,《东南大学学报》(哲学社会科学版) 2003 年第 3 期,第 10~15 页。
② 韩海涛、李珍珍:《马克思世界历史理论的三重意蕴》,《科学社会主义》2018 年第 4 期,第 13~17 页。
③ 宋国栋:《马克思世界历史思想再思考》,《马克思主义研究》2018 年第 3 期,第 90~98+160 页。

封闭性、民族性的历史向整体性、开放性、全球性的世界历史转变，揭示了人类社会发展的内在规律和必然趋势"①。这些观点从不同侧面界定了马克思"世界历史"思想的基本内涵，具有一定的启发意义。

笔者认为，马克思"世界历史"思想是关于"历史成为世界历史"、"交往成为世界交往"或"历史向世界历史的转变"的"历史事实"与"发展过程"的思想。在这一"历史事实"的"发展过程"中，日益完善的生产方式与交往方式将彼此隔绝的世界各民族日益联结为一个有机联动的整体，作为历史主体的"现实的人"的活动扩大为世界历史性的活动，世界各民族都将（以自身的方式）被卷入"时空压缩"的现代生产方式与交往方式之中，建立大工业的资产阶级充当"历史的不自觉的工具"，崇尚自由竞争的资本主义并不是世界历史的终结，在大工业中崛起的各国现代无产阶级必将承担起解放自己和全人类的世界历史使命。

3. 马克思"世界历史"思想的基本问题

马克思"世界历史"思想为我们提供了观察当今世界格局及其生成逻辑的宽广视野，也为我们科学把握全球化进程中的矛盾提供了基本的分析方法。叶险明认为，马克思"世界历史"思想有其基本问题，"作为整体的世界历史及其演变发展与世界历史各个构成部分及其演变发展之间的关系问题是马克思世界历史理论基本问题"②。梁树发认为："人的解放和全面发展的问题一直是马克思的世界历史理论的主题。"③ 笔者认为，马克思"世界历史"思想既为我们提供了宽广的视野，也为我们提供了认识的方法论，同时还包含着开放性的"问题域"。马克思"世界历史"思想的观照对象不是封闭性的，而是以世界历史发展本身涌现出的问题和关系作为研究对象的。我们需要将视野"聚焦"到世界历史发展的开放性"问题域"，沿着马克思的足迹继续探索世界历史发展的规律。

---

① 曹绿:《马克思世界历史理论视野下逆全球化思潮批判》,《思想教育研究》2018年第7期, 第80~85页。
② 叶险明:《马克思世界历史理论的特性与世界历史理论基本问题——马克思主义世界历史理论在当代发展的一个重要逻辑环节》,《马克思主义研究》2010年第1期, 第64~77页。
③ 梁树发:《从源头上理解马克思的世界历史理论——读〈德意志意识形态〉》,《浙江学刊》2003年第1期, 第50~58页。

(二) 国内研究述评

坚持问题导向的马克思主义是与时俱进的，这就使得它的每一个主要方面都具有"常研常新"的持久生命力。过去，马克思关于"世界历史"的思想虽然长期被两大阵营对立的局面所掩盖遮蔽，但马克思关于"历史向世界历史的转变"的预言却随着世界一体化进程的深入发展而不断得到证实。理论在一个国家实现的程度，取决于理论满足这个国家需要的程度。改革开放为中国理论界重新"打捞"被淹没的马克思"世界历史"思想提供了重要的历史契机，关于马克思"世界历史"思想的理论研究既为中国社会主义改革开放伟大实践的持续推进提供了有力的学理论证，也拓展了中国理论界对马克思主义理论研究的问题视域，还极大地扩展了中国共产党和中国人民的世界历史眼光。中国理论界关于马克思"世界历史"思想的理论研究兴起于20世纪80年代中后期，回顾改革开放以来国内学者关于马克思"世界历史"思想的研究进程、梳理理论研究成果、捕捉研究存在的问题，无疑是继续深入挖掘马克思"世界历史"思想及其方法论意义的重要参照。

1. 马克思"世界历史"思想的国内研究概况

20世纪80年代中后期，中国马克思主义理论界开始探索马克思"世界历史"思想和东方社会理论，并以此作为"重新理解"马克思主义的一种新范式。改革开放以来，出现了张奎良《马克思的世界历史思想及其在当代的实践格局》（1991年），丰子义《马克思"世界历史"思想辨析》（1990年），杨耕《马克思世界历史理论的当代意义》（1994年），叶险明《马克思世界历史理论建构的方法和逻辑》（1998年），杨学功、孙伟平《从马克思的"世界历史理论"看全球化》（2001年），梁树发《从源头上理解马克思的世界历史理论——读〈德意志意识形态〉》（2003年），赵士发《马克思对世界历史理论的革命性变革——从历史哲学的视角看》（2004年），何颖《马克思的世界历史理论》（2003年），鲁品越《"构建人类命运共同体"伟大构想：马克思"世界历史"思想的当代飞跃》（2018年），李包庚《世界普遍交往中的人类命运共同体》（2020年），刘敬东《资本、世界历史与共产主义的三位一体——〈资本论〉及其手稿的一个考察》（2023年），吴宏政、付艳《马克思"世界历史目的"的双重结构》（2023年），周康林《马克思

"世界历史"思想的问题域与当代启示》（2022年）等代表性的理论文章，也诞生了丰子义与杨学功合著的《马克思"世界历史"理论与全球化》（2002年）、叶险明《马克思世界历史理论的当代构建》（2014年）与《马克思的世界历史理论与现时代》（1996年）、刘敬东《马克思世界历史理论：中国个案》（2010年）、黄皖毅《马克思世界史观：文本、前沿与反思》（2008年）、曹荣湘《马克思世界历史理论与当代全球化》（2006年）等重要理论著作，这些学术文章和理论著作都是中国学界研究马克思"世界历史"思想取得的重要成果。除此之外，很多学者虽然没有直接将马克思"世界历史"思想作为理论主题，但在论及改革开放、中国特色社会主义、全球化、民族文化、世界文化、全球治理、人类命运共同体、中国式现代化、人类文明新形态等相关问题的过程中，也会从马克思"世界历史"思想那里去寻找方法论启示。可以说，马克思"世界历史"思想在当代中国的理论价值和实践意义都是毋庸置疑的。

2. 马克思"世界历史"思想的发展逻辑

（1）关于马克思"世界历史"思想的理论来源。追溯思想史是我们开展研究的必要环节。"世界历史"思想并非马克思首创，马克思站在其前辈的肩上创立科学的"世界历史"思想。但论及马克思"世界历史"思想的理论渊源，理论界存在着不同意见。有人认为要追溯到希罗多德，这种观点虽然有文献学的依据，但存在为了找依据而找依据的"按图索骥"嫌疑。如果过分追究理论的历史渊源，就会忽视理论产生的现实基础，将理论概念的运动演绎当作现实的运动，进而掉进唯心主义的泥淖之中。虽然维柯、伏尔泰、赫尔德等人也有关于"世界历史"的论述，他们的思想也具有一定的启发性，但如果拔高他们的"世界历史"观念，就可能贬低康德、黑格尔对马克思创立"世界历史"思想的积极影响。成林与谌中和认为，"黑格尔和马克思共享着一个根本的世界历史思想：世界历史无非是自由的实现史"[①]。张盾等人认为，黑格尔的问题是现实的世界历史如何在观念上被人们所理解，"马克思通过对黑

[①] 成林、谌中和：《世界历史无非是自由的实现史：黑格尔和马克思的比较》，《马克思主义与现实》2016年第2期，第36~41页。

格尔世界历史概念的改造实现了历史解释原则的创新，并赋予世界历史概念新的意义"①。笔者认为，只有对康德、黑格尔等人的"世界历史"观念作出客观评价，才能更好地说明马克思在"世界历史"思想领域的革命性历史性贡献。马克思对"世界历史"思想的原创性贡献不仅体现在对具体问题的阐释上，而且体现在世界观和方法论的深刻变革上。

（2）关于马克思早期"世界历史"观念的转变。长期以来，我们习惯性运用马克思主义哲学变革的一般路线图来阐释马克思"世界历史"思想的演进历程，这种做法固然简洁明了，方便人们从宏观上去把握这一思想的历史发展逻辑。实际上，马克思"世界历史"思想的形成发展区别于马克思主义哲学的整体演进，这就需要我们跳出"宏观叙事"而从更加微观的视角去考察青年马克思"世界历史"观念的演变逻辑。如果马克思仅仅沿着"世界历史"相关的哲学论著前进，不涉猎有关政治经济学、社会主义理论的著作，是很难超越传统世界历史观念的。有学者对青年马克思"世界历史"观念的逻辑演进进行了一番考察。乔茂林等人认为，青年马克思"世界历史"观念经历了"从一般性言辞到萌芽到初步形成再到正式确立的3次逻辑跃迁"②。乔茂林等人所作的细致考察是具有启发性的，但也存在一些问题。比如，仅仅通过对青年马克思直接使用"世界历史"这一词语的"搜索"，去推断马克思"世界历史"观念的内涵变迁，这种做法看似可靠，实则存在"按图索骥"的嫌疑。我们知道，马克思是非常重视历史和历史学的，在他的很多著作中，"历史""全部历史""世界""世界历史""人类社会"等概念往往作为同义语来使用，如果只盯着马克思关于"世界历史"这一特定规范性表述，就很容易遗漏那些实质上相同或相通的思想火花。

（3）关于马克思"世界历史"思想发展的制高点之争。马克思"世界历史"思想发展的"制高点"是一个容易引起争议的问题。马克思"世界历史"思想发展的"制高点"并不意味着这一思想走向最终成熟

---

① 张盾、刘招明：《黑格尔和马克思的"世界历史"概念》，《马克思主义与现实》2009年第3期，第34~38页。
② 乔茂林、刘晞：《青年马克思世界历史理论的逻辑演进》，《河海大学学报》（哲学社会科学版）2013年第6期，第15~22+90页。

或者走向"终结",而是指某一个代表性的著作中确立了某种新的思维方法,沿着这种思维方式能够不断回答时代提出的问题。刘会强认为,"作为《资本论》预备性研究成果,《1857—1858年经济学手稿》凝结着马克思'一生黄金时代的研究成果',是马克思世界历史理论发展的制高点",而"《手稿》表征着马克思世界历史理论的最终成熟"。[①] 王莉认为,《1857—1858年经济学手稿》"是对资本主义'世界历史'时代深层问题的理论回应,揭示了马克思'世界历史'思想的深层本质,把马克思'世界历史'思想推向了一个新的制高点"[②]。显然,我们不能简单沿着马克思"世界历史"思想形成发展史去判断其"制高点"。这种观点容易将"生物黄金时间"与科学研究的黄金成果等同起来,这依然拘泥于马克思本人的文字表述而非"世界历史"思想本身的发展逻辑,这种判断虽然能够找到一些依据,但总体上是不够科学严谨的。王伟光认为,"1879—1882年期间,晚年马克思把研究的重心和注意力转向俄国乃至整个东方社会,写了大量笔记,其中形成了著名的世界历史理论"[③]。笔者认为,在《德意志意识形态》中,随着"站在德国以外的立场"上的马克思第一次科学阐发唯物史观,马克思"世界历史"思想已经确立了"新唯物主义"的哲学基石,已经超出了形形色色的历史唯心主义世界历史思想所达到的理论高度,开辟了"世界历史"思想面向时代问题的新的前进通道。

(4)关于马克思晚年"世界历史"思想的问题转向。众所周知,马克思在晚年将研究重点之一从西欧转向了"东方社会",特别是俄国。有学者认为,马克思"世界历史"思想随着他转向东方社会而发生了内在尺度的变化。张奎良认为,"按着马克思的世界历史思想,俄国作为一个东方亚细亚生产方式的国家,革命胜利后和印度一样,理所当然要进入世界历史,发展大工业",但"把俄国引向资本主义的无边苦海,这是让理论和逻辑强制历史和现实,对马克思来说,无论是从理性上还是

[①] 刘会强:《试论马克思世界历史理论发展的制高点——〈1857—1858年经济学手稿〉新解读》,《河南师范大学学报》(哲学社会科学版)2008年第2期,第1~5页。

[②] 王莉:《〈1857—1858年经济学手稿〉与马克思的"世界历史"思想》,《教学与研究》2017年第10期,第27~33页。

[③] 王伟光:《马克思主义的世界历史理论与中国特色社会主义道路——学习马克思1879—1882年期间研究笔记札记》,《哲学研究》2015年第6期,第3~5页。

从感情上都难以通过"。① 谌中和认为,"马克思晚年通过对古代与东方社会的研究获得了一种更宽阔的世界历史视野,从而实现了向世界历史意识的真正转变与升华"②。何萍认为,"从早年到晚年,无论是对西欧资本主义生产方式的解剖,还是对东方社会现代化道路的考察,马克思都力图贯彻他的历史主义原则,发现世界历史必然性中的偶然性,从而形成了他关于世界历史发展的非决定论思想"③。"历史决定"作为一种客观规律所决定的是人类社会发展的总体方向,而不是人类社会发展具体道路的选择。如果把客观规律与道路选择简单等同起来,就必然陷入机械决定论的境地。如果用发展道路选择的主体性否定客观规律性,就会退回到历史唯心主义形而上学的思维逻辑。马克思晚年阐发的"跨越论"是一个极其容易引起争论的问题,一些人过分纠结于马克思关于东方社会跨越资本主义"卡夫丁峡谷"的具体结论,却忽视马克思从西欧大工业转向东方社会始终坚持科学的生产力尺度。

通过对马克思"世界历史"思想发展史的梳理和考察,笔者将尝试从三个层面去把握马克思"世界历史"思想的伟大变革。一是对变革的时代及马克思"世界历史"思想进行梳理分析,指明客观的世界交往与唯心主义的理论范式之间存在内在矛盾,时代呼唤"世界历史"思想阐释路向的重大变革。二是凸显马克思在批判德国旧哲学的过程中确立唯物史观,实现对德国传统"世界历史"观念解释框架的彻底颠覆和变革,赋予"世界历史"全新的时代意蕴。三是马克思沿着唯物史观指明的方向深入"有关时代的经济"去探索历史向"世界历史"转变的深层奥秘及其未来走向,从"资本的现代生活史"入手深刻阐释普遍交往的世界历史的实践生成逻辑,进而揭示资本主义开创的世界历史时代的暂时性与矛盾性,指明无产阶级通过世界革命开启共产主义世界历史时代的一般条件和路径。

---

① 参见张奎良《马克思东方社会理论的再反思》,《求是学刊》2014年第5期,第12~17+3页。
② 谌中和:《马克思晚年学术转向的思想史意义》,《中国社会科学》2016年第5期,第4~21+204页。
③ 何萍:《马克思主义世界历史理论中的决定论与非决定论——关于马克思、卢森堡、列宁的一个比较研究》,《哲学研究》2008年第3期,第12~22+128页。

3. 关于马克思"世界历史"思想与唯物史观的关系的考察

唯物史观与"世界历史"思想存在什么样的逻辑关系,这是一个绕不开的问题。张奎良认为,"马克思对世界历史思想的阐述揭示了世界历史思想与唯物史观的相互包容的关系,它们同时说明人类历史发展的两个不可或缺的基本概念,反映了历史演进中人的活动的作为内在的质与其外在表现的空间量度或规模的统一"①。丰子义认为,"马克思的唯物史观是同世界史观紧紧联系在一起的……唯物史观的研究要具有时代性,就必须具有全球性"②。叶险明认为,"马克思哲学实际上就是唯物主义的世界历史观",要"把马克思的世界历史理论视为马克思哲学的主构架"。③ 这种观点对马克思"世界历史"思想的基本问题与核心问题的把握是十分深刻的,但也存在拔高"世界历史"思想在马克思主义哲学中的地位的问题。如何恰如其分地把握"世界历史"思想在马克思主义哲学中的地位,依然是我们需要进一步探讨的问题。笔者认为,"站在德国以外的立场"是马克思唯物史观与世界历史理论实践出场的关键所在。当普遍交往的"世界历史"初现端倪,其宏大画卷还没有全面铺展开来,马克思对"历史向世界历史的转变"作出的理论阐释和科学预测无疑是富有远见的。可以说,唯物史观为马克思创立科学的"世界历史"思想奠定了坚实的哲学基础,"世界历史"思想又扩展了唯物史观的理论空间和问题视域。

4. 关于马克思"世界历史"思想的时代境遇的考察

马克思"世界历史"思想作为一座曾被人们长期遗漏的思想富矿,是在经济全球化不断推进的过程中逐步被开掘出来的。中国理论界关于马克思"世界历史"思想的研究既是顺应改革开放伟大实践的迫切需要而兴起的,也是在回应全球化进程中的若干重大理论与实践问题中不断深化的。

(1) 关于马克思"世界历史"思想的"中心论"问题。国外左派理

---

① 张奎良:《马克思世界历史思想的深远意义》,《哲学动态》2013 年第 10 期,第 5~10 页。
② 丰子义:《"世界历史"探索与唯物史观研究——从当代全球化的视角看》,《南京大学学报》(哲学·人文科学·社会科学版) 2007 年第 4 期,第 5~11 页。
③ 叶险明:《马克思世界历史理论的特性与世界历史理论基本问题——马克思主义世界历史理论在当代发展的一个重要逻辑环节》,《马克思主义研究》2010 年第 1 期,第 64~77 页。

论界的代表人物弗兰克将"欧洲中心主义"的帽子扣在马克思头上,这引起了中国理论界的批评。丰子义认为,"马克思将那些未开化和半开化的民族、封闭的守旧的民族称为'野蛮的民族',而把进入资本主义生产方式的民族称为'文明的民族'。在这里,马克思决非是站在西方的立场上来粉饰资本主义而丑化其他民族的文明,而只是从人类文明发展的角度道出了一种事实,并未涉及价值评价"①。张奎良认为:"世界历史思想的缔造者们都生活在欧洲,而欧洲确是那时世界的中心,他们都很习惯地把欧洲看成是世界的未来,所以,他们把欧洲的一切都标准化,视为裁剪世界及其历史走向的基本尺度。"② 笔者认为,我们不应该简单地推论马克思是不是一个欧洲中心主义者,或者马克思有没有欧洲中心主义的倾向。实际上,马克思生活在欧洲文明占据领先地位的时代,他在思维方式上难免会存在欧洲中心主义的痕迹。从价值取向层面来看,马克思在中学时代就确立了为实现全人类的幸福而工作的志向,他的立足点不是资产阶级的市民社会,而是社会化的人类或人类社会。马克思晚年对东方社会发展道路的探索以及恩格斯对历史唯物主义的捍卫,旨在从方法论上驱除欧洲中心主义的痕迹。只有将马克思"世界历史"思想中的方法论与价值论结合起来加以考察,才能全面把握马克思扬弃欧洲中心主义思维逻辑的历程,也只有将马克思对欧洲中心主义的扬弃纳入发展过程加以考察,我们才能领会实践生成的"世界主义"的立场观点方法。

(2) 马克思"世界历史"思想与全球化问题。当前我们对全球化现象已经习以为常,但需要对全球化作出科学的理论阐释时,理论界往往会不约而同地将目光转向马克思及其"世界历史"思想。理论界对马克思"世界历史"思想这个"批判的武器"的理解和运用存在差异,以至于对全球化的理论阐释也不尽相同。丰子义与杨学功认为,"马克思有关世界历史的本质、特征、发展规律等一般性的理解和说明,实际上就是全球化基本理论的重要阐释,当然,不是对全球化所有问题的具体解

---

① 丰子义:《马克思"世界历史"思想研究中的几个问题》,《教学与研究》2002年第3期,第56~62页。
② 张奎良:《马克思世界历史思想的深远意义》,《哲学动态》2013年第10期,第5~10页。

答"①。阎孟伟、朱丽君认为,"应当根据全球化的实质和进程来判断马克思是否具有全球化理论"②。周敏凯认为,"经济全球化进程与资本主义进程并不同步。……资本主义进程的启动远远早于经济全球化进程启动"③。向延仲认为,"在马克思的世界历史思想中,有'全球思想',全人类的视野,也可以在某种程度上说是最早的关于全球的思想理论。但是马克思的全球思想并没有超越在阶级性之外,它的中心主要在于说明无产阶级如何寻求解放,历史发展如何使单一民族的历史向世界转化"④。笔者认为,马克思"世界历史"思想给我们提供了把握全球化的总体方法和基本视角,是从一种宏大的历史视角把握全球化,而不是对当今时代全球化问题的具体研究和描述。当今全球化问题确实超出马克思生活时代的经验事实,资本主义在经济全球化时代呈现出新的发展态势,这都需要我们继续坚持和发展马克思的"世界历史"思想。面对当今的全球化新问题和新现象,我们依然需要沿着马克思洞察"世界历史"的逻辑思路,不断从世界历史发展的"时代之问"中探索答案。

(3) 关于世界性与民族性的辩证关系问题。马克思"世界历史"思想阐明了世界文化与民族文化的矛盾与张力。随着全球化不断深入,民族文化与世界文化之间的矛盾越发凸显,文化全球化也成为人们讨论的重要话题。丰子义认为,"马克思所讲的世界文化并不是一种脱离民族文化之外的独立的文化形态,而实际上是由各民族文化的相互作用、相互影响而引起的一种新的文化现象"⑤。叶险明认为,"文化矛盾归根结底是由现实的经济、政治和社会矛盾决定的,从纯文化的角度是解释不了东方民族主义的内在文化矛盾的"⑥。王希恩认为,"全球化并没有消除

---

① 丰子义、杨学功:《马克思"世界历史"理论与全球化》,人民出版社,2002,第5页。
② 阎孟伟、朱丽君:《全球化的实质和进程与马克思的全球化理论》,《南开学报》(哲学社会科学版) 2007 年第 1 期,第 79~85 页。
③ 周敏凯:《马克思"世界历史观"与全球化问题的理论思考》,《国际问题研究》2003 年第 1 期,第 45~49+24 页。
④ 向延仲:《马克思世界历史理论与当今全球化理论关系辨析》,《湖湘论坛》2005 年第 1 期,第 33~34 页。
⑤ 丰子义:《马克思"世界历史"思想研究中的几个问题》,《教学与研究》2002 年第 3 期,第 56~62 页。
⑥ 叶险明:《世界历史视野中的东西方民族主义》,《学术月刊》2010 年第 11 期,第 12~20 页。

民族的存在，反而在激发民族因素的反弹，冷战结束以来呈现的'族性张扬'正成为与全球化相辅相成的一种景观"①。曹泳鑫认为，"世界历史有其内在规定性即发展规律，每一个民族、每一个地区被卷进来并按照世界历史的规定性重构自身道路"②。笔者认为，民族性与世界性的矛盾并不是一成不变的，而是随着生产力的发展与生产关系的调整不断运动的。世界历史进程的前进性与代价性、传统性与现代性、历史性与共时性等矛盾都需要借助世界普遍交往的历史辩证法加以分析和考察。

5. 关于马克思"世界历史"思想的方法论意义

阐释马克思"世界历史"思想的全球治理逻辑。马克思"世界历史"思想视野中的全球治理问题是一个学术前沿课题。全球治理是全球化的逻辑延伸，马克思"世界历史"思想的当代出场必须回应全球治理问题。西方资本主义全球治理逻辑在本质上表现为以西方为中心与以资本为中心的"零和博弈"，对西方中心主义全球治理逻辑的批判不应该仅仅停留在道义层面，而应该深入其"霸道"表象的内在结构。吴晓明认为："就当今世界之冲突的现代根源而言，问题并不在于西方列强天生的'霸道'或'恶之本性'，而在于现代资本主义文明——开辟了世界历史的、以资本为原则的文明——本身的基本性质。"③在过去很长一段时间，西方发达国家垄断全球治理议程议题，发展中国家在全球治理中的代表性和发言权严重不足，中国也受困于此，以至于在迈向世界舞台中心的过程中长期处于"戴着镣铐跳舞"的境地，受制于不公平不合理的全球治理秩序。习近平总书记提出"构建人类命运共同体"的全球治理的中国方案，为我们挖掘马克思"世界历史"思想的全球治理逻辑提供了契机。刘同舫认为："构建人类命运共同体应是通过建构新的全球治理体系以推动全球生产力普遍发展的世界历史过程，它指向的是一个保

---

① 王希恩：《马克思主义民族过程理论述论》，《中南民族大学学报》（人文社会科学版）2019年第2期，第1~14页。
② 曹泳鑫：《世界历史、中国道路和人类命运共同体》，《马克思主义研究》2017年第9期，第89~96+160页。
③ 吴晓明：《论中国的和平主义发展道路及其世界历史意义》，《中国社会科学》2009年第5期，第46~59+205页。

存民族独特性而又超越民族国家体系的全新世界体系。"① 郗戈认为：
"资本逻辑与民族国家逻辑之间的对抗性，是全球混沌、世界冲突的根源
之一，同时也凸显了全球治理、人类共同命运等问题的重要性。"② 郝立
新等认为，"构建人类命运共同体"的中国方案"在经济全球化深入发
展的时代丰富和发展了马克思主义世界历史理论，超越了一赢多输或此
赢彼输的零和博弈思维，彰显了合作共赢的精神实质。"③ 李包庚认为：
"'人类命运共同体'的交往范式从根本上超越了资本逻辑，为世界普遍
交往贡献了中国智慧与中国方案。"④ 中国理论界更多从现实需要出发去
阐发马克思"世界历史"思想中的全球治理逻辑，走向马克思的文本深
处探索其全球治理逻辑还有很多工作要做。有学者从马克思"世界历
史"思想的视角去论证构建人类命运共同体的若干问题，从马克思"世
界历史"思想那里寻找构建人类命运共同体的理论渊源，这是研究和阐
释构建人类命运共同体理念的一条重要历史线索。实际上，构建人类命
运共同体理念与马克思"世界历史"思想是相通的，构建人类命运共同
体是新时代中国的世界历史理论，它对马克思"世界历史"思想的时代
出场具有原创性的重大意义。

6. 关于中国道路的世界历史意义的探讨

中国理论界已经自觉将中国道路放入普遍交往的"世界历史"进程
中加以考察，这体现了极强的理论自觉与自信。中国道路是在世界普遍
交往中开辟出来的，它在很大程度上实践着马克思"世界历史"思想，
也扩展了这一思想的问题视域，续写了这一思想的新篇章与新样态。中
国道路是在历史比较与实践探索的矛盾中开辟出来的，它不是某种一成
不变的发展模式，而是在世界历史进程中不断丰富和拓展的具有内生性
的现代化道路选择。何畏认为："中国特色社会主义以全面开放的视野与

---

① 刘同舫：《构建人类命运共同体对历史唯物主义的原创性贡献》，《中国社会科学》2018 年第 7 期，第 4~21+204 页。
② 郗戈：《〈共产党宣言〉世界历史理论与人类命运共同体建构》，《湖南科技大学学报》（社会科学版）2018 年第 4 期，第 77~82 页。
③ 郝立新、周康林：《构建人类命运共同体——全球治理的中国方案》，《马克思主义与现实》2017 年第 6 期，第 1~7 页。
④ 李包庚：《世界普遍交往中的人类命运共同体》，《中国社会科学》2020 年第 4 期，第 4~26 页。

世界互动，实现了中国特色社会主义的内在活动与外续动力的承接，彻底改变了人们两极对立的'零和'思维方式，形成了全新的世界历史性的实践哲学。"① 在资本主义生产方式的"世界历史"运动的初期，其扩张性与侵略性已经暴露无遗，中华民族就深受其害，陷入内忧外患的危局，以至于我们采取拒斥"世界历史"潮流的态度，以期将"世界历史"的矛盾运动堵在国门之外，进而保全中华民族传统的生产方式和生存方式。曹泳鑫认为："研究百年中国道路和中华民族的命运需要有世界历史和人类命运共同体的大视野，世界历史对于中国道路而言不只是外在因素，中国道路也有着世界历史的内在规定性……中国特色社会主义道路的成功实践和互联互通时代的到来预示着世界历史开启了新进程。"② 的确，普遍交往的"世界历史"一旦形成，其汇聚成的时代洪流就像万川归海一般，具有不可逆性，任何民族要想退回到闭关自守的状态，都只会迟缓自身现代转型的历史进程。实现现代化是世界历史发展的实践主题，生产力日渐提高的中国在世界历史进程中开辟了一条独特的现代化发展道路，用几十年的时间走过西方发达国家二百多年走过的工业化道路，这为广大发展中国家提供全新的现代化选择方案，中国道路的世界历史意义正日益凸显。王伟光认为："中国与世界接轨，把社会主义制度与市场经济相结合，大力发展社会化大生产，大力发展物质文明、精神文明、政治文明和生态文明，才能跨域'卡夫丁'峡谷，获得世界性存在。"③ 王明生也认为："中国道路的成功使中国从地域性存在走向世界历史性存在，能够为具有相似国情、相似命运和共同使命的广大发展中国家提供有益参考和借鉴。"④ 陈曙光认为："作为21世纪马克思主义，习近平新时代中国特色社会主义思想具有鲜明的世界历史意义——在解码中国样本的过程中关注人类共同难题，在推进马克思主义中国化的过程中开启中国马克思主义世界化的新向度，在改变中国的过

---

① 何畏：《马克思世界历史理论与中国道路的必然抉择》，《江海学刊》2014年第6期，第55~60页。
② 曹泳鑫：《世界历史、中国道路和人类命运共同体》，《马克思主义研究》2017年第9期，第89~96+160页。
③ 王伟光：《马克思主义的世界历史理论与中国特色社会主义道路——学习马克思1879—1882年期间研究笔记札记》，《哲学研究》2015年第6期，第3~5页。
④ 王明生：《中国道路的世界历史意义》，《人民日报》2016年12月28日，第7版。

程中承载影响世界的新使命。"① 在不同的历史阶段,我们从世界历史视野出发去审视中国道路得出的具体结论是不一样的,世界历史对中国道路的影响与中国道路的世界历史意义都是处于"变在"的状态。我们既需要回望走过的路,适时总结"世界历史"进程中大国兴衰的经验教训与成败得失;我们也需要比较别人走的路,积极应对"世界历史"进程中的风险与挑战;我们更需要远眺前行的路,自觉站在普遍交往的"世界历史"前沿坚定中国道路的战略自信。

改革开放以来,中国理论界关于马克思"世界历史"思想的研究取得了较大进展,但还存在以下问题。一是对马克思"世界历史"思想资源"守本"有余而"开新"不足;二是对马克思"世界历史"思想的线性梳理较多,对理论内涵的内在逻辑把握不够;三是对国外理论前沿问题的"回应"较为生硬保守,不能结合具体问题进行回应;四是对马克思"世界历史"思想研究的问题视野不够开阔,跨学科研究的广度还不够。这都为我们进一步研究马克思"世界历史"思想的基本问题及其时代价值"预留"了广阔空间。

(三) 国外研究述评

国外学者并不像中国理论界那样"直入正题"地研究马克思"世界历史"思想,而是针对一些现实问题或理论问题展开探讨,其间偶尔会涉及对马克思及其"世界历史"思想的评价,或者提出与马克思类似的观点。在这种情况下,我们不能武断认为,国外学者坚持和发展了马克思"世界历史"思想,至少从主观意图上看,他们很少像中国学者那样旗帜鲜明地"为马克思辩护"或者"捍卫马克思"。现代性理论、全球化理论、世界体系理论、依附论、世界史学等成为我们印证马克思"世界历史"思想"在场"的线索。

第一,依附论、世界体系理论对马克思"世界历史"思想的发展与偏离。沃勒斯坦的现代世界体系理论,研究的中心问题实际上是"全球的空间关系"②。沃勒斯坦力图破除理论研究中的欧洲中心主义倾向,他

---

① 陈曙光:《世界历史民族与21世纪马克思主义》,《现代哲学》2023年第1期,第7~18页。
② 〔美〕伊曼纽尔·莫里斯·沃勒斯坦:《现代世界体系》(第一卷),郭方等译,社会科学文献出版社,2013,"序言"第2页。

不是基于欧洲内部的生产因素或文化因素去寻找资本主义起源的密码，而是从一种"整体主义"的视角去探索资本主义世界体系形成的原因。"只有一种真正的整体主义分析才能告诉我们任何有关现实世界是如何运转的重要知识。"① 沃勒斯坦的这种自相矛盾在于他的"现代世界体系"不是扎根于历史唯物主义，其在价值观上力图摆脱欧洲中心主义的干扰，但在方法论上却又陷入欧洲中心主义的悖论之中。弗兰克在《白银资本：重视经济全球化中的东方》中认为整个世界体系并不是资本主义开创的，早在资本主义之前，世界体系已经存在了，东方的中国长期处于世界历史活动的中心。"欧洲对亚洲的这种仰望，直到19世纪欧洲开始工业化和推行殖民主义之后才发生改变。"② "马克思和韦伯就跻身于这些从狭隘的（以欧洲为中心的）新视野看问题的学者中间。"③ 弗兰克对马克思的理解存在偏颇之处，并没有理解马克思思想中的科学尺度与价值尺度。依附论的代表人物萨米尔·阿明在《全球化时代的资本主义》中分析了资本主义世界的"五大垄断力"④及第三世界贫穷的原因，指明当今世界已经进入从资本主义文明向社会主义文明"长期过渡"的历史时期。多斯桑托斯在《帝国主义与依附》中认为，"不发达国家内有一个与国际体系相联系的内部剥削体系"⑤。这个论断在一定程度上指明了欠发达国家长期贫困的原因，但"脱钩"并不是解决欠发达国家长期贫困问题的有效方案。

第二，现代性理论对马克思"世界历史"思想某些问题的回应。吉登斯在《现代性的后果》中指出，"不同的社会情境或不同的地域之间的连接方式，成了跨越作为整体的地表的全球性网络，就此而论，全球

---

① 〔美〕伊曼纽尔·莫里斯·沃勒斯坦：《现代世界体系》（第一卷），郭方等译，社会科学文献出版社，2013，"序言"第11页。
② 〔德〕贡德·弗兰克：《白银资本：重视经济全球化中的东方》，刘北成译，四川人民出版社，2017，第13页。
③ 〔德〕贡德·弗兰克：《白银资本：重视经济全球化中的东方》，刘北成译，四川人民出版社，2017，第16页。
④ 阿明认为，中心国家拥有"五大垄断力"，包括技术垄断、对世界金融市场的控制、对全球自然资源开发的垄断、媒体和通讯垄断、对大规模杀伤性武器的垄断。
⑤ 〔巴西〕特奥托尼奥·多斯桑托斯：《帝国主义与依附》（修订版），杨衒永、齐海燕等译，社会科学文献出版社，2016，第326页。

化本质上是这个延伸过程"①。阿里夫·德里克在《后革命的氛围》《后革命时代的中国》等著作中提出"全球现代性"的命题,以期超越殖民主义的现代性。"全球现代性绝不意味着呈现出民族-国家或者民族主义的'死亡'。相反,近几年我们见证了民族主义的激增,国家力量相对于人口的增强。"② 德里克强调全球现代性,但也强调殖民主义在塑造当今的全球现代性过程中发挥的作用,这实际上承认资产阶级在推动世界历史进程中充当了"历史的不自觉的工具"。阿里夫·德里克根据全球现代性的新特征,提出"弹性社会主义革命理论",这个命题在当今时代又引起了不小争议。

第三,国外史学界对欧洲中心主义的批评。萨义德曾提出"东方学",力图以此冲破西方中心主义的思维困境,并指明西方在建立经济—政治霸权的过程中,也将其文化霸权渗透到东方社会之中。他认为:"观察家和欧洲地理中心论的权威是由把非欧洲地带贬低并限制到次等人种文化的和本体论地位的文化语境来支撑的。"③ 汤因比在《历史研究》中认为,西方中心主义有三个来源,即"自我中心的错觉,'东方不变'的错觉,进步是直线运动的错觉"④。斯塔夫里阿诺斯在《全球通史:从史前史到21世纪》中认为:"传统的以西方为导向的历史观已不合时宜,且具有误导性。"⑤ 英国学者巴里·布赞在《世界历史中的国际体系:国际关系研究的再构建》一书中,以单位、互动能力、过程、结构作为分析工具,将国际关系的演变历程分为三个阶段——第一个阶段是前国际体系,第二个阶段是古代世界的多重国际体系,第三个阶段是全球性国际体系,以期通过拉长世界历史发展的时间跨度而确立一种新的非西方中心主义的国际关系理论。在当今时代,追求"新的全球视角"已经成为史学研

---

① 〔英〕安东尼·吉登斯:《现代性的后果》,田禾译,译林出版社,2011,第56页。
② 〔美〕阿里夫·德里克:《对"全球现代性:全球资本主义时代的现代性"的进一步反思》,陈静、王斌译,《马克思主义美学研究》2010年第2期,第223页。
③ 〔美〕爱德华·W.萨义德:《文化与帝国主义》,李琨译,生活·读书·新知三联书店,2016,第79页。
④ 〔英〕阿诺德·汤因比:《历史研究》上卷,郭小凌等译,上海人民出版社,2016,第39页。
⑤ 〔美〕斯塔夫里阿诺斯:《全球通史:从史前史到21世纪》(上),吴象婴等译,北京大学出版社,2006,第9页(致读者)。

究的基本共识,但真正的问题在于我们应该坚持基于什么立场和方法的"全球视角"。

总体而言,国外理论界对马克思"世界历史"思想的研究并不像中国理论界那样聚焦,其不是从马克思"世界历史"思想本身出发,而是从当今资本主义世界体系存在的问题和矛盾出发。西方理论界并不是为了捍卫马克思及其"世界历史"思想,而是借助马克思或批判马克思及其追随者确立自己的理论框架。国外理论界对当今全球化的前沿问题保持高度的关注,通过研究前沿问题而确立"世界历史"的话语逻辑,不管他们坚持的方法如何,得出的结论如何,他们对"世界历史"发展的前沿问题保持高度的敏感性,从问题本身去寻找答案的做法,是值得借鉴的。我们应该自觉将马克思主义的立场、观点和方法贯彻到具体理论问题或实践问题的研究之中,努力使"问题"与"主义"有机统一起来。

三 研究构想

本书以《文本与时代:马克思"世界历史"思想研究》为题,按照以史为线与问题导向相结合的基本原则,遵循"文本逻辑—历史脉络—时代意蕴"的总体思路。

第一,深化马克思"世界历史"思想的文本研究。从时间轴上看,中国理论界对马克思"世界历史"思想的研究已经持续近40年,主要围绕这一思想的发展逻辑、基本内涵、方法论意义、当代价值等方面展开,本研究同样会涉及这些基本方面。

(1)本研究将会对马克思"世界历史"思想的出场逻辑进行深入探讨,尤其是深入研读《德意志意识形态》这篇经典文献,从中找出马克思为什么能够对"历史向世界历史的转变"作出完全有别于黑格尔等前辈的阐释逻辑的回答。"站在德国立场"(这种立场实际上是现实的宗教与真正的神学)上的黑格尔派眼中的世界舞台仅限于"莱比锡的书市",他们把彼此之间的理论争论看作具有世界历史意义的伟大事变,他们完全忽视了其他民族的物质生产活动。马克思"站在德国以外的立场",从"现实的人"的生产活动的历史变迁对"历史成为世界历史"做出了符合事实的科学说明,在论证"历史向世界历史的转变"时所援引的材料就是英国大工业生产带来的世界性交往变革。可以说,"站在德国以外的立场"是马克思创立唯物史观与世界历史理论的关键所在。马克思沿着唯物史观的理论逻辑深入政治经济学研究,从"资本的现代生活史"找到了"历史成为世界历史""交往成为世界交往"的内在奥秘,这是马克思"世界历史"思想从"历史哲学"经过"实证科学"上升到"历史科学"的标志。

(2) 阐释马克思"世界历史"思想的问题视域。马克思到底是围绕哪些重大问题深入阐发"世界历史"思想的?本研究认为,"历史成为世界历史"与"交往成为世界交往"是同义语,因而,马克思"世界历史"思想的"问题域"实际上就是世界普遍交往实践中生成的若干重大问题。本研究将从世界普遍交往的主体生成问题、发展道路问题、秩序危机问题、自由与革命问题、中国革命问题入手阐释马克思"世界历史"思想的理论内涵。

(3) 阐释马克思"世界历史"思想的理论贡献。本研究将阐释马克思"世界历史"思想在马克思主义整体性构建中的重要地位,揭示马克思"世界历史"思想的西方中心主义批判功能,阐明马克思"世界历史"思想内蕴世界普遍交往条件下人类社会发展的辩证图景。

第二,呈现马克思"世界历史"思想本土化时代化的理论形态。列宁对马克思"世界历史"思想俄国化的理论贡献,为这一思想的中国化奠定了重要前提。本研究阐释了毛泽东对马克思"世界历史"思想中国化时代化的重大贡献、改革开放和社会主义现代化建设新时期中国共产党对马克思"世界历史"思想中国化时代化的理论贡献,重点阐释以习近平同志为主要代表的新时代中国共产党人开辟马克思"世界历史"思想中国化时代化的新境界,"构建人类命运共同体"的中国方案是对马克思"世界历史"思想守正创新的原创性贡献。

第三,展现马克思"世界历史"思想的时代意蕴。面对当代若干重大问题,我们如何坚持和实践马克思"世界历史"思想?本书将运用马克思"世界历史"思想审视中国传统"天下"范畴,洞察全球化进程中的"逆全球化"现象,把握中国式现代化的本质要求,审视"两个大局"的内在关联,并尝试对构建马克思"世界历史"思想的中国话语体系做出探讨。

随着实现中华民族伟大复兴的历史进程持续推进，在社会主义道路上发展壮大的中国比以往任何时候都更加广泛深入地参与普遍交往的世界秩序构建，马克思"世界历史"思想的当代意蕴必然会进一步凸显。肩负复兴使命的中华民族作为一个世界历史性民族，必须构建自身关于世界历史发展演进逻辑的叙事体系，从世界观和方法论高度阐发关于"建设什么样的世界、怎样建设世界""人类向何处去"等世界之问、时代之问的中国主张与中国方案，进而为推动世界历史进程、促进人类文明进步做出更大的贡献。马克思"世界历史"思想无疑是我们在世界普遍交往中占据真理与道义制高点的方法论基础，我们同样比以往任何时候都更加需要坚持和实践马克思"世界历史"思想。本书坚持守正创新与问题导向相结合，旨在深化马克思"世界历史"思想的文本研究，并尝试运用贯穿其中的立场观点方法进一步探究"一体化的世界"与"新时代的中国"相互激荡涌现出的若干重大问题，以期为拓展马克思"世界历史"思想的当代性贡献绵力。

第一章 马克思"世界历史"思想的出场逻辑

问题是时代的声音，全球性问题呼唤世界历史性的思想理论。马克思的诸多思想常以片段的形式散见于卷帙浩繁的文本之中，加上各个时代的历史任务和实践主题都各有侧重，某些思想片段在相当长的时期内并没有引起人们的足够重视。马克思"世界历史"思想在很长时间内就面临类似的境遇，长期处于被遮蔽或被遗忘的状态。二战之后，虽然两大阵营对立的局面长期存在，局部战争时有发生，但人类进入了总体和平的新时期，各国民众的社会交往日益密切，经济往来日益便捷，文化交流日益频繁，人类俨然生活在一个时空高度融合的"地球村"。"世界历史"的实践主题逐渐从战争与革命转向和平与发展，实现现代化已经成为不发达国家的共同主题与核心议题。同时，发展不平衡、中等收入陷阱、文化冲突、治理赤字、金融危机等全球性问题引起理论界的普遍反思。尽管马克思没能亲自参与这些全球性、世界性问题的讨论，但马克思的思想在这些广泛讨论中却从未缺席。可以说，正是诸多关于全球性问题的讨论或争论将人们的目光引向马克思及其"世界历史"思想。重温马克思"世界历史"思想的出场逻辑与伟大变革，有助于我们从思想史发展的视角把握其生成脉络，也有助于我们从整体上构建起理解这一思想的宏观框架。

第一节 近代欧洲"世界历史"观念形成的时代背景

世界历史的时代变革与思想变革是双向互动的。时代变革为思想变革提供必要的社会前提，思想变革又作为前瞻性的"望远镜"为引领时代变革确立先导。回溯马克思"世界历史"思想的伟大变革，我们应该深刻认识马克思所处的世界历史时代及其发展过程，探寻思想变革背后的物质动因，进而揭示"历史成为世界历史"的内在规律。

一 现代民族国家的兴起

现代民族国家是推动离散性的民族历史迈向有机联动的世界历史的重要力量。威斯特伐利亚体系是现代民族国家形成史上的里程碑，它确立各国交往主权平等的基本原则。西欧各主权国家之间按照这个基本原则进行交往，欧洲各国逐渐摆脱封建秩序的束缚。旧的社会制度的解体与新社会秩序的形成是同步进行的，英国资产阶级革命揭开欧洲封建秩序向现代秩序转型的序幕。欧洲新兴资产阶级为反对封建势力进行了反反复复的斗争，直到法国大革命的浪潮席卷整个大陆，现代国家秩序在欧洲才逐渐占据主导地位。在封建邦国的等级制度之下，朝贡体系维系着各个邦国及其内部交往关系，这就极大限制了各邦国的活动范围与边界，各邦国不能作为主权独立的国家而存在。等级森严的封建制度使得各个邦国作为相对独立的子系统，自给自足的生产方式不断再生产出新的封建等级制度。"在过去的各个历史时代，我们几乎到处都可以看到社会完全划分为各个不同的等级……而且几乎在每一个阶级内部又有一些特殊的阶层。"① 众多的社会阶层在封建等级制度的规制下井然有序，世界历史就像一个没有变化的圆圈，周而复始、始终如一。16 世纪起，欧洲商人阶级借助新航路游走于全球，将海外的物品和金银源源不断输入欧洲大陆，创造巨大物质财富的资产阶级冲击着欧洲大陆上形形色色的封建等级制度。资产阶级时代的一个显著特点就是"它使阶级对立简单化了"②。从中世纪延续下来的传统秩序泯没在资产阶级利己主义的算盘之中，与此同时，封建等级社会的中下层纷纷破产，涌入到无产阶级队伍之中。在资产阶级推翻封建统治的过程中，自由民主观念逐渐深入人心，资产阶级及其思想家借此杜撰出关于"世界历史"终结的新的神话。面对这样剧烈变革的社会结构和社会秩序，资产阶级思想家将世界永久和平的愿望寄托在充当"守夜人"的现代理性国家之上，而它"不过是管理整个资产阶级的共同事务的委员会罢了"③。这个"委员会"为新兴资产阶级独占国内的统治权提供了制度保障，也为他们奔走于全球

---

① 《马克思恩格斯选集》第 1 卷，人民出版社，2012，第 400～401 页。
② 《马克思恩格斯选集》第 1 卷，人民出版社，2012，第 401 页。
③ 《马克思恩格斯选集》第 1 卷，人民出版社，2012，第 402 页。

掠夺财富提供了强大后盾。

二 生产方式的重大变革

现代资产阶级不是从天上掉下来的，也不是人类历史上从来就有的。现代资产阶级"是生产方式和交换方式的一系列变革的产物"[①]。在欧洲漫长的中世纪，自给自足的庄园经济是维系社会关系运行的基本模式，劳动者依附于庄园主，定期向庄园主缴纳实物地租或提供劳役地租。庄园经济的鲜明特点是分散性，它分布在广大农村，各个庄园作为自给自足的子系统，很少直接进行贸易往来，连接它们的是商人阶级。随着生产力的发展，社会剩余产品逐渐增加，商品贸易也发展起来，商人阶级的中介或纽带地位越发凸显。随着商贾贸易日益频繁，小城市逐渐兴起，城市周边出现一些家庭工场小作坊。这种小作坊带有鲜明的家长制特征，学徒与帮工在师傅带领下从事简单的社会分工。城市从属于农村的局面维持了数百年之久，城市只能依靠农村有限的剩余产品进行生产和贸易，而不能有效刺激农村生产更多的剩余产品，原因就在于商品销售市场的局限性和狭隘性。直到新航路的开辟，通往亚洲各国的海上通道取代陆上商贾通道，大宗商品贸易往来遂成为可能。欧洲商人游走于美洲和亚洲，将欧洲的产品销往全球，也将异国的金银和特产源源不断输入欧洲。东、西方日益频繁的贸易往来进一步巩固了新航路开辟所取得的地理成果，这为整个世界建立起跨越东、西方的物质联系提供了现实纽带。反过来，商贾贸易的快速发展极大促进欧洲社会生产方式的变革，圈地运动和土地兼并推动欧洲庄园经济走向解体，大量失去土地的农民或农奴从乡村走向城市谋生，使得城市人口激增，这就扭转了城市对乡村的依附局面。"市场总是在扩大，需求总是在增加……于是，蒸汽和机器引起了工业生产的革命。"[②] 可以说，科学技术的广泛应用与大工业的兴起越来越成为资产阶级建立全球联系的深层基础。巧妇难为无米之炊，离开了这些深层基础，地理大发现最多只能证明"地球是圆的"，整个世界依然不能建立持续的、高频的、紧密的普遍联系，人类的"世界历史"

---

① 《马克思恩格斯选集》第 1 卷，人民出版社，2012，第 402 页。
② 《马克思恩格斯选集》第 1 卷，人民出版社，2012，第 401 页。

观念只会在更大范围的宿命循环中兜圈子,根本无法取得突破和变革。

三 殖民扩张与世界市场的建立

欧洲资本主义的兴起和发展与世界殖民扩张具有内在一致性。世界范围内的殖民扩张改变西方人的世界历史观念,改变欧洲人对东方社会的印象,也改变东方与西方的权力关系格局。新航路揭开了欧洲人世界殖民扩张的序幕,欧洲人对美洲的印第安人进行野蛮掠夺、屠杀,在非洲进行惨绝人寰的黑奴贸易,对亚洲各个古老文明发动战争。欧洲人通过野蛮的殖民扩张进行资本原始积累,可以说,欧洲资本原始积累是以血与火的文字载入人类编年史的。殖民扩张一方面掠夺殖民地的人力物力财力资源以加速资本主义的原始积累,另一方面又在资本主义趋向饱和的国内市场之外扩展了新的空间,开辟了更加广阔的世界市场。殖民扩张作为欧洲人征服世界的重要手段,它不仅掠夺其他国家或民族的大量物质财富,也将其他文明的优秀成果带到了欧洲。欧洲人不仅在自然科学领域突飞猛进,而且在哲学社会科学领域也取得极大进步,整个世界历史作为一个有机整体呈现在欧洲人的理论框架之中。随着欧洲人完成全球航行的壮举,欧洲人的足迹遍布各个人类文明,欧洲人不再像以往那样对东方的古老文明怀揣崇敬之心,他们以武力征服"野蛮民族",冲击着那里的生产方式和交换方式。在资产阶级的故乡,资本家对工人阶级的剥削还会借助等价交换的契约精神来实现,但在殖民地,资产阶级就会暴露出本质面目,撕下伪善的面具,露出狰狞的面孔。在新兴的资产阶级看来,自由竞争是人类世界历史上最好的时代,文明进步取代野蛮落后就像铁一般的自然规律支配着人类历史进程,一切腐朽陈旧的体制或观念都要为现代资产阶级的自由竞争让路。新兴的资产阶级通过野蛮的殖民扩张建立了世界市场,他们驰骋于这个崭新的世界历史舞台,在推动整个世界从离散状态迈向有机统一整体的过程中充当了"历史的不自觉的工具"。一些资产阶级御用文人不是揭露世界殖民的残酷性,而是美化资产阶级及其殖民扩张,西方中心主义或资产阶级中心主义的世界历史观念也在潜滋暗长。

四 宗教改革与理性启蒙的胜利

宗教改革与理性启蒙是欧洲人思想解放的里程碑。宗教统治曾像

"精神的鸦片"弥漫在中世纪的欧洲，人们的思想观念和行为方式都深深地打上了宗教教义的烙印。实际上，捍卫宗教原则就是在保护教会的既得利益，甚至连国王都需要教皇的加冕才具有正统的合法性，才能名正言顺地"代替上帝"统治人间的子民。在中世纪的欧洲，"宗教是这个世界的总理论"①。社会生活、行为方式、思想观念、意识形态、政治秩序、科学技术等方面的变革和突破都需要从宗教神话中找到依据，因而，根据现实社会的发展需要和利益诉求而对宗教教义作出新的阐释，就成为推动社会发展的一项极其重大的历史任务。长期以来，人们的思想和行为被禁锢在禁欲主义的教条之中，利己主义被视为基督教的对立面，教徒们只能在"克己事教""克己灭欲"的虔诚中按部就班，而不能逾越宗教制度的边界。在当时的欧洲，教权是没有边界的，王权是有边界的。教权与王权进行了长达数百年的激烈斗争，人民大众遭受教会与贵族的双重盘剥压榨。14—16世纪，在文艺复兴运动的推动下，人文主义精神不断渗透，人们开始质疑基督教的禁欲说教和等级制度，转向自由、平等、人性至上、有节制的利己主义，一场反对罗马教会的宗教改革运动已经悄然酝酿、呼之欲出。1517年，马丁·路德提出宗教改革的"九十五条论纲"，认为人们只要有信仰上帝的信念，就可以直接与上帝沟通，不需要借助教会这个中介就能获得救赎。路德的宗教改革得到欧洲贵族和人文主义者的支持和响应，人们对"民族教会"和"廉价教会"的呼唤和期待越发迫切。宗教改革顺应了破土生长的新兴资产阶级和新贵族不断增多的利益诉求，宗教改革的成果与宗教战争的创伤共同促进了《威斯特伐利亚和约》的签订，这使得罗马教会的权威大大削减，教会与教徒之间的隶属关系变得更加宽松，欧洲各民族教会独自发展的格局由此形成。启蒙运动进一步巩固宗教改革的成果，人们高擎理性主义的旗帜公开反对宗教愚昧、封建主义、特权主义，自由、民主、平等的价值观念不断深入人心，理性主义的胜利宣告宗教禁锢主义的终结。启蒙的理性主义一经掌握群众，就转化成推动世界历史车轮滚滚向前的强大物质力量。宗教世俗化使人对教会的依附关系逐步走向瓦解，理性主义的普及和传播使自然界之于人的神秘性与不可知性变得有规律

---

① 《马克思恩格斯选集》第1卷，人民出版社，2012，第1页。

可循，追求自由、张扬个性逐渐成为资本主义世界历史时代的主旋律。

第二节 马克思"世界历史"思想的理论渊源

在近代欧洲大变革的世界历史时代，随着现代国家的建立与社会秩序的变迁、生产方式的变革与大工业的兴起、殖民扩张与世界市场建立、宗教世俗化与理性主义的胜利，欧洲哲学家的世界历史观念也在悄然酝酿、形成和发展。哲学家们开始追问"世界历史"发展的终极形态是什么？支配"世界历史"发展的神秘力量是什么？"世界历史"发展必然会经历哪些阶段？"世界历史"发展存在什么样的规律？马克思的前辈维柯、伏尔泰、赫尔德、康德、黑格尔等人对此进行了漫长的理论探索。

一 维柯的"世界历史"观念

意大利著名历史哲学家维柯（1668—1744年）率先探讨世界历史的终极形态问题。首先，维柯认为，世界各民族都将经历三个时代：诸神统治的时代、英雄统治的时代和民众统治的时代。这是"各民族在复兴时所经历的各种人类制度的复演过程"[①]。无论是古希腊的英雄政体，还是古罗马的民众政体，都不是永恒的，它们都有自己的生命周期。当然，对于每个民族发展的具体生命周期，天神意旨并没有作出明确的规定，它只是规定了世界各个民族诞生兴盛、腐败堕落、灭亡解体的基本环节：或是本领超群的英雄人物带领一个民族走向兴盛，或是该民族内部腐败而进行持续不断的内战，或是外族入侵导致该民族的灭亡。

其次，天神意旨通过"自然秩序"支配世界各民族的发展趋向，但各民族本身又是天神意旨的执行者。"所有各民族的人类世界确实是由人类自己创造出来的。"[②] 维柯的自然主义循环论历史观带有鲜明的宿命论色彩，他虽然承认人类创造自己的历史，但人类是在天神意旨的启示中创造历史，人类只不过是天神意旨的执行者。人类可以创造历史，但人类无法摆脱天神意旨安排好的"自然秩序"的宿命。在维柯看来，天神

---

① 〔意〕维柯：《新科学》（下册），朱光潜译，商务印书馆，2011，第585页。
② 〔意〕维柯：《新科学》（下册），朱光潜译，商务印书馆，2011，第623~624页。

意旨安排的每一种政体都是最好的永恒的自然政体，一种政体向另一种政体过渡或演进，虽然不是既往历史事实的全部再现，但在本质上是相通的。

最后，维柯对这种政体的取代与被取代持有一种悲观的态度，认为其并不是历史的进步，而是天神意旨安排的宿命。英雄时代的劫掠在早期资本主义时代实现了复归，"过去英雄们认为被称为强盗是一种光荣，现在海盗就是贵族的一种头衔"[1]。维柯把民族战争看作捍卫种族神灵的战争，整个世界历史无疑"闪耀着天神统治着人类这一真理的光辉"[2]。实际上，维柯的"新科学"并不是现代意义上的"新发现"，它恰恰是在回应宗教改革过程中捍卫基督教传统的檄文。可见，维柯关于世界各民族"三个时代"循序渐进的"历史复归"思想，试图从上帝那里找到支配世界各民族发展的终极解释，它实际上是循环论的宗教史观。维柯所宣称的"新科学"并没有跳出基督教创世论的窠臼，因而，他的"新科学"不能成为近代欧洲变革的世界历史时代的风向标。

维柯的"世界历史"观念对马克思有没有产生影响呢？如果有，这种影响是直接的还是间接的呢？马克思在《资本论》中曾援引维柯的观点，说明"工艺学揭示出人对自然的能动关系"，"人类史同自然史的区别在于，人类史是我们自己创造的，而自然史不是我们自己创造的"[3]。我们不能说维柯的"世界历史"观念对马克思产生了直接影响，因为马克思极少提及维柯，马克思是在写作《资本论》时期才援引维柯的观点，这说明维柯的"世界历史"观念很晚才介入马克思的理论创作，并没有对马克思创立"世界历史"思想产生直接影响。虽然马克思赞同维柯"人类史是我们自己创造的"这一具体观点，但维柯的宗教史观与马克思的唯物史观是根本对立的。

二 伏尔泰的"世界历史"观念

伏尔泰（1694—1778年）是法国启蒙运动的导师和旗帜，他追求自由平等，主张君主立宪制，反对教派斗争，倡导教派和解。他一生著作

---

[1] 〔意〕维柯：《新科学》（下册），朱光潜译，商务印书馆，2011，第588页。
[2] 〔意〕维柯：《新科学》（下册），朱光潜译，商务印书馆，2011，第616页。
[3] 参见《马克思恩格斯文集》第5卷，人民出版社，2009，第429页，页下注。

颇丰，涉及诗歌、戏剧、小说、哲学、政治学等领域，《风俗论》则是其"世界历史"观念的集中表达。《风俗论》是一部涵盖世界各民族风俗习惯的鸿篇巨制，欧洲、美洲、亚洲各民族的风俗习惯与人文精神在伏尔泰的"自然神论"思维框架下均有所展现。

首先，伏尔泰尝试采用一种"非西方"的视角来记述各民族的精神风貌。伏尔泰呼吁人们摆脱对非西方民族的偏见，客观看待东方民族的科学文化艺术。他指出："尽管阿拉伯人是伊斯兰教徒，我们必须给他们以公正评价。同时必须承认，我们西方民族虽然对某些重要事物的真理有所领悟，但在艺术、科学和国家管理方面却很缺乏知识。如果有那么一些人对这种公正态度恶意指责，并企图加以丑化，那他们就与他们生活的时代很不相称，实在太可悲了。"[1]

其次，伏尔泰不是简单地按照编年史的方法对各民族的精神风貌进行汇编，而是进行了适当的取舍，使各民族精神风貌和人文传统的主干得以呈现。他指出："史书中那些不能说明任何问题的细节，就像一支军队的行李辎重，是个累赘。人的脑子很小，如果壅塞着细枝末节就会使智力衰退。因此论事必须从大处着眼，细枝末节则应由写编年史的人汇集在辞典中，以备需要时查考。"[2]

再次，伏尔泰认为整个世界历史的自然空间并不是一成不变的，它随着人类活动的深入而不断变化。他曾说："让我们看看我们居住的地球是否从前也像今天这样。我们的地球经历过的变化可能跟各个国家经历过的巨变一样多。……没有一处海滨，在漫长岁月中，未曾经历沧海桑田的变化。"[3]

最后，伏尔泰看到世界各民族发展的差异性和不平衡性。伏尔泰认为："一个民族要能够集合而成为国家，能够强盛，经得起磨炼，又有文化知识，肯定需要经历很长的岁月。"[4] 美洲被发现之前，只有两个还不会书写的王国，其余大部分人散居在美洲大陆，根本不知道书写技艺为何物，他们的技能仅仅是围绕迫切的生存需要而展开。"就因为长期处于

---

[1] 〔法〕伏尔泰：《风俗论》（上册），梁守锵译，商务印书馆，2003，"序言"第3~4页。
[2] 〔法〕伏尔泰：《风俗论》（上册），梁守锵译，商务印书馆，2003，"序言"第9页。
[3] 〔法〕伏尔泰：《风俗论》（上册），梁守锵译，商务印书馆，2003，第15页。
[4] 〔法〕伏尔泰：《风俗论》（上册），梁守锵译，商务印书馆，2003，第21页。

这种野蛮状态，所以古时候，在任何地方，人类都非常稀少。那时人们不大可能满足自己的生活需要；同时，由于不能互相了解，也就不能互相援助。"① 相比之下，相互交往的亚欧大陆上的各种文明已经发展到很高的水平，可见，与外界的交往在文明发展过程中起到重要作用。

虽然马克思没有直接提及伏尔泰的《风俗论》，但对于主张"自然神论"的伏尔泰在反对宗教狂热和封建专制过程中所做出的贡献，马克思曾予以高度肯定和评价。此外，马克思在《资本论》中还曾援引伏尔泰的小说《老实人》中的一句格言"在这个最美好的世界上，一切都十全十美"② 来论证资本家在对劳动力的掠夺性使用过程中实现了价值增殖的目的。这说明，伏尔泰"自然神论"的"世界历史"观念对马克思产生过影响，尽管不是直接的。

三 赫尔德的"世界历史"观念

赫尔德（1744—1803 年）是德国启蒙运动时期的著名哲学家，其代表作《论语言的起源》集中表达了世界各民族多元并存的思想。首先，赫尔德从语言的起源揭示世界各民族的多样性存在，"人类语言最初的发展是自然、生动的过程，而决不是什么哲学的、语文学的进步"③。从人类的自然演进历程中去探寻语言起源的奥秘，这是赫尔德不同于德国一般唯心主义哲学家的鲜明特征。赫尔德认为："证明语言源出于人类心灵，证明语言是通过人的感官和知觉形成的！"④ 理性在语言萌芽的过程中扮演着重要角色，所有的民族、国度中，理性与语言的发展都是彼此交织的。

其次，人类语言因为其从事的活动而具有多样性和丰富性。在赫尔德看来，"人似乎永远不是完整的人，他始终在发展，在进步，在完善。一种活动通过另一种活动得到提高，后来的活动建立在先前活动的基础之上，从旧的活动中发展出新的活动"⑤。人类语言的起源与发展具有代

---

① 〔法〕伏尔泰：《风俗论》（上册），梁守锵译，商务印书馆，2003，第 22 页。
② 《马克思恩格斯文集》第 5 卷，人民出版社，2009，第 227 页。
③ 〔德〕J. G. 赫尔德：《论语言的起源》，姚小平译，商务印书馆，1998，第 81 页。
④ 〔德〕J. G. 赫尔德：《论语言的起源》，姚小平译，商务印书馆，1998，第 64 页。
⑤ 〔德〕J. G. 赫尔德：《论语言的起源》，姚小平译，商务印书馆，1998，第 75 页。

际传承性，每个民族的语言方式都有自身的独特性，人类语言并不存在优劣之分，也不存在好坏之别。

再次，语言冲突是各部落冲突的"导火索"，语言差别是区分"我者"与"他者"的显著标识。赫尔德认为："每个部落都有自己的家族思维方式，当两个或更多的部落交壤时，他们很快就会找到冲突的理由。"①

最后，赫尔德反对民族优劣论，批驳当时正在形成的欧洲中心主义。"每一个民族都拥有世界各民族所具有的一切能力。"②虽然在一定历史阶段，某个民族会比其他民族发明更多东西，这不仅与个体的数量有关，也与族群所处的社会关系有关。赫尔德承认世界各民族具有平等的发展权，但他也看到世界各民族发展的不平衡性，"有许多小民族即所谓野蛮人便是停留在这样的阶段上"，他们把自己与世界隔绝开来，"若干世纪以来一直生活在极度愚昧的状态之中"③。赫尔德推崇世界各民族多元并存发展，这使得他被贴上了"民族主义者"的标签。

赫尔德作为路德派宗教改革的支持者，他的"世界历史"观念顺应了宗教世俗化和宗教民族化的时代呼唤。赫尔德关于世界各民族多元并存的历史进步论闪耀着辩证法的光辉，这对斯宾格勒提出"西方的没落"和汤因比提出"多元文明观"产生了深远影响。赫尔德强调历史进步的"非同步性"与过程性，这对黑格尔产生了直接影响，也间接影响到后来的马克思。

四 康德的"世界历史"观念

康德（1724—1804年）是德国古典哲学的创始人。康德推崇卢梭的契约精神，但不是要退回到原始丛林去寻找善的自然状态，而是通过启迪人类的理性之光以构建起超越丛林法则的世界秩序，进而实现人类社会的"永久和平"。

首先，康德认为人的行动是按照普遍的自然法权展开的。人类要摆

---

① 〔德〕J. G. 赫尔德：《论语言的起源》，姚小平译，商务印书馆，1998，第98页。
② 〔德〕J. G. 赫尔德：《论语言的起源》，姚小平译，商务印书馆，1998，第107页。
③ 〔德〕J. G. 赫尔德：《论语言的起源》，姚小平译，商务印书馆，1998，第108页。

脱动物本能状态,就必须"有一个合乎计划的历史"①。而"合乎计划的历史"就是人们所有自然禀赋"完全地并且合乎目的地展开"②。人类完全利用其自然禀赋并不是自然而然的历史过程,只有在"自然禀赋的社会化对立"中才能造就"一种合乎法则的社会秩序"③,而这样的社会秩序只有通过由契约精神引领的民众启蒙运动才能建立起来。

其次,康德认为建立一种完善的社会秩序并不只是一个国家内部的问题,它必然要求将契约精神拓展到国际关系之上。一个具有普遍管理法权的社会秩序是开放的,没有一种合法的外部国际关系,一种完善的公民宪政就不可能建立起来。在康德看来,"世界公民权利"的概念"不是什么幻想的或夸诞的权利表现方式,而是公开的一般人类权利"④。

最后,康德认为构建一种追求实现人类永久和平的"世界历史"观念是可能的。相距遥远的各国可以通过缔结"公开合法"的和平契约,将各国人民纳入"世界公民体制"之下,整个人类就可能开启"永久和平"的新纪元。在康德生活的时代,英国资产阶级正通过工业革命和自由贸易占领世界市场,法国资产阶级正通过大革命而跃居为统治阶级,只有软弱无力的德国小资产阶级才用"善良意志"去构思未来世界"永久和平"的图景。恩格斯曾评价道,"康德及其永久和平的思想在这个国度里会受到火刑"⑤(在德国)。马克思恩格斯认识到康德基于"实践理性"描绘的"永久和平"图景是不现实的,因为资本主义生产方式所造就的"孤立的个人"之间充满着激烈竞争,而激烈竞争的结果往往会通过阶级斗争的形式表现出来。康德的"世界历史"思想缺少了"阶级"范畴,在原子化个人之间建立社会契约就等于要求资产阶级与无产阶级在理性观念中达成历史性和解,因而,康德根本找不到实现世界"永久和平"的主体力量。

需要指出的是,康德关于"永久和平"的未来构想实际上已经提出了这样一个时代问题,即处在原子化时代的人类应该建立一个什么样的

---

① 李秋零主编《康德著作全集》第 8 卷,中国人民大学出版社,2010,第 24 页。
② 李秋零主编《康德著作全集》第 8 卷,中国人民大学出版社,2010,第 25 页。
③ 李秋零主编《康德著作全集》第 8 卷,中国人民大学出版社,2010,第 27 页。
④ 〔德〕伊曼努尔·康德:《永久和平论》,何兆武译,上海人民出版社,2005,第 27 页。
⑤ 《马克思恩格斯全集》第 41 卷,人民出版社,1982,第 58 页。

世界？马克思给出的回答是通过无产阶级革命建立"自由人联合体"。显然，康德的"世界历史"思想对马克思恩格斯产生了直接影响。

五 黑格尔的"世界历史"理论

黑格尔（1770—1831年）是唯心主义"世界历史"理论的集大成者。首先，黑格尔认为"世界历史"是"普遍精神"的自我实现。黑格尔的"世界历史"概念是从对整个历史的考察中概括提炼出来的，他力图透过人类历史发展过程中的诸多偶然性表象去揭示深层不变的规律机制。"历史的事件各不相同，但是普遍的、内在的东西和事件的相互联系，支配各种情况的普遍精神，却是持久的、永不过时的、始终当前的东西。"[①] 因而，研究历史不应该停留在对历史表层的记述或局部反思上，应该走向历史的深处探索那些恒久的东西。具体的历史事件无时无刻不处于生成与消逝之中，必定存在一个隐秘的力量支配着人类历史按照某种秩序朝着某个目的运动。"整个历史进程是精神的一种连贯进程，整个历史无非是精神的实现过程"[②]。在黑格尔的历史哲学体系里，普遍精神作为一种隐蔽、神秘的力量统治和支配着现存世界的过去、现在和未来，现存世界只有在普遍精神的发展演绎中才能找到终极解释。那么，这种隐蔽、神秘的秩序从哪里来？黑格尔将之归结为上帝，认为"现在发生和过去发生的事情不仅源自上帝，而且是上帝的作品"[③]。黑格尔从蛰居于天国的上帝那里寻找普遍精神的根源，过去的历史与现存的世界都是上帝事先安排好的，各个民族只有通过理性洞见去感知天神意旨，按照天神意旨所指明的方向或原则行事，才有可能成为普遍精神在特定发展阶段上垂青的世界历史性民族。黑格尔的"世界历史"理论蕴含着承认各民族或人类主体性的积极因素，在某种程度上表达了历史进步论的主张。马克思曾高度评价黑格尔将"世界历史"描述为生成过程的辩证法，但遗憾的是，黑格尔的"世界历史"理论只能发挥"解释世界"

[①] 〔德〕黑格尔：《世界史哲学讲演录（1822—1823）》，刘立群等译，商务印书馆，2015，第16页。

[②] 〔德〕黑格尔：《世界史哲学讲演录（1822—1823）》，刘立群等译，商务印书馆，2015，第449页。

[③] 〔德〕黑格尔：《世界史哲学讲演录（1822—1823）》，刘立群等译，商务印书馆，2015，第449页。

的辩护功能，根本不能肩负起"改变世界"的历史使命。黑格尔"世界历史"的辩证法只是在"思辨的天国"兜圈子，马克思则把它带回了"坚实的地面"。

其次，黑格尔认为"世界历史"的核心旨趣是"自由"的发展。在黑格尔看来，"世界历史"发展是必然性与合目的性的统一。"世界历史"不是无理性的必然性，而是"精神的自我意识和自由的必然发展"①。普遍精神的自我实现与自由概念的全面胜利具有同程性。黑格尔按照人类"自由概念"的实现程度，将"世界历史"划分为四个阶段。古老的中国属于世界历史的幼年阶段，那里的封建君主独享一切自由，甚至连同这个专制君主都是不自由的，因为内在的道德秩序需要通过外在的法律形式加以确定。古希腊属于世界历史的青年阶段，在那里有过昙花一现的公民自由。古罗马是世界历史的成年阶段，只有奴隶主和贵族享有实际的有限自由。日耳曼各民族是世界历史发展的老年阶段，这个老年阶段不是指自然生命趋向终结，而是指民族精神趋向成熟而与"普遍精神"趋于一致的阶段。这个阶段所追求的是整个人类的普遍自由。黑格尔的言外之意是日耳曼民族肩负着引领整个人类实现自由的历史使命，显然，黑格尔的日耳曼民族中心主义价值预设已经暴露无遗了。虽然黑格尔从"世界历史"发展中看到了"自由实现"的必然性，但"自由实现"依然停留在精神层面，没有进入社会革命的实践层面。马克思继承了世界历史与自由实现的辩证法，但马克思是从世界革命中去看待自由实现问题的。在马克思那里，"自由"范畴已经不再停留于精神层面，它已经转化为现实的"解放"范畴。如果不把以工人阶级为中心的广大劳动群众从资本主义的剥削压迫中解放出来，所谓的"自由"就只是哲学家头脑中的幻想而已。

再次，黑格尔认为理性国家是"世界历史"发展的必经环节。黑格尔坚持整体主义的世界历史观，他将个体自由放置于"类"自由中加以考察。在黑格尔看来，各个国家、民族不是因为现实的利益冲突而产生斗争，而是由于观念的冲突而发生对抗；同样，人们不是因为需要调整利益矛盾而通过缔结契约的方式建立国家。各民族在发展过程中趋近普

---

① 〔德〕黑格尔：《法哲学原理》，范扬、张企泰译，商务印书馆，1961，第352页。

遍精神的发展轨道而产生共识，催生民族国家。民族意识对于民族成员而言具有普遍性，基于民族意识发展而建立起来的理性国家必定是属于每一个成员的，身处理性国家中的每一个成员都能找到某种归属性的自由。正所谓"国家就是世界历史在尘世中的实现"①。在黑格尔那里，只有经过基督教洗礼的日耳曼各民族才能建立起真正的理性国家，才能成为日不落的世界历史性民族，并以普照的光引领人类各民族走向普遍自由的世界历史时代。在黑格尔那里，理性国家与市民社会的矛盾达成了完美和解，但马克思则是在理性国家与市民社会的现实冲突中继续前进。

最后，黑格尔认为"向外发展"是各个民族走向世界历史舞台的内在要求。黑格尔认为，一个民族向外发展首先体现在政治行动上，随之而来的是宗教文化艺术等领域的"向外扩张"。哪怕"向外扩张"的过程中会出现野蛮侵略，这也只不过是世界历史趋向精神自我运动所付出的必要代价。海洋已经演变为一个民族向外发展的主要途径，近代世界历史实际上是海洋世界历史，因为"大海所引起的活动，是一种很特殊的活动"②，是一种"超越土地限制的活动"。欧洲各民族是向往海洋的民族，而东方各民族则是疏远海洋的民族。黑格尔的"世界历史"理论中包含着鲜明的目的论与终结论的价值预设，这体现了他作为一个资产阶级哲学家的软弱性。"向外发展"同样是马克思关注的问题，但马克思不是将"向外发展"当作精神运动的结果，而是将它看作资本主义生产方式与交往方式内在矛盾的实现过程。

黑格尔围绕"普遍精神"自我实现的基本原理而构建起过程论、进步论、目的论、终结论相统一的"世界历史"理论，其思想的深刻性与偏狭性同时呈现在世人面前。黑格尔提出了"历史成为世界历史"或历史向世界历史转变的基本问题，也对这些基本问题进行了必要的逻辑论证，发挥了"解释世界"的重要参照作用。马克思从黑格尔提出的"世界历史"基本问题出发，通过"两个转变"逐步颠覆了黑格尔"世界历史"的解释原则，同时又继承了其中最核心的辩证法。此外，马克思还

---

① 〔德〕黑格尔：《世界史哲学讲演录（1822—1823）》，刘立群等译，商务印书馆，2015，第449页。
② 参见〔德〕黑格尔《历史哲学》，王造时译，上海书店出版社，2001，第135页。

围绕"改变世界"这一时代任务而提出"世界历史"发展的诸多新问题。

从维柯、伏尔泰、赫尔德到康德、黑格尔，近代西方世界历史观念基本是建立在唯心史观基础上的，这些理论家根据自身的阶级立场、政治立场或宗教立场而阐发世界历史观念。维柯"循环复归"的世界历史观念始终在唯心主义的僵硬外壳中兜圈子，从他的"循环复归"中看不到历史进步的趋向；赫尔德与伏尔泰的多元主义世界历史观念展现了一种各民族共同进步的平等意识，在一定程度上摆脱了"西方中心主义"的价值预设；康德理性主义"永久和平"的世界历史观念建立在契约精神基础上，主张通过世界公民的普遍契约精神建立"永久和平"的新世界，具有重要的启蒙价值；黑格尔则围绕"普遍精神"自我实现的基本原理而构建起过程论、进步论、目的论、终结论相统一的日耳曼民族中心主义世界历史理论，其思想兼具深刻性与偏狭性。不可否认，马克思生活的世界历史时代及其前辈的世界历史理论已经从不同层面回应了世界历史发展的基本问题，比如世界历史的动力、走向、矛盾、目的、规律及本质问题，但总体来说，马克思的前辈们都只是在唯心主义历史观的视野中探索这些问题，因而只是力图解释世界，尚未达到改变世界的高度。

第三节　马克思"世界历史"思想的创立与深化

人类思想智慧是代际传承的结晶，也是时代开新的产物。马克思生活在近代欧洲急速变革的时代，为全人类而工作的崇高理想与残酷的社会现实之间的巨大张力驱使马克思从"思辨的天国"走向"坚实的地面"，并在科学的实践观基础上实现"世界历史"解释路向的重大变革。马克思"站在德国以外的立场"，将"世界历史"的视野与方法贯彻到对时代前沿问题的分析研究之中，并在革命实践与理论创作的良性互动中将历史唯物主义的"世界历史"思想作为一个"艺术的整体"呈现出来。

一　沿着前辈们探索世界历史时代问题的步履前进

马克思在"世界历史"思想领域超越其前辈的过程并不是一帆风

顺、一步到位的，他沿着前辈们探索世界历史时代问题的方向和道路进行过长时间的摸索。在现实的利益冲突面前，德国古典哲学的先驱们提供的理论框架和解释范式处处碰壁，这促使青年马克思从"思辨的天国"转向"坚实的地面"。

马克思在爱德华·甘斯的影响下转向黑格尔哲学，黑格尔《法哲学原理》和《历史哲学》等著作就成为马克思接触"世界历史"范畴最直接的来源。伊壁鸠鲁关于原子偏斜的观点实际上是在类比市民社会与理性国家之间的矛盾冲突。马克思在博士论文中只是偶尔提及"世界历史性"等概念，但他已经注意到要从"纪律过渡到自由"，实际上是使"在自身中变得自由的理论精神成为实践力量"①。只有面向"尘世的现实"，哲学才能获得自己的"内在规定性和世界历史性"②。绝对精神规定的"纪律"与自我意识向往的"自由"之间存在难以调和的张力，内在的"自由"总是力图冲破保持完整性的"纪律"，变成吞噬一切外部世界的火焰。哲学层面的概念外化造就了现实世界，概念的演绎或者自我意识的发展使得现实世界打上了哲学的烙印。由此，马克思得出结论："世界的哲学化同时也就是哲学的世界化。"③ 博士论文中的"世界历史"范畴尚未成为马克思关注的焦点问题，但马克思深受黑格尔历史哲学的影响，这使得他的理论水平已经接近哲学发展的时代前沿，一些理论甚至已经表现出冲破旧哲学体系的迹象。

1841年，在象牙塔中热衷于哲学思辨的马克思走向社会工作领域，理论与现实的巨大反差让马克思感到异常惊讶。哲学鼓吹的理性国家并没有遵从契约精神的规定，理性国家所坚持与推崇的自由在现实世界中面临的却是封建君主专制，契约精神所推崇的普遍自由在市民社会中却面临压迫奴役。面对激烈变革的世界，黑格尔哲学体系逐渐丧失了原有的解释力。马克思从社会现实中觉察到传统道德面临着解体的命运。宗教原则在现实利益冲突面前濒临破产，现实世界的道德与宗教世界的原则之间产生了巨大裂痕。传统哲学体系走向解体，而新的哲学体系尚在孕育，这就为马克思在"世界历史"领域确立自己的理论方位提供了可能。

---

① 《马克思恩格斯全集》第1卷，人民出版社，1995，第75页。
② 《马克思恩格斯全集》第1卷，人民出版社，1995，第75页。
③ 《马克思恩格斯全集》第1卷，人民出版社，1995，第76页。

面对现实世界与哲学原则之间存在的巨大张力，马克思继续挖掘黑格尔哲学中的革命性因素，这使得马克思的研究基点逐步从哲学原则转向现实世界的"经验事实"。马克思在《集权问题》一文中提出"从问题中找答案"的重要论断，这意味着马克思开始抛弃"从答案中找问题"的研究思路。马克思认为，"世界史本身，除了用新问题来回答和解决老问题之外，没有别的方法"①。走出象牙塔的马克思不再纠缠于思辨哲学中的思想争论，而是转向现实社会问题寻求有关思想争论的新答案。思想争论不能脱离对现实问题的分析，离开了社会现实问题，思想争论就只能在逻辑学中裹足不前，哲学的发展只能通过回应社会现实问题而获得新动力。马克思在《〈科隆日报〉第179号的社论》中认为，哲学是紧跟时代发展的，也是引领时代进步的，哲学要"变成面对世界的一般哲学，变成当代世界的哲学"②。现实世界纷繁复杂的问题迫切要求哲学思想冲破令人费解的体系外壳，"以世界公民的姿态出现在世界上"③。马克思开始走出纯粹哲学思辨的思维逻辑，转向现实世界的矛盾去解答有关哲学争论的问题，这种转变是非常关键的。如果没有这种转变，马克思就很难与那个旧时代的哲学家划清理论界限，也很难开辟新的哲学领地，更不可能在"世界历史"思想领域独树一帜。

马克思在1842年10月的《关于林木盗窃法的辩论》中指出："现在我们来到坚实的地面上演戏。"④ 从"思辨的天国"转向"坚实的地面"，标志着马克思从唯心主义转向唯物主义，这是马克思确立新唯物主义哲学坐标的重大转折。马克思所说的"坚实的地面"实际上是现实利益相互交错的市民社会，"在这里，利益是很有眼力的"⑤。"世界历史"作为理性国家的延伸，同样是众多利益矛盾纠缠在一起的关系网，这些利益矛盾具有复杂性和多样性。私人利益则把自身看作整个世界的最终目的，如果国家法律不符合私人利益这个最终目的，那么它就是不合目的的法律，就必须予以废除。私人利益肮脏的灵魂从来没有被理性国家所熏陶

---

① 《马克思恩格斯全集》第1卷，人民出版社，1995，第203页。
② 《马克思恩格斯全集》第1卷，人民出版社，1995，第220页。
③ 《马克思恩格斯全集》第1卷，人民出版社，1995，第220页。
④ 《马克思恩格斯全集》第1卷，人民出版社，1995，第240页。
⑤ 《马克思恩格斯全集》第1卷，人民出版社，1995，第272页。

和照亮，见不得阳光的私人利益往往通过秘密的程序进入理性国家的神圣殿堂，维护私人利益就成为理性国家隐秘的使命任务。

马克思在《〈黑格尔法哲学批判〉导言》中认为，现实世界是人的世界，是国家和社会的集合体，宗教观念只是一种颠倒的世界意识，它所阐释的"世界历史"只不过是一种颠倒的世界。宗教是人民精神的鸦片，人的解放或现实世界的解放不可能依靠宗教改革来实现，而它只能依靠彻底的革命实践才能完成，这种彻底的革命实践只能是共产主义革命。只有通过"头脑"（哲学）与"心脏"（无产阶级）相结合的革命实践，人类才能实现彻底的"普遍解放"，由此才能认为"世界历史形态的最后一个阶段是它的喜剧"[①]。彼时的马克思虽然还带有资产阶级革命民主派的浪漫主义气息，但他已经完成从唯心主义向唯物主义转变的心路历程。马克思在《论犹太人问题》中进一步分析了宗教解放、政治解放、人的解放的逻辑关系。宗教的"世界历史"就是带有原罪的"世界历史"，也是救赎的"世界历史"，然而，现实世界的原罪与救赎集中体现为金钱崇拜，因为金钱"把一切神都变成商品"[②]。因而，宗教解放只是一部分有钱有教养的有产者的解放，政治解放只是承认了市民社会各阶层在法权意义上的平等地位，但并未消除市民社会本身的不平等和奴役，人的解放则要求实现一种来自市民社会本身的普遍平等和自由。尽管这个阶段的马克思对"人的解放"的认识在很大程度上还受到费尔巴哈的影响，但马克思在价值观层面已经确立起追求人类普遍解放的"世界历史"情怀，在方法论层面已经开始扬弃社会契约精神所推崇的理论范式。此时的马克思只是从感性层面接触经济事实，尚未从经济理论的视角揭示"历史成为世界历史"的内在逻辑。

《1844年经济学哲学手稿》（以下简称《手稿》）是马克思从"完全经验的事实"（国民经济学）出发阐释资本主义"世界历史"的一次尝试。欧洲大陆的法国和德国正在逐渐走向"社会的历史"[③]，但还没有形成"社会的历史"，普遍贫困和社会压迫并没有对民族的发展产生积

[①]《马克思恩格斯选集》第1卷，人民出版社，2012，第6页。
[②]《马克思恩格斯文集》第1卷，人民出版社，2009，第52页。
[③]《马克思恩格斯文集》第1卷，人民出版社，2009，第92页。

极影响，只有英国工人阶级的贫困穷苦产生了"世界历史意义"①。言外之意，英国工人阶级普遍贫困背后的生产方式正在改变着英国，甚至变革着整个"世界历史"秩序，这种生产方式使得英国成为新兴的世界历史性民族。马克思辩证考察劳动与产业发展的历史变迁，认为只有当劳动采用机器生产的方式出现之后，工业的财富才成为一切财富的典型代表，工业资本才成为私有财产的完成形式，进而"以最普遍的形式成为世界历史性的力量"②。在马克思那里，彻底的自然主义不同于唯心主义，也不同于机械的唯物主义，因为只有借助内在的辩证法才能够理解"世界历史的行动"。按照黑格尔的思路，哲学家无疑是整个人类世界历史进程中的预言家和先知，或者说，是哲学家在头脑中发现了"世界历史"的运动秘密，进而在观念中创造了历史向"世界历史"转变的全过程。对此，马克思旗帜鲜明地指出："整个所谓世界历史不外是人通过人的劳动而诞生的过程"③。我们常说《手稿》保留着浓厚的费尔巴哈痕迹，这是针对《手稿》中"异化"这个理论主题而言的，马克思在《手稿》中关于"劳动创造世界历史"的论述已经表现出将黑格尔的"哲学思辨"与费尔巴哈的"感性直观"相结合的特点，因为马克思把劳动形态本身看作一个历史演进的过程。前资本主义时代的地域性手工劳动创造了"离散性的世界历史"，资本主义的社会化"异化劳动"创造了"异化的世界历史"，共产主义的"自主活动"才能真正创造"自由的世界历史"。马克思从自然主义与劳动史观相结合的视角去考察作为人类全部历史生成过程的"世界历史"，这是马克思迈向新唯物主义世界史观的关键一环。这个关键一环在《手稿》中并不占据理论主题的位置，它作为一项"未竟事业"留待后续阐明。

二 "站在德国以外的立场"确立"世界历史"的阐释新范式

马克思在《关于费尔巴哈的提纲》（以下简称《提纲》）中虽然没有关于"世界历史"的直接论述，但《提纲》却为马克思确立自己的"世界历史"思想提供了基本原则。马克思在《提纲》的第一条就指出：

---

① 《马克思恩格斯文集》第1卷，人民出版社，2009，第93页。
② 《马克思恩格斯文集》第1卷，人民出版社，2009，第182页。
③ 《马克思恩格斯文集》第1卷，人民出版社，2009，第196页。

"从前的一切唯物主义（包括费尔巴哈的唯物主义）的主要缺点是：对对象、现实、感性，只是从客体的或者直观的形式去理解，而不是把它们当做感性的人的活动，当做实践去理解，不是从主体方面去理解。"① 从人类感性的实践活动及其历史变迁去理解现实的"世界历史"，这是马克思超越以往世界历史理论的显著标识。因为"全部社会生活在本质上是实践的。凡是把理论引向神秘主义的神秘东西，都能在人的实践中以及对这种实践的理解中得到合理的解决"②。在《提纲》中，马克思虽然没有明确将实践观点延伸到"世界历史"这一范畴，但在众多场合，马克思在论及"历史""世界""全部历史""世界历史"等概念时贯穿其中的方法立场是一致的。虽然马克思在少年时代就确立了为实现人类幸福而工作的理想，但那时的少年毕竟是懵懂的，依然带有普罗米修斯般的浪漫主义色彩和强烈的基督教救世主义情怀。青年马克思走出象牙塔，以满腔热血投入革命实践和理论批判之中，革命立场和思想观念都经受锤炼而变得更加明确。马克思在《提纲》第十条明确写道："旧唯物主义的立脚点是市民社会，新唯物主义的立脚点则是人类社会或社会的人类。"③ 旧唯物主义哲学家和唯心主义哲学家都只是用不同的方式解释世界，为资本主义现实世界的剥削和奴役作理论辩护，而以马克思恩格斯等人为代表的"新唯物主义"的旗手们不仅要揭示资本主义剥削和奴役的秘密，还要致力于对资本主义世界的剥削现实进行革命改造。毋庸讳言，马克思在《提纲》中确立的实践观点和人文情怀贯穿其后的理论创作和革命实践生涯，也渗透到后续的世界历史理论阐发之中。

马克思恩格斯在《德意志意识形态》中对青年黑格尔派及其狭隘的"德国立场"进行彻底清算，基于科学的实践观系统阐述新唯物主义的"世界历史"思想。"从施特劳斯开始的黑格尔体系的解体过程发展为一种席卷一切'过去的力量'的世界性骚动。"④ 青年黑格尔派虽然是"绝对精神"瓦解过程中产生的"新化合物"，但他们依旧是一群"以经营绝对精神为生"的人。整个黑格尔派把彼此之间的理论争论吹嘘为具有

---

① 《马克思恩格斯选集》第 1 卷，人民出版社，2012，第 133 页。
② 《马克思恩格斯选集》第 1 卷，人民出版社，2012，第 135~136 页。
③ 《马克思恩格斯选集》第 1 卷，人民出版社，2012，第 136 页。
④ 《马克思恩格斯文集》第 1 卷，人民出版社，2009，第 512 页。

世界历史意义的伟大变革，而在马克思看来，他们依然没有摆脱德意志的民族狭隘性和地域局限性。马克思明确指出，"必须站在德国以外的立场上"①来分析和批判黑格尔派的种种喧嚣吵嚷。"站在德国立场"上的黑格尔派的出发点是"现实的宗教和真正的神学"②，在他们看来，"宗教、概念、普遍的东西统治着现存世界"③，但他们"从来没有为历史提供世俗基础"④。"站在德国立场"上的哲学家们由于时常遗忘"所有其他民族和所有现实事件"，他们眼中的"世界舞台局限于莱比锡的书市"⑤。

马克思所说的"站在德国以外的立场"到底是指什么呢？我们可以将其概括为两个方面。一方面是指超越德意志民族中心主义的偏狭立场，确立"人类社会或社会化的人类"⑥的价值旨趣。另一方面是指有别于一般德国哲学家考察历史的方法，黑格尔派从来不按照"历史本身的尺度"考察历史，费尔巴哈则把"历史本身的尺度"排斥在现实生活之外，马克思考察历史的方法则是真正"符合现实生活的考察方法"⑦。马克思这种历史考察方法的出发点是从事实际活动的"现实的人"，他们"不是处在某种虚幻的离群索居和固定不变状态中的人，而是处在现实的、可以通过经验观察到的、在一定条件下进行的发展过程中的人"⑧。

"现实的人"所进行的"全部活生生的感性活动"可以概括为三方面。一是生产能够维持生计的物质生产活动，二是满足需要的活动所引起的新需要，三是种的繁衍，这三个方面是"同时存在着的"。人们在"同时存在着的"共同活动中发展自己的自然关系和社会关系，而"这种共同活动方式本身就是'生产力'"⑨。正是基于此，马克思自觉把"'人类的历史'同工业和交换的历史联系起来研究和探讨"⑩。在劳动创

---

① 《马克思恩格斯文集》第 1 卷，人民出版社，2009，第 513 页。
② 《马克思恩格斯文集》第 1 卷，人民出版社，2009，第 514 页。
③ 《马克思恩格斯文集》第 1 卷，人民出版社，2009，第 515 页。
④ 《马克思恩格斯文集》第 1 卷，人民出版社，2009，第 531 页。
⑤ 《马克思恩格斯文集》第 1 卷，人民出版社，2009，第 547 页。
⑥ 《马克思恩格斯文集》第 1 卷，人民出版社，2009，第 506 页。
⑦ 《马克思恩格斯文集》第 1 卷，人民出版社，2009，第 525 页。
⑧ 《马克思恩格斯文集》第 1 卷，人民出版社，2009，第 525 页。
⑨ 《马克思恩格斯文集》第 1 卷，人民出版社，2009，第 532~533 页。
⑩ 《马克思恩格斯文集》第 1 卷，人民出版社，2009，第 533 页。

造的依次交替的世界历史中,人类通过生产实践活动改造人与自然的关系,也通过变革彼此间的交往活动而改造人与人的关系。在各个世代的纵向交替过程中,人类的横向交往也随之发展起来。在黑格尔那里,"扬弃了的私法=道德,扬弃了的道德=家庭,扬弃了的家庭=市民社会,扬弃了的市民社会=国家,扬弃了的国家=世界历史"①。黑格尔将"世界历史"看作"普遍精神"在时间和空间上的延伸和拓展,其目的在于完成"普遍自由"的先验使命。黑格尔"站在德国立场"上以哲学的尺度把握"世界历史"发展的一般进程,其思想存在进步论与目的论的内在矛盾。

在《德意志意识形态》中,马克思正是"站在德国以外的立场"上确立考察历史的"新出发点",从生产方式与交往方式的矛盾运动及其发展过程中深刻揭示普遍交往的"世界历史"的实践生成逻辑,对历史向"世界历史"转变作出完全有别于黑格尔历史哲学的科学阐明。马克思指出:"各个相互影响的活动范围在这个发展进程中越是扩大,各民族的原始封闭状态由于日益完善的生产方式、交往以及因交往而自然形成的不同民族之间的分工消灭得越是彻底,历史也就越是成为世界历史。"② 正是坚持"德国以外的世界视野",马克思在论证"历史成为世界历史"时所援引的材料是英国的机器发明在东方的印度和中国引起"整个生存形式的改变",以此证明英国大机器生产在全球范围内产生深远的历史意义,而不是像德国理论家那样把只具有地域性意义的哲学批判吹嘘为世界历史性的变革。马克思将"历史向世界历史的转变"看作完全物质的实践行动,而不是某种形而上的抽象行动,这种实践行动是每一个实际生活的人通过吃、喝、穿等行动就可以证明的。马克思与黑格尔虽然都把辩证法贯彻到"历史成为世界历史"的阐释过程之中,但二者所坚持的辩证法却存在重大差别。黑格尔所坚持的"世界历史"辩证法是"从天国降临于尘世",马克思的辩证法则是"从尘世上升到天国"。

历史向"世界历史"转变的时代标志是什么?在马克思看来,只有

---

① 《马克思恩格斯文集》第1卷,人民出版社,2009,第214页。
② 《马克思恩格斯文集》第1卷,人民出版社,2009,第540~541页。

机器大工业才能迅速消灭"各国以往自然形成的闭关自守的状态",才能使每个文明国家的需要的满足都依赖整个世界,从这个意义上讲,大工业"首次开创了世界历史"①。这标志着马克思所提及的"世界历史"范畴已经从人类的"普遍历史""全部历史""整个历史""整个世界"转向凸显资本主义时代特征的"世界交往"或"普遍交往"。地域性存在的个人只有融入普遍交往的世界大格局之中,才能作为世界历史性存在而直接与世界历史建立丰富联系。"只有当交往成为世界交往并且以大工业为基础的时候,只有当一切民族都卷入竞争斗争的时候,保持已创造出来的生产力才有了保障。"② 在马克思那里,"历史成为世界历史"与"交往成为世界交往"是同义语,它们都是以大工业的快速发展作为现实前提的。作为思想形态的马克思的"世界历史"概念主要指资本主义现代大工业推动人类从封闭离散的地域交往迈向开放联动的世界普遍交往,各民族生存境遇、阶级结构、发展道路、时空秩序等方面都不可避免地发生重大变革,进而与整个世界产生越来越紧密的联系。

马克思从现实的资本主义世界历史及其要素演变出发,将社会分工、普遍交往、世界市场、自由竞争、人的关系、人的解放、共产主义、世界革命等范畴纳入"世界历史"思想中,这实际上是对世界历史理论的"问题域"作出尝试性划定。可以说,唯物史观为马克思创立科学的世界历史理论奠定了坚实的哲学基础,"世界历史"思想又扩展了唯物史观的理论空间和问题视域。毫无疑问,在《德意志意识形态》中,马克思站在唯物史观的立场上阐发了科学的"世界历史"思想,这标志着经过急剧思想变革的马克思已经超越黑格尔,在"世界历史"理论领域达到新的认识高度,成为雄踞人类"世界历史"思想高峰的新巨人。

"世界历史"作为方法论原则贯穿于马克思的理论创作生涯,马克思虽然没有在某本著作中对"世界历史"思想做过专门系统的论述,但贯穿其整个思想体系的"世界历史"思想始终处在不断深化发展的过程之中。在《雇佣劳动与资本》中,马克思从经济危机的世界关联性出发阐明资本主义世界历史的局限性和偏狭性,资本主义作为一种比以往任

---

① 《马克思恩格斯文集》第1卷,人民出版社,2009,第566页。
② 《马克思恩格斯文集》第1卷,人民出版社,2009,第560页。

何所有制更具开放性的生产方式,它具有庞大的规模,把工人阶级、银行信贷、商业资本、工业资本等都组织在机器大生产之中,大量的产品要求更加广阔的市场,一旦某个环节出现断裂,就会爆发经济危机。"这种危机之所以越来越频繁和剧烈,就是因为随着产品总量的增加,亦即随着对扩大市场的需要的增长,世界市场变得日益狭窄了,剩下可供榨取的新市场日益减少了,因为先前发生的每一次危机都把一些迄今未被占领的市场或只是在很小的程度上被商业榨取过的市场卷入了世界贸易。"[1] 资产阶级经济学家把自由竞争当作上帝最完美的创造,把自由竞争看作一种永久公平的启示,然而,"自由竞争在一个国家内部所引起的一切破坏现象,都会在世界市场上以更大的规模再现出来"[2]。在马克思看来,甚至连保护关税制度都与世界市场的自由竞争存在千丝万缕的关联,"保护关税制度不过是在某个国家建立大工业的手段,也就是使这个国家依赖于世界市场,然而,一旦它对世界市场有了依赖性,对自由贸易也就有了或多或少的依赖性。此外,保护关税制度也促进了国内自由竞争的发展"[3]。在《德意志意识形态》确立新唯物主义的世界历史基本原则之后,马克思阐述"世界历史"的方式变得越来越具体,大致遵循由"抽象到具体"的叙述方法。

由于《德意志意识形态》在马克思恩格斯生前未能出版,在1932年以前,《共产党宣言》就被认为是其向人们系统阐发"世界历史"思想的第一部理论著作。在《共产党宣言》中,马克思恩格斯通过梳理资本主义发展简史进一步深入阐发"世界历史"思想,这一思想反过来也彰显了《共产党宣言》强烈的世界主义关怀,使得《共产党宣言》成为一部具有深远世界历史意义的光辉著作。资本主义社会之前的各个社会形态之所以没有形成各民族相互依存、彼此关联的世界历史,从根本上讲,是因为各民族的生产方式具有自给自足的特性,处于不同社会形态的各民族在发展理念和发展实践上都偏向于内向型,而不是外向型,各文明中心长期彼此隔绝的状态就很难被打破。随着生产力的发展,整个社会的剩余产品日益增多,在封建社会中出现了资本主义萌芽,商人阶级在

---

[1] 《马克思恩格斯文集》第1卷,人民出版社,2009,第742页。
[2] 《马克思恩格斯文集》第1卷,人民出版社,2009,第757页。
[3] 《马克思恩格斯文集》第1卷,人民出版社,2009,第758页。

巨大物质利益的驱动下探索和开辟东西方持续不断的贸易通道。世界历史进程与社会形态的更替呈现出正相关的发展趋势，离开了封建社会内部的革命性因素的快速发展，资本主义生产方式不可能迅速排挤其他一切生产方式，整个社会也不可能出现资本逻辑支配下的大量剩余产品。资产阶级为了给大量的剩余产品寻找销路，纷纷走出国内市场，奔走于全球各地，"到处落户，到处开发，到处建立联系"①。资产阶级"由于开拓了世界市场，使一切国家的生产和消费都成为世界性的了"②。在世界市场的刺激下，工业、商业、航海业、陆上交通等领域都取得了长足发展，极大地改变了不同民族间的交往方式，促进各民族间的物质往来和精神交往，整个世界连接成彼此关联的有机整体，世界一体化的图景越发呈现在各民族面前，各民族的生产和消费越发具有世界性。然而，资本主义主导的"世界历史"进程是充满矛盾的，它是为资本增殖服务的，它使民族间的对立、城乡间的对立、阶级间的对立都达到了历史的顶点。在马克思看来，资本主义生产方式为分散的工人阶级走向大联合提供了客观条件，因为"中世纪的市民靠乡间小道需要几百年才能达到的联合，现代的无产者利用铁路只要几年就可以达到了"③。可见，世界历史不仅是一个空间命题，而且是一个时间命题，因而是一个时间与空间高度统一的命题。在世界历史时代，无产阶级谋求解放的使命或任务就不再是追求某个民族单独行动，而是追求世界无产阶级联合行动。马克思恩格斯在《共产党宣言》中深刻阐明了世界历史与共产主义革命的内在关联，深刻揭露了其他形形色色的社会主义的偏狭性和地域性，为世界各国的无产阶级革命确立了科学的国际主义的原则，极大地拓展了世界社会主义运动的实践格局。

三 探寻历史向"世界历史"转变的深层奥秘

《德意志意识形态》和《共产党宣言》虽然对"历史向世界历史的转变"作了历史唯物主义的一般哲学阐明（宏大叙事），但未对现实的以资本为中心的普遍交往的"世界历史"及其运动规律作出深入的理论

---

① 《马克思恩格斯文集》第2卷，人民出版社，2009，第35页。
② 《马克思恩格斯文集》第2卷，人民出版社，2009，第35页。
③ 《马克思恩格斯文集》第2卷，人民出版社，2009，第40页。

分析。马克思沿着唯物史观指明的方向，继续深入"有关时代的经济"去探寻历史向"世界历史"转变的深层奥秘，进而科学揭示资本主义"世界历史"的本质规律、内在矛盾与未来走向。马克思移居伦敦之后，把主要精力放在政治经济学领域，通过对资本主义生产关系的深入研究，找到"历史成为世界历史"的深层奥秘，并对资本主义"世界历史"的命运做出公正裁决。"马克思在伦敦接触到资本主义世界经济危机'普遍关联'的经验事实，在理论创作与革命实践的良性互动中不断深化对资本主义主导的'世界历史'发展规律的认识。"[1]

资产阶级是推动历史成为"世界历史"的"不自觉的工具"。在黑格尔那里，世界历史是对理性国家和市民社会的扬弃和超越，世界历史进程代表着一种进步方向，而代价问题在黑格尔看来是微不足道的。显然，黑格尔的世界历史进步论中裹挟着目的论的导向，仿佛落后民族理所当然应该成为先进民族走向世界历史的垫脚石，仿佛前一个历史事变就是为后一个历史事变的发生而铺平道路。马克思看到大工业开创的世界历史的进步性，同时也注意到其面临的残酷代价问题，还充分肯定了特定阶段的先进民族在推动世界历史进程中的重大贡献。马克思在给《纽约每日论坛报》的撰稿中，有多篇文章论及英国对印度的统治和英国对中国的侵略问题，马克思在这些文章中一如既往地把生产力尺度运用到对"世界历史"发展方向的评判和把握之中。在论及英国对中国的侵略之时，马克思始终坚持辩证的态度，既在道义上对英国的侵略行为予以强烈谴责，又基于客观事实对英国大工业对中国社会结构变革的积极影响予以肯定。英国的大炮使得清王朝万世长存的美梦破灭了，迫使它从闭关自守、与世隔绝的状态中开眼看世界。英国的侵略（政治、经济）使中国的财政状况、社会风尚、经济结构等都经受了来自外部世界的极大冲击，这就阻断了旧中国向现代社会自然过渡的历史进程。当然，西方列强的侵略，诱发中国自身的革命因素，但这并不是单向性的，中国同样把由西方"秩序"引发的动乱"送往西方世界"[2]。世界历史的形成并不是英国、法国、美国等西方资本主义列强单向性的行动，压迫与

---

[1] 周康林：《马克思"世界历史"思想的伟大变革》，《中国社会科学报》2019年8月27日，第8版。

[2] 《马克思恩格斯文集》第2卷，人民出版社，2009，第612页。

抗争，奴役与解放，依附与独立，等等，始终是世界历史进程中普遍存在的矛盾。英国的蒸汽机和现代科学摧毁着印度和中国传统的农业与手工业相结合的生产方式，使无数辛勤经营的手工业者丧失祖传的谋生手段而走向破产，同时，现代生产力与科学技术的传播加速了被侵略民族自身革命因素的酝酿和发展，从客观上讲，资产阶级在开创世界历史进程中"充当了历史的不自觉的工具"①。资本主义生产方式的扩张，一方面使世界各民族的生产与消费产生互相依赖的关系，建立稳定性的普遍交往；另一方面极大地发展了人类生产力，把科学技术广泛运用于物质生产活动之中，进而实现对自然力的科学支配。这两个方面相互促进、相互转化，使得整个人类社会发展表现出前所未有的"加速度"。需要注意的是，我们不应该纠缠于马克思关于"东方问题"的某些具体论述，而应该重视马克思为解决中国问题、印度问题、俄国问题所提出的根本出路，即实现社会生产力的根本变革。

马克思揭示资本具有世界扩张的本性，他从"资本的现代生活史"揭示"历史成为世界历史""交往成为世界交往"的内在奥秘。马克思在完成"两个转变"之后，已经认识到人们的物质生活关系决定了他们在国家中的现实地位，这个物质生活关系的总和就是市民社会，市民社会对理性国家的实际性质起到决定作用。不是人们的意识决定人们的社会存在，而是人们的社会存在决定人们的意识。这条唯物史观的基本原理一经形成，就贯穿于马克思其后的理论创作生涯。在马克思看来，"对市民社会的解剖应该到政治经济学中去寻求"②。政治经济学研究的对象恰恰是社会生产力与生产关系之间的现存冲突，尤其是资本主义社会生产力与生产关系的矛盾运动规律。马克思从19世纪40年代中期起逐步将唯物史观运用于政治经济学的研究，撰写了大量的经济学著作，在《1844年经济学哲学手稿》中阐发了劳动异化理论，在《哲学的贫困》中批判蒲鲁东政治经济学的形而上学色彩，在《雇佣劳动与资本》中初步阐发了劳动价值论。移居英国伦敦之后的马克思为生计所迫不得不给美国的《纽约每日论坛报》撰稿，但他在极度贫困的情况下依然坚持研

---

① 《马克思恩格斯文集》第2卷，人民出版社，2009，第683页。
② 《马克思恩格斯文集》第2卷，人民出版社，2009，第591页。

究，1859年出版《政治经济学批判》，创立了科学的劳动价值论，并发现了剩余价值理论，这些理论成果都为马克思写作《资本论》奠定了基础。可以说，将唯物史观运用于政治经济学的研究是马克思探索历史向"世界历史"转变深层奥秘的根本途径，"世界历史"的本质规律、基本矛盾、时空转变、发展走向等重大问题都在马克思对政治经济学的深入研究中得到阐明。周期性的经济危机是资本主义"世界历史"时代的显著特征，资产阶级克服危机的办法主要有两种：一是通过消灭大量生产力以适应狭隘性的资本主义生产关系；二是通过所谓的自由竞争排挤小私有者进而垄断和独占国内市场，或者通过战争等方式迫使他国打开通商口岸，以夺取新的世界市场。实际上，"这不过是资产阶级准备更全面更猛烈的危机的办法，不过是使防止危机的手段越来越少的办法"①。

《资本论》及其手稿是马克思研究政治经济学的理论结晶，也是马克思揭示资本逻辑"世界历史"运动及扩张的集中体现。资本主义世界普遍交往的奥秘"应该到政治经济学中去寻求"。《资本论》及其手稿是马克思运用唯物史观剖析资本主义社会基本矛盾运动规律的集中体现，资本积累与扩张的内在需要构成资本主义世界普遍交往的直接动力。马克思认为："世界贸易和世界市场在16世纪揭开了资本的现代生活史。"② 资本主义大工业开创的世界普遍交往服务于资本增殖活动，它把一切社会资源都纳入资本逻辑主导的世界交往格局之中。随着商品经济日益成为社会结构中普遍的经济形式，劳动者与生产资料相分离日益成为普遍的社会问题。马克思指出："只有当生产资料和生活资料的占有者在市场上找到出卖自己劳动力的自由工人的时候，资本才产生；而单是这一历史条件就包含着一部世界史。因此，资本一出现，就标志着社会生产过程的一个新时代。"③ 马克思通过对资本积累的深入分析，找到资产阶级（资本的人格化）建立世界普遍交往的奥秘。"资本一方面要力求摧毁交往即交换的一切地方限制，征服整个地球作为它的市场，另一方面，它又力求用时间去消灭空间，就是说，把商品从一个地方转移到另一个地方

---

① 《马克思恩格斯选集》第1卷，人民出版社，2012，第406页。
② 《马克思恩格斯文集》第5卷，人民出版社，2009，第171页。
③ 《马克思恩格斯文集》第5卷，人民出版社，2009，第198页。

所花费的时间缩减到最低限度。"① 交通工具的重大变革正是在资产阶级"用时间消灭空间"的客观过程中实现的。随着机器大工业取代工场手工业,资本积累像"滚雪球"一样吞噬一切,工业资本和商业资本取代其他落后的资本形态,在世界历史舞台上逐渐取得划时代的统治地位。在马克思看来,"资本具有独立性和个性,而活动着的个人却没有独立性和个性"②。随着资本积累和资本集中加剧,劳动从属于资本的程度也在加深,以至于劳动者越来越受到世界市场的支配,而世界市场恰恰"是资本主义生产方式的基础和生活环境"③。资本逻辑主导的世界普遍交往就像"核聚变"一样,通过"自由竞争"实现资本集中,并将各民族"强行拉入"世界市场的关系网中,不断强化资本主义生产方式的国际性质。资产阶级鼓吹的自由竞争并不是世界历史的终结,建立在资本主义私有制基础上的自由竞争,只容许"现实的自由"发展到一定的限度(资本主义私有制的限度)。生产资料高度集中和劳动高度社会化,是资本主义私有制这个外壳根本不能容纳和消化的,当资本主义生产方式与资本主义占有方式之间的矛盾成为世界历史性的客观存在,资本主导的"世界历史"就会发展到它的极限。资本主导世界普遍交往包含着自我否定的内在矛盾,资产阶级在推动世界交往革命的过程中充当着"历史的不自觉的工具"。可以说,正是按照唯物史观的理论逻辑对政治经济学进行深入研究,尤其是对资本主义生产关系进行深入研究,马克思找到了资本主义世界历史时代通向共产主义世界历史时代的"钥匙"抑或"密码",为世界无产阶级谋求彻底解放指明了根本出路。

四 马克思晚年"世界历史"思想的问题转向

马克思晚年将"世界历史"思想的问题视域转向东方社会和古代社会。世界历史发展具有差异性和不平衡性,各民族融入世界历史的方式必然存在殊异,各民族在世界历史进程中扮演的角色也必然存在差别。西方国家长期作为世界历史进程的主导力量,世界历史进程在很大程度上、很长时间内表现为资本主义社会基本矛盾的全球扩张,其发展道路

---

① 《马克思恩格斯文集》第8卷,人民出版社,2009,第169页。
② 《马克思恩格斯文集》第2卷,人民出版社,2009,第46页。
③ 《马克思恩格斯文集》第7卷,人民出版社,2009,第126页。

和发展模式势必会对非西方社会造成冲击、干预。马克思在《资本论》中阐明的历史哲学理论具有超历史性，但它本身并不是一把能解世界之谜的万能钥匙，它所提供的是寻找钥匙的一种科学方法。马克思在论及东方社会发展道路问题时，始终坚持世界历史的整体思维与宏观视野，相比之下，俄国民粹主义理论家则表现出明显的地域局限性和视野偏狭性。马克思曾预言，俄国农村公社如果能够积极占有资本主义制度所创造的一切文明成果，就有可能不通过资本主义制度的"卡夫丁峡谷"，而迎来社会劳动生产力普遍发展与每个人全面发展相统一的经济形态。可以说，马克思关于东方社会发展道路问题的若干探索，诠释了世界历史发展进程中统一性与多样性的辩证关系，这标志着马克思在方法论上全面超越西方中心主义的思维框架。

　　唯物史观表达的是一种关于历史过程的观点，只有将"历史向世界历史的转变"的客观事实纳入发展过程之中加以考察，才不至于向机械唯物主义或庸俗唯物主义那样坚持形而上学的思维逻辑和实践逻辑。马克思世界历史理论中的"世界历史"概念具有明确的时代限定，即资本主义大工业出现之后开创的全球一体化的世界交往格局，这种世界交往是逐渐生成并且不断强化的时代境遇。整个世界先于人类社会而存在，人类繁衍与迁徙的足迹遍布全球，经过漫长的发展才逐步形成相互联动的有机整体。显然，人类走向现代意义上的世界历史并不是一朝一夕完成的，而是经过了漫长的生产实践和社会交往。马克思晚年将研究重点放在历史领域，他按照唯物史观的理论逻辑撰写《人类学笔记》和《历史学笔记》，从所有制形式演变的原因、进程去考察人类文明交往问题，这在很大程度上补充阐明了《共产党宣言》中关于古代社会发展"过程缺环"的问题。《共产党宣言》是从分析资本主义社会的起源入手的，实际上，当时的马克思对资本主义社会以前的社会形态（比如人类的史前史、原始社会、奴隶社会）并没有展开论证，抑或说，马克思当时尚未掌握资本主义社会以前的社会形态发展的充分论据。通过大量的阅读和摘录，马克思发现不同文明中心的土地所有制存在差异性和多样性，这就需要纠正之前作出的理论判断，比如，对"一切社会的历史都是阶级斗争的历史"、东方社会"不存在土地的私有制"等论断做了修正。马克思在《历史学笔记》中摘录了大量重大历史事变，尤其记述了大量非生产因素（比如十字军东征和蒙古人西征）在各文明交往活动中的重要作用，这种看似偏离以生产逻辑为核心的唯物史观，实际上却是对唯物史观的运用和拓展。各民族为了谋求生存空间或扩展势力范围，在很长的历史时期，战争本身就变成人类进行物质交往的一种特殊形式，哪怕是那些为了捍卫某种宗教原则而进行的战争，其背后也承载着物质利益的强大牵动力。马克思在早期的著作中为了批判唯心主义而强调物质因素在社会生活中的决定性作用，对宗教的历史功能坚持一种强烈的否定态度，在晚年，马克思充分肯定了宗教意识形态和政治上层建筑在人类文明发展进程中的作用，比如充分肯定欧洲的宗教改革与现代民族国家的建立在推动历史向"世界历史"转变过程中发挥的积极作用。可以说，马克思晚年看似把研究重心转移到历史学和人类学领域，实际上是通过对历史学和人类学史料的深入研究反过来支撑和丰富唯物史观，这里面就蕴含了离散的古代社会走向普遍交往的世界历史的深层逻辑。

第四节　马克思"世界历史"范畴的逻辑层次

马克思的"世界历史"概念具有多重含义。在马克思的早期文本中，"世界历史"作为一般修饰性辞令来使用，没有特别的实质内容。马克思的理论研究路向总体上遵循了从"历史"走向"世界"，再从"世界"走向"历史"的逻辑进路，在很多时候，马克思所说的"历史"实际上具有"整个历史""人类历史""世界历史"的内涵，马克思所说的"世界"同样具有"历史""世界历史"的含义。因而，深挖马克思"世界历史"思想的基本内涵，不应该拘泥于"世界历史"的出现频次，而应该深刻领会"世界历史"范畴的具体所指，特别是要对"世界历史"的逻辑层次有一个清晰的界定。

一　客观生成过程的"世界历史"

客观世界先于人类而存在，作为自然存在的客观世界不是一成不变的，而是运动变化发展的。客观世界本身经历了一个从无机世界向有机世界漫长演化的过程，人类社会在相当长的演进过程中也曾表现出鲜明的地域性、封闭性。离开了人的历史是无主体的历史，这样的历史是自然存在的历史，自然历史中的所有联系都只是天然联系。人类的祖先跟其他动植物一样生活在纯粹的自然界中，通过残酷的自然选择实现优胜劣汰，完全被铁一般的自然规律所支配。随着人猿揖别，人作为自然选择和演进而形成新"类"，开始了认识世界与改造世界的探索旅程。不管人类是从同一个起点出发散居于全球，还是人类在地球上不同的地区先后诞生，不可否定的是，虽然人类的生存繁衍受到自然规律的支配，但人类也通过自身的实践活动深刻地影响着整个世界的自然历史进程。散居于全球各地的世界先民以不同的方式创造了璀璨夺目的文明，各文明内部经过长期融合交往而结成各种不同层级的共同体，这些共同体中的成员能够按照一定社会秩序进行正常交往，形成辐射四方的文明中心。众多文明形态在诞生、发展、鼎盛、衰颓、灭亡的所谓"历史周期率"中"前赴后继"，但各文明中心从彼此孤立逐步走向相互关联的总体趋势是不可逆转的。在人类彼此隔绝的时代，观念上的"世界历史"通过各文明中心的编年史呈现出来，实践中的"世界历史"就是各民族历史的正向叠加，"世界历史"这一概念往往表现出强烈而鲜明的地域中心主义色彩。我们不能用现在的眼光去评价古人的眼界，因为呈现在他们眼前的世界就是其共同体所控制的活动范围，这种局限是历史的局限，并不是因为古人内心世界的偏狭。当然，世界历史自然演进绝不是为了实现某种神秘的目的，即使某些世界历史行动需要借助某种神秘的外衣而获得合法性，其背后的支配力量始终都是现实的物质力量。"世界历史"的自然历史进程强调的是这一进程的客观性和规律性，它是不以个人意志为转移的，集体意志对世界历史进程具有很强的干预作用。"世界历史"的自然历史进程与社会形态的更替是紧密相连的，一般说来，一个社会发展程度越高，它越是成为一种世界历史性的存在，而不是地域性的存在。在原始社会，各个部落群体都只是一种地域性存在，这是由不发达的生产力与交通工具所决定的。各个部落一旦走出了自己的领地，就必然对其他部落的生存造成威胁，部落之间必然爆发原始战争，胜利的一方获得对失败部落的一切支配权，失败部落或是被迫迁徙或是沦为奴隶，获胜部落的生存交往空间在这个过程中得到进一步拓展。万邦林立的时代，各部落经过长期通婚、征伐、结盟、贸易等活动日益融合成更具包容性和开放性的共同体，这样的共同体作为特定文明形态的实际载体参与到更大范围的交往之中,各文明中心之间逐渐开始往来,这是各文明中心走向世界历史时"从零到一"的重要一环。《德意志意识形态》中关于"历史成为世界历史"的重要判断蕴含着丰富的辩证过程论思想,我们应该追溯这一发展过程的长期性和复杂性。"世界历史"的自然生成过程遵循"由点到点""由点到线""由线到面"的拓展路径,起初若干相邻民族进行局部交往,彼此交往的民族在长期融合之中建立稳定的利益联系,由此逐渐延伸开来。马克思强调:"世界史不是过去一直存在的;作为世界史的历史是结果。"[1] 马克思阐发了"世界历史"发展的生成论思想,这种生成论实际上就表现为一个自然历史过程。我们应该承认眼前的世界历史是客观"结果",更应该追溯世界历史生成的自然历史过程及其辩证发展逻辑。

"历史成为世界历史"是一个客观趋势,这种趋势中蕴含着世界历史生成演变的客观规律。自然状态下的"世界历史"在很长时间内表现为自发演进,其规律表现为铁的必然性的盲目支配。直到人猿揖别,原始人在物质生产劳动中产生了自我意识,意识到自身作为类存在,意识到自身活动的特殊目的,由此有了超越动物的纯粹本能状态的意识。正是因为具有主体性的人参与自然历史进程,整个自然状态的"世界历史"仿佛变得捉摸不定,没有规律可以遵循,以至于一些人提出否定历史规律的观点。哈耶克认为历史演进是一种自发行为,根本不存在"不可避免的历史发展规律",也不存在"千篇一律的发展规律",马克思及其追随者认为能够找出进化规律,但哈耶克认为"他们是错误的"[2]。波普同样表达了否定历史规律的观点,他看到规律与趋势的区别,但否定趋势受到客观规律的支配,"规律和趋势是根本不同的两回事"[3]。哈耶克与波普等人的观点强调历史进程中的个体主义原则,反对整体主义的价值取向和行动逻辑。个体主义或自由主义所坚持的"历史非决定论"具有一定的反思功能,过去,我们片面地坚持历史决定论而忽视人的主体性,整体主义的行动方案在一定程度上掩盖或遮蔽个体的个性与自由。

---

[1] 《马克思恩格斯文集》第 8 卷,人民出版社,2009,第 34 页。
[2] 〔英〕F. A. 哈耶克:《致命的自负》,冯克利等译,中国社会科学出版社,2000,第 25 页。
[3] 〔英〕卡尔·波普:《历史决定论的贫困》,杜汝楫、邱仁宗译,华夏出版社,1987,第 91 页。

但是，我们不能为了反思而反思，把反思引向否定客观规律的道路。作为结果的"世界历史"一经形成，就像万川归海一般显示出强大的聚合力量，人类社会就会从原来的离散状态走向相互关联的整体，并且，这个客观过程在总体上具有不可逆性。"不存在先于历史的历史决定论。"[①]从这个意义上讲，作为自然过程的"世界历史"本身就蕴藏着不断生成的发展规律，这种"世界历史"发展规律并不是"无所不能的上帝"事先已经安排好的序列或程序，它归根到底受人类物质生产方式的变革所支配。

二 劳动创造的"世界历史"

"世界历史"是一个客观生成过程，支配着"世界历史"有机生成的内在动力又是什么？马克思冲破唯心主义的僵硬外壳转向尘世粗糙的物质生产及其变革，云寻找世界历史生成、发展的内在根源，在劳动发展史中揭示历史向"世界历史"转变的本质和规律。恩格斯曾说，每一个社会的总体状况，'是由生产什么、怎样生产以及怎样交换产品来决定的"[②]。在蒙昧时代，原始人曾居住在热带或亚热带森林中，他们以水果、坚果和根茎作为食物，其劳动形式表现为采集劳动。在蒙昧时代的中期，随着火的发现和使用，原始人的食物链得到极大扩展。自从有了大量的新食物，原始人所受到的气候和地域的限制就大大减少了。"石器时代早期的粗制的、未加磨制的石器，即所谓旧石器时代的石器（这些石器完全属于或大部分都属于这一阶段）遍布于各大洲，就是这种迁徙的证据。"[③] 野蛮时代的特有标志是开始了动物的驯养、繁殖和植物的种植。原始人劳动方式的这一次历史性飞跃，促进了社会大分工，先后出现农业和畜牧业的分离、农业和手工业的分离。在蒙昧时代，人们的劳动以获取天然产品为主，劳动工具往往局限于获取天然产品的辅助工具。在野蛮时代，人们逐渐学会了畜牧和农耕，人们通过活的劳动来增加物品以弥补天然产品的不足。在文明时代，人们除了继续生产食物，还学

---

① 〔埃及〕萨米尔·阿明：《自由主义的病毒/欧洲中心论批判》，王麟进、谭荣根、李宝源译，社会科学文献出版社，2007，第10页。
② 《马克思恩格斯文集》第3卷，人民出版社，2009，第547页。
③ 《马克思恩格斯文集》第4卷，人民出版社，2009，第33页。

会对天然产品进行加工，整个社会出现了较多的剩余产品，这就促进了不同群落之间的物质和文化交往。蒙昧时代的原始人在整个地球上为寻找天然食物被迫迁徙游荡，野蛮时代的先民由于改进生产工具而获得较为稳定的食物来源，开始定居下来，由此逐渐形成各部落彼此隔绝的总体格局。在农业与手工业完美结合的社会结构中，人们长期在相对封闭的空间过着自给自足的生活，人们的物质生产和社会交往都表现出鲜明的地域局限性，人们的历史表现为地域性的民族历史。随着人口增长和生产力的发展，大量土地被开垦出来，整个社会生产的剩余产品大量增加，这就进一步促进社会分工，应运而生的商人阶级在世界历史进程中的作用越发凸显。商人阶级作为世界各民族互通有无的中介，起初只是将少数剩余产品进行有限度的流通。随着商品贸易的迅速发展，商人阶级不断向城市聚集，逐渐控制着各城市之间的物质文化流通，也控制着城乡之间的物质信息交往。恩格斯曾指出，在社会剩余产品不断增加的情况下，商人阶级"成了每两个生产者之间的不可缺少的中间人，并对他们双方都进行剥削"①。商品贸易促进市场繁荣，日益增加的市场需要反过来刺激生产者通过不断革新生产技术提供更多优质产品，各个生产门类都要求更加精细化的社会分工以提高生产效率。大量剩余产品要求商人阶级把自己的活动范围从地域市场拓展到国内市场，再从国内市场扩展到国际市场。跨国商品差异性蕴藏着巨大的经济利益，跨国商人跋山涉水、远渡重洋，开辟横跨东、西的丝绸之路，使彼此隔绝的东方与西方逐渐建立起零星的、间断的、低频的物质文化联系。各民族的生产力发展水平存在差异性，这使得它们在国际交往中担任不同的角色。原始社会或奴隶社会的落后生产方式无助于建立现代意义的普遍交往，因为落后的生产方式无力实行高度精细化的社会分工，故而也创造不出维系世界普遍交往的物质基础。只有依托发达生产力创造出大量剩余产品，各民族间的交往方式才会从野蛮趋向文明。生产不发展必然导致贫困普遍化，"而在极端贫困的情况下，必须重新开始争取必需品的斗争，全部陈腐污浊的东西又要死灰复燃"②。古代的很多战争与冲突直接体现为争

---

① 《马克思恩格斯文集》第 4 卷，人民出版社，2009，第 185 页。
② 《马克思恩格斯文集》第 1 卷，人民出版社，2009，第 538 页。

夺剩余产品,比如占有其他民族的生产力,抢夺其他民族的工匠,掠夺其他民族的精神财产。战争在世界历史进程中的作用是双面的,既有破坏性的一面,也有建设性的一面,比如蒙古人西征与十字军东征都曾给被入侵民族带来灾难,但同时也客观上促进了东、西方文明的交流。我们不能夸大战争本身在世界历史进程中的作用,我们应该清醒地认识到战争这种交往方式本身也是受生产力发展水平支配的。15世纪前后,西欧一些国家与东方的中国都曾出现资本主义萌芽,陆上跨国贸易通道被土耳其人阻断之后,为了追求巨额利益,欧洲人开始探索跨国贸易的海上通道。随着新航路的开辟与美洲大陆的发现,整个世界由理论上的空间联系变成现实的有机整体,东、西方跨国生产和贸易由点到点、由点到线、由线到面铺展开来。资本主义大工业在国内不断排挤其他一切落后的生产方式,从国内市场走向国际市场,摧毁其他民族传统的社会生产结构,使得各民族的生产和消费都在一定程度上表现出世界性的特征。因而,马克思从这个意义上强调,大工业"首次开创了世界历史"[1]。马克思在考察人类劳动发展史和物质交往史的过程中不断赋予"世界历史"这一概念新的内涵,实现了"世界历史"思想的伟大变革。

有人认为,"世界历史的形成,是资产阶级奔走全球各地的结果"[2]。如果我们把资产阶级当作商人来看待,历史上也存在商人游走于东、西方进行贸易往来,海上丝绸之路与陆上丝绸之路都是例证,为什么古代社会的商人不能开创世界历史呢?归根到底,还是古代社会生产力水平低下,商人阶级能够进行流通的剩余产品是极为有限的。商人如果不能收集大量的剩余产品,他的贸易范围也是有地域局限性的。由此可见,市场的类型和规模都是由生产的规模所决定的。资产阶级开创普遍交往的世界历史,是由现代资本全面介入生产过程的逐利本性所决定的。

人类的物质生产劳动创造了整个世界历史,资本主义生产方式变革是推动"历史成为世界历史"的主导力量(在一定历史阶段发挥主导作用)。二战之后,资本主义生产方式发生重大变革,发达国家牢牢控制全球生产链条的上游,发展中国家处在全球生产链条的下游。处在产业链

---

[1] 《马克思恩格斯文集》第1卷,人民出版社,2009,第566页。
[2] 王作印:《马克思世界历史理论论纲》,西南财经大学出版社,2007,第52页。

上游的发达国家逐渐把许多物质生产劳动部门转移到发展中国家，同时在国内发展新兴的高端服务业，影响着全球的物质生产劳动。"非物质劳动"这一概念开始出现在人们的视野之中，有的人甚至认为资本主义国家的"非物质劳动"已经取代马克思所说的物质劳动。有人认为，非物质劳动作为一种远离资本控制的劳动形态，在劳动过程中表现出劳动自由的特征，劳动时间与生活时间的界限变得日益模糊。"这种劳动不仅生产物质产品，而且还生产社会关系，甚至在最终意义上还生产社会生活本身。"① 任何劳动的过程都离不开物质条件，任何劳动的过程都需要借助物质活动而展开，只是"非物质劳动"的过程表现出的自由度更大一些。笔者认为，从劳动形态上看，"非物质劳动"本身是"物质劳动"的衍生品，只有在物质劳动高度发达的情况下，"非物质劳动"才会大量涌现，非物质因素才会广泛参与物质劳动，可以说，"非物质劳动"是物质劳动高度发达的"正向外溢"。在全球化时代，虽然"非物质劳动"在发达国家占据了相当大的比重，但它是以不发达国家的物质劳动为前提的。可以说，"非物质劳动"概念的出场并不能否定唯物史观的正确性，物质劳动在维系和推动当代全球化发展过程中依然起到根本的决定性作用。在资本主义制度下，生产过程中的非物质因素并没有像奈格里与哈特所说的那样摆脱了资本的控制，资本逻辑实际上渗透到整个生产环节之中，各个生产要素都裹挟着资本增殖的目的。

劳动创造以人类为主体的"世界历史"，这是唯物史观的基本命题。前资本主义时代的古代社会、封建社会的手工劳动只能创造相隔绝的离散性"世界历史"，资本主义时代的大工业生产才能开启普遍交往的"世界历史"。资产阶级开创的自由竞争的世界历史是劳动从属于资本的世界历史，只有共产主义的世界历史才是"劳动向自主活动的转化"的世界历史，才是劳动真正解放的世界历史。

三 作为思想形态的普遍交往的"世界历史"

普遍交往是民族历史向世界历史转变所表现出的鲜明时代特征。离

---

① 转引自石裕东、吴宁《马克思主义视野中的非物质劳动》，《江西社会科学》2014年第9期，第14~17页。

开了普遍交往这个经验事实，马克思就不可能赋予"世界历史"鲜明的时代内涵。马克思既从自然历史与劳动发展史相交叉的纵向视角深入考察过去的"世界历史"及其生成逻辑，也从普遍交往的经验事实出发论证现实的"世界历史"及其实践格局。无论是自然历史，还是劳动发展史，交往始终都是一个绕不开的话题。从零星分散交往到世界普遍交往的历史变迁，是马克思区分"世界历史"的古代形态与现代形态的重要依据。在《德意志意识形态》第一章"IV"部分，马克思恩格斯集中论述了生产、分工、交往的内在关系，从中勾勒了人类交往发展史。在自然形成的生产工具支配下，人们的社会交往表现出鲜明的地域局限性，人们被束缚在封闭的乡村，对自然形成的共同体产生强烈的依赖，这就是农村社会彼此隔绝和分散的显著特征。而在文明创造的生产工具相对发达的城市里，人们能够进行广泛的分工，创造必要的公共机构，比如行政机关、警察等政治机构，城市在人口、生产工具、资本、社会需要等方面都表现出集中的特征。城乡对立贯穿"文明的全部历史直至现在"①。各村落通过城市这个中介联系起来，它们曾经相互隔绝、缺乏交往，彼此孤立，交往范围仅限于村落内部。起初，各城市内部进行固化的社会分工，世代相袭的工艺构成城市居民的原始资本，生产不足与交往局限是早期城市的共同特征。商人阶级的出现使生产和交往相分离，流动的商人阶级在邻近地区以外建立贸易联系，使得城市之间建立了联系，进而扩展城市间交往的深度与广度。在马克思看来，"某一个地域创造出来的生产力，特别是发明，在往后的发展中是否会失传，完全取决于交往扩展的情况"②。当社会交往还停留在狭小的地域范围，各地区都会对彼此的发明进行封锁，防止其他地域获得这种代表先进生产方式的发明技艺。在这种情况下，战争作为打破交往局限的特殊方式，就会通过血与火的方式使各民族建立不对等的交往，一些生产力较为发达的文明就曾在战争这种破坏性与毁灭性的交往中化为历史的遗迹。马克思进一步指出："只有当交往成为世界交往并且以大工业为基础的时候，……保持已创造出来的生产力才有了保障。"③ 古代世界的交往表现出低频

---

① 《马克思恩格斯文集》第 1 卷，人民出版社，2009，第 556 页。
② 《马克思恩格斯文集》第 1 卷，人民出版社，2009，第 559 页。
③ 《马克思恩格斯文集》第 1 卷，人民出版社，2009，第 560 页。

性、间接性、低效性、费时性、政治性等特征，现代世界的交往则具有高频性、直接性、高效性、即时性、经济性、多样性等综合特征。13世纪的欧洲曾有农奴逃亡到城市流浪的现象，但这种逃亡流浪只是暂时的，因为逃亡到城市长期没有找到工作，就会被下令处死。在大工业出现之后，大量逃亡到城市的农奴迎来了找工作的有利时机，社会分工不断扩大，殖民地准备好的广阔市场创造了大量需求，农奴摆脱封建等级制度束缚，逃亡农奴走进工厂，成为雇佣工人。随着等级资本让位于工业资本和商业资本，交往本身也会随着分工的扩大化而不断简单化，货币逐渐成为人们交往的信用凭证。逃亡农奴成为工人之后，原有的宗法制度对其约束力大大降低，宗法制度下的人身依附关系被金钱货币关系所取代，逃亡农奴进入城市之后就变成除了自由之外一无所有的人。摆在工人面前的世界无比广大，孤零零的工人作为一种世界历史性的存在，从事着世界历史性的生产活动，也承受着世界历史性的苦难。

大工业引发了人类历史上的交往革命，但资本逻辑主导下的交往革命又是一场未完成的革命。资本主义大工业的全球扩张创造了现代普遍交往的物质基础，它看似把普遍交往的权利交给了每个世界历史性存在之个人，实际上只有少数有产者阶级牢牢掌握世界普遍交往的主动权。大工业虽然给工人阶级提供了普遍交往的可能，但除了自由之外一无所有的工人阶级却不具备参与普遍交往的实质条件。工人阶级不再从属于某个固定的资本家，但依然依附于整个资本家阶级，他们像幽灵一样游荡于各个城市，进入工厂从事繁重的、呆板的、耗时的体力活，透支自己的生命，整个工人阶级的内部交往表现为"就业竞争"，资产阶级的内部交往则表现为"资本联合"。

从民族性的局限交往向全球性的普遍交往转变，是马克思把握资本主义"世界历史"的重要维度，自然过程的"世界历史"与劳动创造的"世界历史"融入大工业建立的普遍交往格局，越发凸显出联动性与整体性的时代特征，这是马克思的前瞻性眼光。马克思始终将自己的理论思考和革命实践放置于普遍交往的"世界历史"格局之中，这使得他创立的理论在回答前人提出的问题时更具革命性、彻底性和科学性。在他逝世140多年之后，他提出的诸多问题依然会引起后世经久不衰的讨论。

马克思从政治经济学角度以经验事实论证普遍交往，这与黑格尔的精神交往存在根本立场上的区别。马克思站在新唯物主义的立场上探讨普遍交往问题,并将普遍交往这一概念延伸到政治领域、文化领域和社会领域。从政治领域的普遍交往来看,直接的结果就是缔造现代民族国家,民族国家作为资产阶级行使政治权利与宣示主权的普遍载体,是资产阶级的坚强后盾。大私有制排挤小私有制就是资产阶级自由竞争的实质,以资本为轴心的普遍交往必然要求打破狭隘的地域政治局限,结束经济分散造成的政治分散局面。这种政治领域的普遍交往是通过资产阶级革命逐步实现的,但资产阶级革命本身受限于其经济基础的狭隘性,资产阶级在政治领域开创的普遍交往虽然打破了封建等级制度,但它依然设立了"资本"这个简化主义的交往门槛,广大无产阶级依然游离于政治交往之外。

社会领域的普遍交往表现在扫清一切传统的交往障碍,使得人们之间的交往方式日益简单化。传统的等级职业在资本的支配下褪去了令人敬畏的神圣光环,曾经受人尊敬的职业都匍匐在资本面前,甚至连曾经"含情脉脉"的纯粹的家庭关系都树立了高高的资本隔离墙。资产阶级虽然在社会领域简化了交往程序,但它仍然给社会领域的普遍交往预设了一道道使人相疏离的鸿沟。整个社会在资本主义时代趋向原子化,而原子化的社会关系恰恰是资产阶级维护自身利益所需要的。

文化领域的普遍交往直接得益于文艺复兴运动与启蒙运动。从开辟新航路开始,传教士不仅向世界传播西方宗教和现代科学,而且收集了世界各国的风土人情资料,也翻译了大量非西方的文献著作,这在很大程度上突出了西方文明的世界存在性,也极大地丰富了西方人的知识体系。在很多欧洲人眼中,"各民族的精神产品成了公共的财产"[①]。文明交往中的欧洲中心主义价值取向在这个时期悄然形成并不断强化,因而,资本逻辑主导的文化领域的普遍交往同样是不平等的。今天,全球化时代的文化交往同样是一把双刃剑,其背后的意识形态斗争时常引发人们的担忧。

马克思视域中的普遍交往是以劳动分工的扩大化为基础的,马克思也是从劳动发展史的角度考察人类交往变迁的。随着社会生产力的发展,

---

① 《马克思恩格斯文集》第2卷,人民出版社,2009,第35页。

脱离劳动分工的交往形态不断涌现，比如生活世界的交往或日常生活的交往，这些领域的交往随着"世界历史"深入推进而逐渐增多，以至于哈贝马斯提出了通过生活世界的交往行为"重构历史唯物主义"的命题。哈贝马斯看到了生活世界的交往行为在塑造社会系统过程中日益发挥着重要作用，因而强调生产力不是决定社会发展程度的唯一尺度或标志。生活世界的丰富性虽然来源于生产力的发展，但它反过来也会推动社会交往形式的变革。在全球化时代，生活世界的交往行为已经远远超出生产领域的支配，哈贝马斯提出的交往行为理论与其说是在重构历史唯物主义，不如说是拓展了唯物史观的理论空间和问题视域。正如哈贝马斯所重申的那样，"生产力的发展和交往形式的成熟"依然是"衡量历史进步的标准"。

客观演进的"世界历史"与劳动创造的"世界历史"交汇于跨地域、跨民族、跨语言、跨国家的普遍交往的"世界历史"，历史向世界历史转变，究其本质是不同形态的社会基本矛盾（生产力与交往形式或生产关系）相互运动及其空间延伸——既包括更高形态基本矛盾排挤更低形态基本矛盾的纵向推进，也包括同一时代先进生产方式排挤落后生产方式的横向拓展，特别是资本主义生产方式对广阔生存空间的迫切需要促使它不断抢占全球的剩余市场，使世界各国的生产和消费都按照资本逻辑扩张的需要组织起来，各个民族被迫卷入世界市场这个充满矛盾的统一体之中。普遍交往的"世界历史"标志着人类社会从彼此隔绝、相互孤立的缓慢发展状态进入高度联动的快速发展阶段。在"世界历史"自然发展的相当长一段时间，各民族总体处于"并联"互不干扰的发展状态，在走向普遍交往的"世界历史"之后，各民族越发进入"并联"与"串联"融合的发展新阶段。在各民族社会基本矛盾的"并联"与"串联"融合发展进程中，马克思"世界历史"思想旨在为实现全人类的解放寻求新出路。

普遍交往的"世界历史"主要是指从民族历史向世界历史转变的过程，也就是从原始封闭的地域性交往向开放联动的世界性交往转变的过程，离散性的世界逐渐被连接成一个有机联动的整体。马克思恩格斯在《德意志意识形态》中明确指出："各个相互影响的活动范围在这个发展进程中越是扩大，各民族的原始封闭状态由于日益完善的生产方式、交往以及因交往而自然形成的不同民族之间的分工消灭得越是彻底，历史也就越是成为世界历史。"① 马克思关于"历史成为世界历史"的经典表述，是站在彻底的唯物论立场和科学的实践观基础上得出的科学结论。在马克思看来，只有机器大工业才能迅速消灭"各国以往自然形成的闭关自守的状态"，才能使每个文明国家的需要的满足都依赖整个世界，从这个意义上讲，大工业"首次开创了世界历史"②。这标志着马克思"世界历史"概念的具体所指已经从抽象的人类"普遍历史""全部历史""整个历史""整个世界"转向具有资本主义时代特征的"世界交往"或"普遍交往"。在马克思恩格斯看来，地域性存在的个人只有融入普遍交往的世界大格局之中，才能作为世界历史性存在而直接与世界历史建立丰富联系。马克思恩格斯还指出："只有当交往成为世界交往并且以大工业为基础的时候，只有当一切民族都卷入竞争斗争的时候，保持已创造出来的生产力才有了保障。"③ 可见，在他们那里，"历史成为世界历史"与"交往成为世界交往"实际上是同义语，它们在本质上表达的是同一内容，它们都是以大工业的发展作为现实前提的。我们需要看到，作为思想形态的马克思"世界历史"范畴虽然不是编撰学意义上的"世界史"，也不是一般历史哲学意义上的"普遍史"，但二者无疑参与了作为思想形态的"世界历史"范畴的阐发与升华过程。如果马克思不占有大量由国别史汇编而成的"世界史"资料，尤其是不占有英国丰富的"社会史"资料，他就不可能"站在德国以外的立场"确立起解释现实历史过程的科学原则，对"历史向世界历史的转变"与"交往成为世界交往"的论证就会缺乏足够的"经验事实"作为实证支撑，马克思"世界历史"思想就不可能从历史哲学层面与实证科学层面升华到历史科学层面。

作为思想形态的马克思"世界历史"范畴主要指资本主义现代大工业推动人类从封闭离散的地域交往迈向开放联动的普遍交往，使各民族的生存境遇、阶级结构、发展道路、时空秩序等都不可避免地发生重大变革。马克思在《资本论》手稿中曾说："世界史不是过去一直存在

---

① 《马克思恩格斯文集》第1卷，人民出版社，2009，第540~541页。
② 《马克思恩格斯文集》第1卷，人民出版社，2009，第566页。
③ 《马克思恩格斯文集》第1卷，人民出版社，2009，第560页。

的","作为世界史的历史是结果"。① 可见,马克思"世界历史"思想就是关于封闭的民族历史或离散的地域历史转向普遍交往的世界历史的"历史事实"与"发展过程"的思想。在这一"历史事实"的"发展过程"中,资本逻辑操控的生产方式逐渐把相对封闭离散的世界各民族连接为一个有机联动的整体,"现实的人"及其共同体的活动扩大为世界历史性的活动,越发受到资本主义世界市场的交往秩序支配。马克思恩格斯在此基础上探索性回答了"人类应该向何处去""人类应该建设一个什么样的美好世界""人类应该怎样建设一个美好世界"等重大时代课题。资产阶级在自由竞争中建立的世界普遍交往是一场伟大革命,或者说,"历史成为世界历史"与"交往成为世界交往"是一场具有划时代意义的伟大革命,但这场伟大革命又是一项"未竟事业",资产阶级只是充当了推动这场伟大革命的"历史的不自觉的工具",只有现代无产阶级才能承担起重建世界交往秩序的历史使命。

需要指出的是,马克思的"世界历史"范畴的理论内涵在逻辑上并不是直线演进的,它们在马克思恩格斯的许多著作中是杂糅并用的,这需要我们根据具体文本语境进行深度分析,以深刻领会作为思想形态的马克思"世界历史"范畴的丰富内涵及其内在关联,努力做到学术解读和文本逻辑的内在统一。

四 彰显全球视野的"世界史观"

马克思"世界历史"思想展现出宏大的全球视野,是一种具有全球视野的世界史观。马克思立足"新唯物主义"的哲学基石,面对"历史向世界历史的转变"的经验事实,展开了有别于黑格尔《历史哲学》的逻辑论证。马克思运用大量经验事实来论证"历史成为世界历史",比如以大工业为标志的现代生产力,以世界市场为载体的现代交往,以资本增殖为驱动力的商品生产,以市民社会为基础的现代国家。马克思不是简单孤立地描述这些经验事实,更不是把它们当作历史上一直存在的东西,而是把它们当作历史发展到特定阶段的产物。历史事实不是一成不变的,而是处在发展过程之中的。大工业开创的普遍交往的"世界历

---

① 《马克思恩格斯文集》第 8 卷,人民出版社,2009,第 34 页。

史"本身依然处在发展变化之中,并不存在人类历史的终结,其只是人类活动在时间和空间上的拓展延伸。

如果说唯物史观是从既存的经验事实回溯过往的历史创造过程,"世界历史"思想则是通过对资本主导的普遍交往及其二重性进行分析而指明未来社会的发展方向,是马克思对唯物史观前瞻性运用的产物。唯物史观与"世界历史"思想相互交融、相得益彰,二者有机结合就构成了新唯物主义的"世界史观"。马克思之前的思想家阐述过不同形式的"世界史观",比如费尔巴哈的感性直观的世界史观、黑格尔的绝对精神"外化"的世界史观,康德"永久和平"的世界史观,维柯"循环复归"的世界史观,这些形形色色的世界史观都只是从不同角度解释世界,鲜有对世界历史发展的未来走向提出建设性的方案。马克思的世界史观展现出宏大的全球视野,诸多现实问题和理论问题都可以纳入全球视野中加以考察。比如共产主义应该作为世界历史性的事业,而不是地域性的事业;无产阶级革命应该坚持彻底的国际主义原则,反对狭隘民族主义;各个民族都将被卷入世界普遍交往,封闭自守的发展模式日益成为不可能;资产阶级在独占国内市场的同时不断开辟世界市场,实际上是在世界范围内酝酿更大规模的危机;资产阶级将现代生产技术传播到全球各地,充当着"历史的不自觉的工具";欧洲各国无产阶级革命的胜利,必将促进其他受压迫民族获得解放;等等。从相对离散的古代社会向普遍交往的资产阶级现代社会发展转变,其中经历了奴隶社会、封建社会,生活在后一种社会形态中的人的交往活动范围往往比生活在前一种社会形态中的人的交往活动范围更大,交往的内容也更加丰富多样。在马克思恩格斯那里,新唯物主义的世界史观中渗透的科学尺度看似遮蔽了人道主义关怀,先进生产方式在世界范围内取代落后生产方式,人道主义者与民粹主义者都难以接受社会"分娩"带来的剧烈阵痛,但社会形态更替带来的社会进步是具有深远世界历史意义的。新唯物主义的世界史观极大地拓展了马克思主义革命家的理论视野和实践格局,无论是俄国的列宁、斯大林,还是中国的毛泽东、邓小平,等等,他们的理论著作和治国方略都展现了具有全球视野的"世界史观"。当前,中国在世界舞台中的历史坐标和历史方位都已经发生重大变化,这要求我们党必须自觉站在世界历史高度思考自身发展和人类前途命运问题,适时提出

"构建一个什么样的世界"的主张。"构建人类命运共同体"就是以习近平同志为主要代表的中国共产党人对马克思世界史观的运用和拓展,"构建人类命运共同体"这一中国方案旨在把这个充满矛盾的"一体化的世界"建设得更加美好。

马克思"世界历史"思想诞生于近代欧洲大变革的时代,新兴资产阶级在巨大物质利益的驱动下奔走于全球,建立各种商贸往来,欧洲商人的身影频繁出现在欧洲以外的区域,原本作为地域性存在的欧洲商人跃升为世界历史性存在的商人。顺应东、西方商贸往来的迫切需要,现代机器大生产取代手工工场,交通工具大量涌现,现代信贷体系蓬勃发展,资产阶级悄然跃升为国民经济命脉的主导阶级,现代民族主权国家纷纷建立,这些新兴因素推动欧洲封建体制土崩瓦解。与此同时,呈现在欧洲人眼前的世界一下子扩大了十倍。"展现在西欧人眼前的,已不是一个半球的四分之一,而是整个地球了,他们正忙着去占据其余的七个四分之一。传统的中世纪思想方式的千年藩篱,同旧日的狭隘的故乡藩篱一样崩溃了。在人的外在的眼睛和内心的眼睛前面,都展开了无比广大的视野。"[①] 从维柯、赫尔德、伏尔泰到康德、黑格尔,这些思想先驱对眼前的世界进行了深刻而富有洞见的阐明,极大地开阔了人们的认识视野。马克思生活的时代,世界普遍交往这一客观事实更加明朗地呈现在人们面前,越发成为一个不需要经过头脑思考就能感知的经验事实。马克思沿着前辈们理性主义的足迹探索了一段路程之后,发现理性世界与现实世界之间存在很大的反差,并且越发觉察到现实世界的利益矛盾对理性世界发展的支配作用,遂转向"坚实的地面"探索历史向"世界历史"转变的本质规律。在《德意志意识形态》中,马克思恩格斯"站在德国以外的立场",立足唯物史观这块坚实的哲学基石首次完整阐述"世界历史"思想,出场即为高峰,世界历史的宏大格局、宽广视野渗透到马克思此后的整个理论创作,并且借助马克思对政治经济学和科学社会主义的深入研究不断深化和升华。唯物史观是马克思世界历史理论的哲学基石,政治经济学是马克思阐发世界历史理论的实质载体,科学社会主义则是马克思世界历史理论承载的使命任务。

---

① 《马克思恩格斯文集》第 4 卷,人民出版社,2009,第 94 页。

第二章 马克思"世界历史"思想的问题视域

马克思"世界历史"思想贯穿其整个理论体系，这使得其整个理论体系蕴藏着宏大的空间想象力。有论者认为马克思"世界历史"思想是视野与方法的统一体，这固然没错，但任何所谓的视野与方法都是基于一定"问题视域"而言的，开阔的视野总要聚焦到某些问题上才能"有的放矢"。没有脱离问题的方法，我们不能离开问题空谈"视野"，否则就不能在世界普遍交往中准确把握时代问题的症结和本质。马克思"世界历史"思想的理论逻辑围绕"历史成为世界历史"与"交往成为世界交往"衍生的若干重大问题展开，而不仅仅是一般性地阐述历史向"世界历史"转变的总体过程。马克思总是为了解决某些争议性问题或纠正某些实践偏差问题阐述"世界历史"思想，马克思同样在这个过程中表明自己对诸多世界历史性问题的立场观点。世界普遍交往中的主体生成问题、秩序危机问题、发展道路问题、自由与革命问题、中国革命问题，等等，构成了马克思"世界历史"思想的基本"问题视域"，对这些基本问题的剖析反过来又支撑着资本主义世界历史时代向共产主义世界历史时代发展的逻辑必然性与过程辩证性。马克思"世界历史"思想的"问题视域"具有极强的前瞻性与预见性，随着经济全球化日益成为不可逆转的历史趋势，这一理论涉及的基本范畴时常引起后世学者的广泛讨论或评议。无论是赞成与反对，还是解构与建构，抑或阐释与回应，马克思"世界历史"思想依然显示出持久生命力和强大吸引力是毋庸置疑的。

第一节 世界普遍交往中的主体生成问题

"世界历史"是人类活动在时间与空间上延伸拓展的结果。无论是劳动创造的"世界历史"，还是普遍交往的"世界历史"，"现实的人"始终扮演着事实主体的角色。我们需要看到，历史的现实主体在实践层面始终处在生成发展之中,而在理论层面则处在流变之中,实践层面的生成与理论层面的流变往往具有不同步性,这就造成历史的事实主体与价值主体相分离的悖论。我们把历史主体的实践生成放入历史向"世界历史"转变的总体进程中加以考察,就会发现"行动着的群众"始终进行着挣脱枷锁、谋求解放的抗争。各种英雄史观与宗教史观随着"行动着的群众"走向普遍交往的世界历史舞台而纷纷破产,而以工人阶级为中心的"真正的人民"则以剧作者和剧中人的姿态登上世界历史舞台。

一 宗教的"世界历史"及其幻灭

宗教史观在人类认识发展史上发挥过举足轻重的作用。人们在自然压迫与自然崇拜的双重矛盾中创立泛神主义的原始宗教,世界上散居的各个原始部落都有自己信奉的神明,把免除苦难压迫的希望寄托在自然界的诸多动植物身上,虚构的诸神由此开始统治彼此隔绝的世界。某些部落在征伐中被灭族,这些部落信奉的神明也会被人遗弃,取而代之的是胜利部落的神明。原始人不会把失败归咎于实力不足,而是把失败归咎于他们所信奉的神明运势衰微。现实世界的战争被解释为部落神明之间的战争,神的成败则成了部落成败的根源。各个原始部落都有自己的神,部落的发展壮大又印证了神的权威。无论是在东方,还是在西方,原始宗教往往需要经过漫长的发展阶段才能逐步向实体性、组织性宗教转变。随着人类进入阶级社会,各民族的统治阶级都会以国家的名义参与宗教活动,只是宗教渗透到国家生活中的程度有所差别。在中国古代,历朝历代的统治者都曾以为天下苍生祈福之名而举行专门的祭祀活动。西方人对宗教信仰的虔诚使得宗教史观渗透到社会生活的各个领域。从原罪的创世说开始,无所不能的上帝就成为尘世生活的终极解释,也成为支配社会变革的终极力量。西方基督教成为上帝意志的诠释载体,教会作为尘世与上帝沟通的中介,代替上帝统治着尘世生活的方方面面。黑格尔曾把绝对精神运动归结为上帝,他说:"现在发生和过去发生的事情不仅源自上帝,而且是上帝的作品。"[1] 尤其是欧洲进入漫长的中世

---

[1] 〔德〕黑格尔:《世界史哲学讲演录(1822—1823)》,刘立群等译,商务印书馆,2015,第449页。

纪，宗教统治蔓延到社会生活的各个领域，科学与哲学沦为宗教的婢女，国家深深地打上了宗教的烙印，人的关系转化成宗教的关系，人被宣布为宗教的人。蛰居于天国的上帝越是享有至高无上的威严与荣光，背负原罪的子民在尘世就生活得越发粗鄙卑微。人们只有通过虔诚的信仰与忏悔才能获得上帝的宽恕，才能获得灵魂的救赎，才能重新回到上帝治下的天国。虽然宗教改革在一定程度上破除了基督教禁欲主义的色彩，但它也使基督教更加世俗化和普遍化，究其本质，依然是以一种新的教义代替旧的教义。宗教世俗化并没有削弱宗教的统治，反而让宗教的人更加普遍化。马克思不仅批判爱的宗教的荒谬性，而且指明宗教的解放本身的非现实性。宗教在人类社会发展的历史进程中扮演着麻痹肉体与灵魂的鸦片角色，它只会消磨与扭曲人民大众的主体意识，掩盖阶级矛盾和社会矛盾的尖锐性。在马克思看来，能够在宗教改革中获得解放的只是有产者阶级，深受奴役和压迫的广大工人阶级根本不可能通过宗教改革而获得解放，工人阶级只有摧毁宗教殿堂的世俗基础才能获得真正的解放。可见，通过宗教的解放来实现工人阶级的解放是不现实的，它只会给资产阶级压迫和奴役工人阶级披上合法的外衣。马克思曾说，基督教人种在世界历史上所犯的暴行，是"任何野蛮愚昧和残暴无耻的人种都无法比拟的"[1]。恩格斯也曾说："认为宗教具有世界历史的决定性杠杆的作用的观点，归根结蒂会成为纯粹的神秘主义。"[2] 随着生产力发展和社会进步，宗教的"世界历史"观念对纷繁复杂的社会现实的解释力逐渐式微，人们完全可以通过鲜活生动的经验事实感知整个世界历史的变迁，人们不再需要用宗教的理论为世界历史的发展做注脚，更不需要把世界历史发展归结为宗教救赎。

反宗教是马克思恩格斯一贯坚持的基本主张，然而，却有西方学者诬蔑反宗教的马克思恩格斯是"共产主义宗教"的"创始人"和"先知"。德国哲学家洛维特认为，"《共产党宣言》所描述的全部历史程序"，是"由天意规定的救赎历史"[3]。同时，"历史唯物主义是国民

---

[1] 《马克思恩格斯文集》第5卷，人民出版社，2009，第861页。
[2] 《马克思恩格斯全集》第22卷，人民出版社，1965，第250页。
[3] 〔德〕卡尔·洛维特:《世界历史与救赎历史：历史哲学的神学前提》，李秋零、田薇译，生活·读书·新知三联书店，2002，第53页。

经济学语言的救赎史"①。洛维特还认为，马克思"把无产阶级看作是通过一场世界革命实现全部历史的末世论的目标的世界历史工具"②。洛维特本人以宗教史观看待世界历史，无疑会用他的宗教史观去看待马克思和马克思主义，显然，洛维特的宗教史观模糊了马克思主义与宗教的本质区别。马克思恩格斯的出发点是各个时代的现实的人及其物质生产活动，宗教的先知们往往从创造世界的上帝那里寻找现存事物的终极解释。马克思生活的时代，无产阶级的悲惨遭遇已经不再是"个别命运"，整个无产阶级面临共同的处境，并且，越来越多的人被大工业无情地卷入无产阶级队伍里来。无产阶级能够肩负解放自己的世界历史使命，不仅仅是因为他们"被排除在占统治地位的社会的特权之外"③，而是因为他们作为大工业催生的一股新兴政治力量已经登上了现实的世界历史舞台。无产阶级已经作为一种世界历史性存在，而不仅仅是一种地域性、民族性存在。共产主义的"世界历史"不是宗教救赎的世界历史，宗教救赎的世界历史是从蛰居于天国的上帝那里寻找终极答案的，共产主义的世界历史是从"现实的人"及其物质生产的基本矛盾运动中去寻找出路的。马克思主义者从不向任何人允诺共产主义世界历史时代不存在矛盾，相反，基督教教义时常向人们描绘灵魂获得救赎之后的"千年之国"，由此断言人类的世界历史终结于灵魂获得救赎。在马克思看来，宗教苦难是现实苦难的回音，只有通过无产阶级的革命行动彻底推翻现实的压迫，才能消除人们头脑里的宗教幻影，宗教的世界历史才能走向终结。我们应该旗帜鲜明地反对宗教世界史观，它对现实的世界及其运动规律作出了歪曲的解释，其背后渗透着宿命论的价值取向。当然，批判宗教世界历史观与消灭宗教是两回事，不能把批判宗教世界史观等同于消灭宗教。宗教不是在理论批判中消灭的，只有彻底消除现实的剥削和压迫，宗教才会逐步自行消亡。

---

① 〔德〕卡尔·洛维特：《世界历史与救赎历史：历史哲学的神学前提》，李秋零、田薇译，生活·读书·新知三联书店，2002，第53页。
② 〔德〕卡尔·洛维特：《世界历史与救赎历史：历史哲学的神学前提》，李秋零、田薇译，生活·读书·新知三联书店，2002，第44页。
③ 〔德〕卡尔·洛维特：《世界历史与救赎历史：历史哲学的神学前提》，李秋零、田薇译，生活·读书·新知三联书店，2002，第44页。

二 英雄的"世界历史"及其破产

英雄史观与宗教史观就像一对孪生兄弟。英雄人物是时代和实践的产物。夸大英雄人物及其非凡才能，无疑会掩盖那些被历史迷雾所遮蔽的行动着的群众。过往的史书记载的都是英雄人物的光辉事迹，普通大众则被历史编撰学家选择性遗忘。长期以来，历史似乎是按照英雄人物的尺度来编写的，编撰史呈现的画卷成了英雄罗列史。英雄史观认为，英雄人物是自为的精英，普通群众则是自在群氓。英雄创造历史，群众则是英雄用以创造历史的"材料"。黑格尔认为，"英雄的出生、家族是关键因素，"但"英雄必须通过个性来获得权威"。[①] 由此，英雄人物的某些个性就被无限夸大，以致被推论为是创造历史的主要因素。历史编撰学家不是按照历史本身的尺度来编写历史，而是按照英雄的尺度来编撰历史，由此他们就成为英雄历史的书写者。英雄史观遵循这样的逻辑：英雄们创造历史，编撰学家创造英雄人物的历史，也就创造了世界历史。正如马克思批判的那样，所谓的笔杆英雄们，总"把自己说成1831年以来推动世界历史前进的主要车辆"。[②] 但事实上，他们只不过是"以妄自尊大和自命不凡著称的糊涂虫[③]。那些以英雄自居的历史编撰学家往往以"批判"或"批判的批判"的面貌出现在世人面前。

马克思深刻揭露以"批判"及"批判的批判"为代表的英雄史观的狂妄、傲慢与偏见。社会历史不是在应验上帝的神秘启示中诞生的，而是在人类实践活动中不断生成发展的。然而，阶级社会的统治者们为了确立自己的天然权威，往往需要编织或杜撰诸多带有神秘色彩的故事或传说以蒙蔽劳动人民，进而确立并维护阶级统治的合法性。统治阶级的领袖人物就成为诸神在尘世的代言人，诸神对尘世的统治就转化为权贵对劳动人民的统治。人们在阶级社会往往被划分为不同等级或阶级，即少数的、聪明的、有教养的统治阶级与多数的、愚笨的、缺乏教养的劳动人民，少数有教养的聪明人统治和奴役大多数劳动群众，进而淹没劳

[①] 〔德〕黑格尔:《世界史哲学讲演录（1822—1823）》，刘立群等译，商务印书馆，2015，第280页。
[②] 《马克思恩格斯全集》第8卷，人民出版社，1961，第336页。
[③] 《马克思恩格斯全集》第8卷，人民出版社，1961，第336页。

动人民的历史主体地位。以"批判"或"批判的批判"的姿态出现的历史编撰学家作为统治阶级的御用文人，认为其历史使命就是发现永恒真理，而劳动群众作为"批判"或"批判的批判"编撰历史的材料，其历史宿命就是严格按照批判发现的永恒真理来行事。马克思深刻揭露了此种批判的傲慢与狂妄，"批判的因素被排斥于群众之外，同样，群众的因素也被排斥于批判之外"①。这类历史编撰学家认为工人群众是消极卑微、甘于堕落的历史因素，却把自身包装成积极能动、思想活跃的历史因素，一切社会进步都取决于批判的自我意识及其逻辑推演。这样一来，"创造命运的批判也像上帝一样神通广大"②。无论"批判"如何喧嚣，他们售卖的天恩只不过是脱离群众利益的精神废品。在马克思恩格斯看来，历史的真正创造者并不是受到天恩启示的某些先知或哲学家，而是狂妄傲慢的"批判"或"批判的批判"用以编撰历史的材料——群众。可见，在工人阶级谋求解放的过程中并不需要以"批判"或"批判的批判"等面貌出现的先知或哲学家来充当救世主，工人阶级只有依靠自己及其革命政党进行持续不断的斗争才能夺取全面胜利。

英雄的"世界历史"是社会结构、社会关系松散的产物，乱世英雄也是由松散的社会结构和社会关系创造的。我们常说"乱世出英雄"，实际上，"乱世"的一个鲜明特征就是社会结构松散与社会关系混乱。随着现代生产方式日益表现出高度集中的特征，社会生产领域的组织化与社会交往领域的自由度不断提高，普通群众对英雄人物的约束同样在不断增加。普通群众通过自主活动成为平民英雄的事件数不胜数，对立着的英雄与群众必将在世界历史进程中不断弥合。孤胆英雄必将不断从世界历史的前台走向幕后，而那些被历史迷雾遮蔽的平民英雄必将越来越多从世界历史的幕后走向前台，这是"世界历史"发展进程中日益生成且不断被印证的基本规律。正如毛泽东所说："人民，只有人民，才是创造世界历史的动力。"③

三 资本主导的"世界历史"及其局限

资本主导的"世界历史"具有一定的解放功能，它表现为"以物的

---

① 《马克思恩格斯全集》第 2 卷，人民出版社，1957，第 109 页。
② 《马克思恩格斯全集》第 2 卷，人民出版社，1957，第 126 页。
③ 《毛泽东选集》第 3 卷，人民出版社，1991，第 1031 页。

依赖"为基础的人的独立性。马克思既重视对"历史向世界历史的转变"总体过程的宏观把握,也注意到资本主导的普遍交往的"世界历史"对现实的人表现出解放与奴役的双重属性。马克思并不像黑格尔那样只注重对"发展过程"的思辨性阐明、不注重对"历史事实"的深入研究,马克思"世界历史"思想始终包含着"发展过程"与"历史事实"的辩证统一。马克思对"发展过程"的研究是为了更好地分析"历史事实"的发展趋势。马克思立足"劳动从属于资本"这个基本事实,深入到资本主义经济结构的内部,辩证看待资本主义世界历史的时代贡献及其局限性。在马克思看来,现代资本并不是一开始就具有世界历史意义的。资本并不是从来就有的,它是人类社会发展和社会交往的产物。起初的社会交往是以共同体的形式进行的,即各个部落之间的物质往来不是以个人意志为转移的,而是以各个部落之间的相互需要为前提的。进入阶级社会之后,各等级间的权力划分规定了各个阶级的权利和义务,少数统治阶级通过相关法律获得操控社会物质的权力,比如农民向地主交租,地产这种形式的资本就表现出鲜明的等级色彩。人们依托固定地产(等级资本)建立起自给自足的手工业,人们从事着各种门类的具体劳动,各生产门类之间的交换存在诸多壁垒限制,物质交换只能在狭隘的地域市场或国内市场进行,这就严重制约着社会再生产扩大化。古代社会生产的主要目的是获得使用价值,资本主义现代社会生产的主要目的则是追求剩余价值。为了更多更快地生产可以用于交换的商品,必须实行更大范围与更加精细化的社会分工以提高生产效率,从而在市场竞争中排挤自给自足的家庭手工业。在追求剩余价值的工商业资本驱动下,各种原本具有整体性的具体劳动被无限分解或肢解为细碎的环节。只需要把劳动者固定在某个环节从事片面而单一的体力劳动,再通过组装组合的形式将所有环节连接起来,这样,每个劳动者碎片化的劳动就被组织在资本操控的整个生产链条之中,工人碎片化的私人劳动也就具有了抽象化的"一般社会形式",劳动时间则成为"一般人类劳动的一般表现形式"[1]。资本是积累起来的劳动,确切地说,资本是积累起来的抽象劳动。工业资本和商业资本都具有增殖的内在诉求,这就要求工业资本

---

[1] 《马克思恩格斯文集》第5卷,人民出版社,2009,第83页。

家或商业资本家不断突破时空限制。在机器大工业取代工场手工业之后,资本增殖过程就像"滚雪球"一样铺展开来,工业资本和商业资本一同把等级资本推向历史的沙滩,使其匍匐在现代资本面前。原本从事具体劳动的劳动者纷纷涌向城市,站在机器旁边从事碎片化的生产活动,丧失了劳动过程的总体性。随着资本积累和资本集中不断深入,劳动从属于资本的程度也在加深,以至于劳动者越来越受到世界市场的支配,而世界市场恰恰"是资本主义生产方式的基础和生活环境"[①]。资本主义再生产以追求剩余价值为目的,这就促使资本家充分运用全球范围内的原料、材料、半成品进行更加深入的社会分工,一方面使产品更加精致化和多样化,另一方面大力发展现代交通运输业,最大限度缩短商品与世界市场的时空距离。资本主导的"世界历史"就像"核聚变"一样,它通过"自由竞争"实现资本集中,并将各民族"强行拉入"世界市场的关系网,不断强化资本主义的国际性。资产阶级鼓吹的自由竞争并不是世界历史的终结,建立在资本主义私有制基础上的自由竞争,只容许"现实的自由"发展到一定的限度。马克思批判道:"资本具有独立性和个性,而活动着的个人却没有独立性和个性。"[②] 因为生产资料高度集中和劳动高度社会化是资本主义私有制这个外壳根本不能容纳和消化的,当资本主义生产方式与资本主义占有方式之间的矛盾成为世界历史性的客观存在,资本主导的"世界历史"就会发展到它的极限。到那时,资本主义私有制的外壳就会被内在的否定因素所冲破,肩负世界历史使命的现代无产阶级将在"生产资料的共同占有的基础上,重新建立个人所有制"[③]。

当资本主义从自由竞争阶段进入帝国主义阶段,高度集中的私人资本逐渐占据垄断地位,多家大企业通过协议、控股、持股等形式建立辛迪加、托拉斯、卡特尔等垄断组织,进而在世界范围内攫取超额利润。垄断组织的出现,从形式上改变了私人资本占主导地位的局面,资本的社会化程度空前提高,这有利于资产阶级在世界范围内进行资源配置,但也加重了劳动对资本的实质从属。尤其是二战之后,发达资本主义国

---

① 《马克思恩格斯文集》第 7 卷,人民出版社,2009,第 126 页。
② 《马克思恩格斯文集》第 2 卷,人民出版社,2009,第 46 页。
③ 《马克思恩格斯文集》第 5 卷,人民出版社,2009,第 874 页。

家公司纷纷采取员工持股的形式,这进一步促进垄断资本的社会化,稳定的社会环境使战后经济快速恢复发展,也在一定程度上使发达国家的工人阶级与资本家结成利益共同体,从而掩盖资本主义生产方式的剥削本质。北欧一些国家推行"从摇篮到坟墓"的高福利政策,也有一些欧洲国家曾推行民主社会主义或社会民主主义,这说明资本不仅具有增殖的原始冲动,由资本逻辑所催生的现代生产力又具有扬弃资本存在形式的功能。资本主导的"世界历史"包含着自我否定的内在逻辑,然而,资本家阶级对这种历史必然性是置若罔闻的,他们只会竭尽全力延缓这种铁的必然性发挥作用,以期人类社会在资本统治的世界历史时代长期停留,这样他们就可以尽情杜撰世界历史终结的神话。

四 "人民主体"及其世界历史使命

"世界历史"是各国无产阶级走向大联合的广阔舞台。在过去相当长的历史时期,工人阶级曾被鼓动起来,但他们不是作为独立的阶级而联合起来,而是依附于资产阶级而行动起来,他们作为历史的主体参与了资产阶级反对旧世界的斗争。所以,马克思指出,"整个历史运动都集中在资产阶级手里",而这样的"每一个胜利都是资产阶级的胜利"。[①] 实际上,掌握雄厚资本并处于上升阶段的资产阶级窃取了革命果实,处在自在状态的工人阶级则在资产阶级革命中充当街头拼杀的"炮灰"。资产阶级御用文人趁机杜撰资本统治世界的神话,而对日益壮大且不断觉醒的工人阶级视而不见。自在状态的无产阶级在资产阶级政治革命中经受了锻炼,获得了很多"启蒙和进步的新因素",这些政治锻炼使得无产阶级日益成为自为阶级。大工业不断将广大的小工业家、小商人、手工业者、农民推向无产阶级的生存境地,使之纷纷加入工人阶级队伍中。

正是基于上述经验事实,马克思确立了以工人阶级为中心的"真正的人民"创造普遍交往的世界历史的群众史观。马克思在揭露唯心史观的荒谬性过程中逐步完成了"两个转变",也实现了历史观方面的问题转向,即确立"现实的人"这个"新唯物主义"的基本前提。马克思指

---

① 《马克思恩格斯文集》第2卷,人民出版社,2009,第40页。

出:"历史什么事情也没有做,它'并不拥有任何无穷尽的丰富性',它并'没有在任何战斗中作战'!创造这一切、拥有这一切并为这一切而斗争的,不是'历史',而正是人,现实的、活生生的人。"① 在他看来,"现实的人"并不是特指"有教养的"有产者阶级及其御用文人,而是泛指从事物质生产劳动的"人民大众"。在资本主义社会,"人民大众"即无产阶级,"这个阶级构成了全体社会成员中的大多数"②。随着革命实践的深入发展,马克思进一步提出"真正的人民",拓展了"人民大众"的阶级外延,他指出,"真正的人民即无产者、小农和城市贫民"③。根据革命形势的新变化,恩格斯晚年也对"真正的人民"这一范畴进行了内涵扩展,他强调要在具有扎实本领的大学生队伍中培养出敢于担当的"脑力劳动无产阶级",积极引导他们"在即将来临的革命中同自己从事体力劳动的工人兄弟在一个队伍里肩并肩地发挥重要作用"④。需要指出的是,"真正的人民"这一范畴在不同国家、不同时代具有不同的阶级内涵,近现代以来,工人阶级逐渐成为世界各国"真正的人民"中代表着历史前进方向的中坚力量。因而,工人阶级的解放运动具有彻底性,它内在包含了"真正的人民"的整体解放。马克思恩格斯创立的群众史观具有鲜明的阶级性,我们不应该笼统地将它理解为"现实的人"创造历史,其本意应该是"真正的人民"在社会基本矛盾运动中创造历史并享有历史创造者的尊严和荣光。可见,"人民主体"实际上就是以工人阶级为中心的"真正的人民"的集体意志与联合行动,它具有阶级性、先进性、时代性,是代表人类历史前进方向的联合力量。

马克思恩格斯在思想论战和革命实践的双向互动中为"人民主体"思想奠定了历史唯物主义的理论基石,但他们并没有止步于"真正的人民"创造历史这一基本的"事实判断"。在他们看来,只有把"历史事实"纳入"发展过程"之中加以考察,才能得出"确切结论"⑤。因为"不结合这些事实和过程去加以阐明,就没有任何理论价值和实际价

---

① 《马克思恩格斯全集》第2卷,人民出版社,1957,第118页。
② 《马克思恩格斯选集》第1卷,人民出版社,2012,第170页。
③ 《马克思恩格斯全集》第4卷,人民出版社,1958,第220页。
④ 《马克思恩格斯文集》第4卷,人民出版社,2009,第446页。
⑤ 参见《马克思恩格斯选集》第4卷,人民出版社,2012,第582页。

值"①。"人民主体"并不是一成不变的，而是随着人类历史深入发展不断生成和得到印证的，只有将它纳入人类历史发展的辩证过程论视角加以考察，才能科学把握实践发展的基本规律。马克思曾说："历史活动是群众的事业，随着历史活动的深入，必将是群众队伍的扩大。"② 马克思从"现实的人"这一唯物史观的基本前提出发，继续追溯"群众队伍"中激增的"行动着的群众"及其发展规律，在探索历史创造过程的奥秘中科学揭示"人民主体"实践生成的内在逻辑。

首先，物质生产是"真正的人民"参与历史活动的基本方式。马克思认为，人类"第一个历史活动就是生产满足这些需要的资料，即生产物质生活本身"③。因而，历史的现实主体从"有教养的少数人"向"真正的人民"发展转变的根本原因不应该到"批判"或"批判的批判"的纯粹思想观念的逻辑推演中去寻求解答，而应该到"真正的人民"的物质生产方式与社会交往方式的变革之中去寻找答案。"真正的人民"及其社会关系是在生产劳动中发展起来的，并随着物质生产方式的变革而不断发展。马克思指出："个人怎样表现自己的生命，他们自己就是怎样。因此，他们是什么样的，这同他们的生产是一致的——既和他们生产什么一致，又和他们怎样生产一致。因而，个人是什么样的，这取决于他们进行生产的物质条件。"④ 在生产力不发达的历史阶段，由于自然形成的分工和局限性的社会交往，劳动人民往往被束缚在狭小的地域范围，他们自身的才能及社会关系也是片面而单一的，这就客观上阻碍劳动人民结成持久而稳定的行动联合体。处于蒙昧状态的劳苦大众固然是历史的创造者，但他们往往缺乏历史的主体意识与自觉，不能真正享有历史创造者的荣光和尊严，作为少数人的统治阶级则凭借对生产资料的占有权（以及建立在其上的宗法制度、政治秩序、意识形态等）而独占历史荣光，进而僭越广大劳动人民的历史主体地位。只有进入社会生产力高度发达、自然形成的分工被社会化大分工所扬弃、局限性的交往被社会普遍交往所取代、消灭阶级差别的共产主义社会，"自然共同体"

---

① 《马克思恩格斯选集》第4卷，人民出版社，2012，第582页。
② 《马克思恩格斯全集》第2卷，人民出版社，1957，第104页。
③ 《马克思恩格斯选集》第1卷，人民出版社，2012，第158页。
④ 《马克思恩格斯选集》第1卷，人民出版社，2012，第147页。

和"虚假的共同体"才能逐步被"真正的共同体"所扬弃，占人口绝大多数的"真正的人民"的社会关系才会表现出现实的丰富性。只有通过无产阶级革命进入共产主义社会，被历史迷雾所掩盖或遮蔽的"真正的人民"才能重现多彩的光芒，才能全面张扬自己的"自由个性"，进而超越"阶级的个人"而发展成为"有个性的个人"，社会生活才会全面彰显"人民主体"的历史光辉。

其次，"真正的人民"通过"自主活动"创造自己的历史。英雄史观与宗教史观的共同特点是贬低从事现实生产活动的劳动群众，认为那些从事粗鄙劳动的工人阶级都是历史活动中的消极被动因素，只有以哲学家为代表的"批判"或"批判的批判"才是创造历史的积极因素。在"批判"看来，工人阶级虽然作为现实的多数人，但他们是愚钝的、呆板的，缺乏历史的主体精神，只能被历史宿命般的盲目必然性所支配，充当"批判"编撰历史的工具。马克思认为，在前资本主义时代，"生存于一定关系中的一定的个人独力生产自己的物质生活以及与这种物质生活有关的东西，因而这些条件是个人的自主活动的条件，并且是由这种自主活动产生出来的"[①]。马克思所说的"自主活动"有三层含义：其一，物质生产活动是"真正的人民"的历史活动，不是"批判"逻辑推演的结果；其二，"真正的人民"不是根据某种神秘的"启示"或"指令"来创造自己的历史，而是基于现实的物质生活条件创造自己的历史；其三，"自主活动"既是创造物质生活需要的手段，又蕴含着"真正的人民"表现自我、实现个性自由的价值追求。"真正的人民"在创造历史的"自主活动"中表现出具有时代特征的能动性、创造性、预见性、自为性、目的性，概括起来就是主体性。马克思并不像无政府主义者那样将"自主活动"推崇到无以复加的地步，"真正的人民"总是在既定的时代条件下通过"自主活动"创造自己的历史，而不是随心所欲地创造自己的历史。因为"各个人的自主活动受到有局限性的生产工具和有局限性的交往的束缚，他们所占有的是这种有局限性的生产工具，因此他们只是达到了新的局限性"[②]。在资本主义社会，被剥夺了生产资料的

---

① 《马克思恩格斯选集》第 1 卷，人民出版社，2012，第 203~204 页。
② 《马克思恩格斯选集》第 1 卷，人民出版社，2012，第 209~210 页。

工人阶级为了生存而不得不受雇于资产阶级,站在机器旁边从事高频的、繁重的、碎片的、呆板的、机械的体力劳动,长此以往,工人阶级的主体性就会在这种普遍的"异化劳动"中消磨殆尽。只有通过无产阶级革命进入共产主义社会,"真正的人民"的"劳动向自主活动的转化"才会真正实现,"自主活动才同物质生活一致起来,而这又是同各个人向完全的个人的发展以及一切自发性的消除相适应的"①。

再次,"真正的人民"在相互交错的"自主活动"中创造社会历史。个人历史与社会历史是同时创造的。个人历史是作为有机整体的社会历史的构成元素,但社会历史并不是全部个人历史的简单正向叠加,社会历史的创造过程远比个人历史的创造过程复杂得多。"真正的人民"在社会生产实践中创造个人历史,也在日益扩大的社会交往中创造社会历史。随着劳动分工不断精细化,人们的物质生产必然会逐步告别"独力"的形态,越发表现出"合力"的时代特征。即使在相对封闭的古代社会,人们看似进行"独力"的生产(比如一个铁匠或木匠的生产劳动),但也是在特定历史环境所决定的社会关系中进行"独力"生产,而不是与世隔绝、全然"独力"地生产。进入资本主义社会,人与人之间的依附关系逐渐被以物的依赖关系为基础的人的独立性所取代,工人阶级就越发通过"集体力"的形式创造社会历史。由于工人阶级是在资本的支配下进行分工协作,而不是自愿联合进行分工协作,因而,他们共同创造出来的"集体力"最终表现为统治和奴役他们的一种异己力量。随着工人阶级的主体意识普遍增强,社会实践能力和社会交往能力普遍提高,他们"自主活动"的内容和边界就会在更加宽广的时空内出现交叉重叠,社会历史就越发表现为众多"自主活动"相互交错、博弈、牵制而形成的社会合力。正如恩格斯所言:"历史是这样创造的:最终的结果总是从许多单个的意志的相互冲突中产生出来的,……每个意志都对合力有所贡献,因而是包括在这个合力里面的。"② 社会历史合力是"真正的人民"在社会基本矛盾运动中形成的,它的形成过程充满各个阶级相互博弈的"张力",形成历史合力的过程也是克服主体间的

---

① 《马克思恩格斯选集》第1卷,人民出版社,2012,第210页。
② 《马克思恩格斯选集》第4卷,人民出版社,2012,第605~606页。

"张力"的过程。在阶级社会,"真正的人民"与统治阶级之间存在着不可调和的矛盾,"真正的人民"内部也存在一定程度的利益冲突。恩格斯提出的"历史合力"思想表明,社会历史是各个阶级的整体意志与利益动机相互博弈、相互影响、共同作用的实践结晶,既包括物质生产与社会交往,也包括政治、文化、宗教,甚至战争等非生产因素的交往活动,但归根到底是"真正的人民"的物质生产实践起着决定性作用。在马克思看来,工人与资本家之间的社会交往并不是"自由个性"的交往,而是阶级的交往,这种阶级交往表现为阶级斗争,而"阶级斗争必然导致无产阶级专政"①。可以说,"无产阶级专政"就是"真正的人民"阶级大联合的基本形式,是"人民主体"的整体意志在政治层面的集中表达。"无产阶级专政"并不是人类历史的终结或终点,"这个专政不过是达到消灭一切阶级和进入无阶级社会的过渡"②。恩格斯阐发的"历史合力"思想生动形象地勾勒出社会历史创造过程的基本图景,它既捍卫了唯物史观的根本立场,又通过批判片面的"经济决定论"拓展了唯物史观的理论空间和问题视野,进一步揭示了"人民主体"作为一种先进性、有方向性的联合力量的实践生成逻辑。

最后,世界历史性的普遍交往是"真正的人民"迈向"自由人联合体"的必要条件。迄今为止,"现实的人"出于维护"共同利益"的需要,往往会自觉或不自觉地结成不同层级的共同体。不论是自然共同体、虚假的共同体,还是真正的共同体,其都是"现实的人"赖以存续和发展的重要前提。因为"只有在共同体中,个人才能获得全面发展其才能的手段,也就是说,只有在共同体中才可能有个人自由"③。需要指出的是,自然共同体与虚假的共同体的开放性和包容性都存在一定的限度,都有其自身无法克服的历史局限性。随着生产力的发展以及新需要的产生,生活在其中的"行动着的群众"不可避免地会跟共同体所代表的"共同利益"发生矛盾,一旦这种矛盾发展到不可调和的程度,原有的共同体就必然会因内部张力或外部压力而面临解体或重构,"群众队伍"的交往边界就在共同体的解体或重构过程中不断扩大。从这个意义上讲,

---

① 《马克思恩格斯选集》第4卷,人民出版社,2012,第426页。
② 《马克思恩格斯选集》第4卷,人民出版社,2012,第426页。
③ 《马克思恩格斯选集》第1卷,人民出版社,2012,第199页。

第二章 马克思"世界历史"思想的问题视域

人类迈向世界历史的过程就是各个不同层级的共同体不断打破封闭自守状态的过程，这个过程也是"真正的人民"不断扩大自主空间、拓展交往边界的过程。资本主义生产方式的全球扩张逐渐打破各民族彼此隔绝、封闭自守的状态，资产阶级在野蛮的殖民掠夺与疯狂的贸易竞争中开辟了世界市场，使得现代意义上的"世界普遍交往"逐步建立起来。资产阶级争相在殖民地或半殖民地开工设厂，在那里造就作为"世界历史性存在"的现代无产阶级，这就为被压迫民族追求解放埋下了革命的火种。资产阶级在殖民地或半殖民地的统治，客观上讲，使自身"充当了历史的不自觉的工具"①。资产阶级在开创世界市场的过程中，不可避免地冲击殖民地或者半殖民地国家的社会结构，促使落后民族卷入现代工业文明，与整个世界逐步建立起"普遍交往"。马克思曾说："普遍交往，一方面，可以产生一切民族中同时都存在着'没有财产的'群众这一现象（普遍竞争），使每一民族都依赖于其他民族的变革；最后，地域性的个人为世界历史性的、经验上普遍的个人所代替。"② 个人的命运总是与共同体的兴衰荣辱紧密联系在一起，在历史向"世界历史"转变的进程中，单个被压迫民族的觉醒往往与整个世界民族解放运动相呼应。因而，人类解放是各个人的历史活动，也是民族性的历史活动，还是世界历史性的活动。正如马克思敏锐洞察到的那样，"每一个单个人的解放的程度是与历史完全转变为世界历史的程度一致的"③。当然，马克思并不是在道义层面为资产阶级开创和主导的世界普遍交往秩序"唱赞歌"，而是站在"新唯物主义"的立场上科学阐明资本主义生产方式及其全球扩张为世界无产阶级革命创造的有利条件。构成世界历史的合力始终处在矛盾运动中，它在表现形态上经历着由简单到复杂的辩证发展过程，这个过程正是"真正的人民"在世界历史性的普遍交往中迈向"自由人联合体"的必要条件。在马克思看来，只有"全世界无产者，联合起来"④，推翻资产阶级的统治，世界历史进程才会全面彰显"人民主体"的实践精神与历史光辉。

---

① 《马克思恩格斯选集》第 1 卷，人民出版社，2012，第 854 页。
② 《马克思恩格斯选集》第 1 卷，人民出版社，2012，第 166 页。
③ 《马克思恩格斯选集》第 1 卷，人民出版社，2012，第 169 页。
④ 《马克思恩格斯选集》第 1 卷，人民出版社，2012，第 435 页。

在全球化时代，阶级矛盾与民族主义、民粹主义交融在一起，无产阶级与资产阶级的关系变得更加模糊、更加复杂。萨米尔·阿明曾提出这样的疑问："生产力与生产关系之间的主要矛盾在社会上表现为该制度内两大对立阶级——资产阶级与无产阶级——之间的矛盾。只要我们限于资本主义生产资料的说明范围，事情仍然是很简单的。但资本主义已成为一个世界体系。矛盾并不存在于各个孤立考虑的国家中的资产阶级与无产阶级之间，而是存在于世界资产阶级与世界无产阶级之间。但是这个世界资产阶级与这个世界无产阶级并不适合于资本主义生产方式的结构——它们属于一个资本主义中心与外围形态的体系。所以，问题是世界资产阶级和世界无产阶级分别是由谁构成的？"[①] 实际上，马克思的阶级分析方法在全球化时代并没有过时，变得模糊的阶级关系只不过是资本主义制度自我调适所追求的结果，这种在社会撕裂中变得模糊的阶级关系只不过是资产阶级为了缓和发达国家内部的阶级矛盾，使阶级问题与民族问题、性别问题、社群问题、生态问题、种族问题、移民问题等深度交织在一起，发达国家资本家阶级通过操控民意的方式达到操控国内工人阶级的目的，使阶级矛盾与民族主义深度融合，难解难分，进而坐收渔利。

第二节 世界普遍交往中的秩序危机问题

人类社会发展离不开一定的秩序规范，历史向"世界历史"转变引发了传统世界秩序的变迁与重构。无论是阶级秩序、城乡秩序、民族秩序，还是国际秩序、文明秩序、空间秩序，等等，都随着世界交往的深化而发生了重大的结构性变革。资本主义基本矛盾的全球扩张，客观上推动世界秩序的重构或再构。马克思曾说，资产阶级"按照自己的面貌为自己创造出一个世界"[②]。可见，资产阶级开创世界历史的过程，同样是资本主义国家按照"资本增殖逻辑"建立世界秩序的过程。在马克思看来，资本主义主导的世界秩序是片面的，是为资本无限增殖服务的，

[①] 〔埃及〕萨米尔·阿明：《不平等的发展：论外围资本主义的社会形态》，高铦译，社会科学文献出版社，2017，第245~246页。
[②] 《马克思恩格斯文集》第2卷，人民出版社，2009，第36页。

目的在于在全球范围内形成有利于资本家阶级统治的世界体系。马克思通过对世界普遍交往中资本主义世界秩序及其内在危机的揭秘，宣判资本主义必然灭亡，世界无产阶级必将以大联合的行动来执行这个历史的判决。

一 资本主义世界交往秩序的本质

资本主义世界交往秩序在本质上是资产阶级以自由竞争为中心的国家秩序的空间延伸。资产阶级国家秩序实际上只是资产阶级利益在政治上层建筑层面的集中表达。国家秩序是世界秩序的重要组成部分，以资产阶级市民社会为基础的现代国家秩序决定了资本主义主导的世界历史秩序的性质。现代国家在历史向"世界历史"转变的过程中发挥着重要的主体功能。现代国家是推动"历史成为世界历史"的重要主体力量。马克思虽然把资产阶级现代国家称为"虚假的共同体"，但这个共同体的功能却不虚假。现代国家是资产阶级奔走于全球的坚强后盾，每当资产阶级在世界市场打不开局面或遭遇困扰，现代国家就会以保护国民的名义出兵干涉。以国家的名义进行殖民战争或侵略战争，是资产阶级现代国家的一个对外职能。资产阶级在其成长的每一个阶段，都会以不同方式或在不同程度上影响国家政治生活领域。中世纪晚期的新兴资产阶级跟王权联姻共同对抗宗教统治；工场手工业阶段的资产阶级同专制君主联合共同对抗封建贵族；在大工业与世界市场初步建立的历史阶段，资产阶级在经济实力上已经超越其他一切阶级，他们作为领导者阶级登上历史舞台，推翻专制君主，夺得了独占性的政治统治权。标榜自由、民主、平等的资产阶级现代国家对内维护有产者阶级的专断统治，对外以民族国家的名义宣示主权或进行殖民统治，进而保障本国资产阶级在世界市场上进行"自由竞争"。一旦某些国家不能满足资产阶级"自由竞争"的需要，资产阶级就会呼吁其祖国以坚船利炮或战争威胁等方式推动所谓的"自由竞争"。马克思在《论波兰》一文中曾说："各民族团结友爱，这是目前一切党派，尤其是资产阶级的自由贸易派的一句口头禅。的确，现在存在着一种各民族的资产阶级兄弟联盟。这就是压迫者对付被压迫者的兄弟联盟、剥削者对付被剥削者的兄弟联盟。一个国家中个别资产者之间虽然存在着竞争和冲突，但资产阶级却总是联合起来反对本国的无产阶级；同样，各国的资产阶级虽然在世界市场上互相冲突和竞争，但总是联合起来反对各国的无产阶级。"① 大工业开创的"世界历史"秩序成为资产阶级现代国家秩序的逻辑延伸，资产阶级"世界历史"秩序的全球扩张并非一帆风顺，它也曾遭到世界各民族不同程度的抵制。相对于以往建立在"宗法制度"基础上的社会制度而言，资产阶级现代国家建立在"市民社会"基础之上，其价值理念和实践空间可以随着"历史向世界历史的转变"而不断变迁、扩张，根本原因在于它与资产阶级利益的一致性。现代世界秩序与世界资产阶级的共同利益同样具有一致性。资本主义世界秩序旨在建立、维护和强化资产阶级的世界霸权，世界贸易、世界垄断、世界殖民是资本主义世界秩序的本质表现，一旦某种力量向资本逻辑主导的世界秩序发起挑战，资产阶级就会联合起来绞杀这种力量，甚至不惜发动世界战争。在马克思恩格斯生活的时代，资产阶级在世界历史舞台上昂首阔步，傲慢地向一切阻碍自由贸易的敌人发起挑战，并取得决定性的胜利。资产阶级甚至可以"根据自己的标准重新划分全世界"②。从资产阶级建立的现代国家秩序到世界秩序，其中都渗透着资产阶级以文明的名义赤裸裸地统治世界、垄断世界、瓜分世界的强盗逻辑。

马克思在1848年12月的《革命运动》一文中指出："英国这个把许多民族变成自己的雇佣工人，并用自己的巨手来扼制整个世界，并且一度担负欧洲复辟费用的国家，这个在自己内部阶级矛盾发展得最尖锐最明显的国家，好像是一座使革命巨浪撞得浪花四溅的岩石，它想用饥饿来扼杀还在母腹中的新社会。英国统治着世界市场。欧洲大陆的任何一个国家甚至整个欧洲大陆在经济方面的变革，如果没有英国参与，都不过是杯水风浪。每个国家内的工业和贸易关系都依赖该国和其他国家的交往，都受该国和世界市场的关系的制约。但是英国统治着世界市场，而资产阶级又统治着英国。"③ 虽然今天的英国在国际舞台上已经不像它在18—19世纪那样如日中天、呼风唤雨，但以欧美为首的发达资本主义国家和地区依然主导着全球治理秩序。发达资本主义国家主导着世界秩

---

① 《马克思恩格斯全集》第4卷，人民出版社，1958，第409页。
② 《马克思恩格斯全集》第4卷，人民出版社，1958，第514页。
③ 《马克思恩格斯全集》第6卷，人民出版社，1961，第174~175页。

序，资产阶级大财阀依然统治着发达国家，主导着发达国家的对外政策和全球战略。新兴市场国家和发展中国家迅速崛起虽然冲击着传统的零和博弈世界秩序，但推动传统世界秩序朝更加公平的方向发展和调整依然需要时间和空间，依然需要进行持久斗争。我们需要看到，新兴市场国家与发展中国家的快速崛起主要体现在经济体量上，但产业结构并没有发展到发达国家那样的水平，依然游走在全球产业链的中低端。萨米尔·阿明认为："一个国家在全球等级体系中的地位是由它在世界市场上的竞争力所决定的。"① 中心国家拥有"五大垄断力"，包括技术垄断、对世界金融市场的控制、对全球自然资源开发的垄断、媒体和通信垄断、对大规模杀伤性武器的垄断。"这五大垄断力共同规定了全球价值规律的运行框架。"② 资本主义的世界秩序越发表现出总体性的时代特征，它以发达的生产力为基础构建起维护现行世界秩序的话语逻辑，将发达国家的价值标准渗透到全球治理规则之中，并站在道义制高点为潜在竞争对手设立诸多防线，比如大肆杜撰"修昔底德陷阱"。

二 资本主义世界交往秩序的内在危机

世界市场是资本主义存在和发展的历史条件。世界历史舞台原本无比广阔，但资本主义生产方式的内在矛盾却时刻孕育着冲破资本主义世界秩序僵硬外壳的力量。毋庸讳言，资本主义生产方式在促进世界普遍交往过程中发挥的作用是前所未有的，它开启了以机器大生产为主要标志的"现代化"历史进程，这是人类历史发展的一个崭新时代。然而，资本主义开启的世界历史时代又是一个动荡不安的时代。在前资本主义时代，商品生产从属于产品生产，每一个阶级都会原封不动地保留既有的生产方式，以保证生产秩序和社会秩序的延续性。在资本主义时代，产品生产日益从属于商品世界的支配，资本逻辑主导的自由竞争要求资产阶级不断变革生产工具和生产关系，以排挤世界范围内的其他一切传统生产方式，进而抢占和垄断世界市场。"生产的不断变革，一切社会状

---

① 〔埃及〕萨米尔·阿明：《全球化时代的资本主义》，丁开杰等译，中国人民大学出版社，2016，第3页。
② 〔埃及〕萨米尔·阿明：《全球化时代的资本主义》，丁开杰等译，中国人民大学出版社，2016，第4页。

况不停的动荡,永远的不安定和变动,这就是资产阶级时代不同于过去一切时代的地方。"① 资产阶级主导的世界秩序为什么会存在内在危机呢? 这是由资本主义占有方式与生产方式之间不可调和的矛盾决定的。资本主义虽然强调自由竞争,但自由竞争的结果是垄断,是大资本排挤小资本,是大私有制排挤小私有制,大生产者排挤小生产者,这样必然导致整个世界的两极化。一极是资本的积累,另一极则是贫困的积累。在资产阶级主导的国家秩序和世界秩序中,不论是生产机器的改进、科学技术的广泛应用,还是交通工具的迅速改良,这些从属于资本的现代生产力都旨在排挤劳动者,让劳动者处于过剩状态,让劳动群众处于长期贫困的状态。工人阶级为了获得就业岗位而陷入激烈竞争,这恰恰为资产阶级在世界范围内榨取剩余价值提供了有利条件。可见,建立在资本主义私有制"这种邪恶的基础上"的国家秩序和世界秩序,虽然能推动生产力取得前所未有的新进展和新成就,却都不可避免地加剧世界历史性的社会矛盾对抗。资产阶级经济学家却无视劳动与资本之间的深刻对立,认为这是人类历史上"令人陶醉的"进步时代,"世界市场的发展,从而同种物品供应来源的增多,会产生同样的结果。物品会从不同国家和在不同时期一批一批地运来"。② 然而,这个时代却由于生产过剩和资本集中而产生代际传承的绝对贫困,这个令人陶醉的时代存在着不可调和的内在矛盾和危机。"这个时代在世界历史上留下的标志,就是被称为工商业危机的社会瘟疫日益频繁地重复发生,规模日益扩大,后果日益带有致命性。"③ 为了尽快摆脱周期性的商业危机,处于竞争状态的每个人都力求通过损害别人的利益来摆脱困境,商业危机的灾难由此波及并震撼全世界。"自从商品生产具有世界市场的规模以来,按私人打算进行生产的单个生产者同他们为之生产,却对其需求的数量和质量或多或少不了解的市场之间的平衡,是靠世界市场的风暴、靠商业危机来实现的。"④ 此外,不同资本主义国家对生产社会化与资本主义私人占有方式之间的矛盾的反应程度是不一样的,这就使得资本主义的国家秩序与

---

① 《马克思恩格斯文集》第2卷,人民出版社,2009,第34页。
② 《马克思恩格斯全集》第24卷,人民出版社,1972,第161页。
③ 《马克思恩格斯文集》第3卷,人民出版社,2009,第10页。
④ 《马克思恩格斯文集》第4卷,人民出版社,2009,第210~211页。

世界秩序本身存在不平衡性。老牌资本主义国家竭力保持自身在世界范围内的垄断地位，后起资本主义国家则力图动摇老牌资本主义国家的世界霸权，常常为了争夺世界市场而以国家的名义发动战争。率先进行工业革命的英国曾长期保持着世界霸主地位，时常干涉欧洲大陆和美洲的资产阶级革命运动，比如"法国的任何一种社会变革都必然要遭到英国资产阶级的破坏，遭到大不列颠在工业和贸易上的世界霸权的破坏"①。战争或世界战争作为资本主义国家调整世界秩序的重要手段，同样为其"掘墓人"在资本主义世界秩序链条上的薄弱环节打开缺口创造了条件。恩格斯曾说："目前之所以还能维持住和平，只是由于军事技术发生不断的革命，这种革命使任何人都不能认为自己已对战争做好准备，同时还由于对世界战争中的胜负完全无法估计普遍感到恐惧，而世界战争是现在唯一可能发生的战争。"② 在马克思恩格斯生活的时代，虽然资产阶级占领了世界市场，建立了以自由竞争为核心的世界历史秩序，但广阔的世界历史舞台并不能解决资本主义生产方式和占有方式之间的内在矛盾，这种矛盾只会在世界历史舞台上酝酿更大的危机。"危机永远只是现有矛盾的暂时的暴力的解决，永远只是使已经破坏的平衡得到瞬间恢复的暴力的爆发。"③ 正是基于对资本主义世界秩序危机的深入分析，马克思恩格斯断言，资本主义"走进了死胡同"。

被宣布"走进了死胡同"的资本主义及其主导的世界秩序并没有被立刻执行死刑，这是不是说马克思对资本主义危机作出的诊断和宣判已经过时或失效了呢？恩格斯曾说："所谓'社会主义社会'不是一种一成不变的东西，而应当和任何其他社会制度一样，把它看成是经常变化和改革的社会。"④ 被判处死刑的资本主义社会虽然难逃灭亡的命运，但它依然具有自我调适的空间。资本主义世界秩序的结构调整已经成为资本主义社会延缓死刑到来的重要途径。在自由竞争的资本主义殖民扩张时代，资产阶级通过野蛮掠夺进行资本原始积累，资产阶级在其文明的故乡还保留着一定的绅士风度，一旦到了殖民地，他们就会撕下伪善的

---

① 《马克思恩格斯全集》第6卷，人民出版社，1961，第175页。
② 《马克思恩格斯全集》第22卷，人民出版社，1965，第10页。
③ 《马克思恩格斯文集》第7卷，人民出版社，2009，第277页。
④ 《马克思恩格斯选集》第4卷，人民出版社，2012，第601页。

面孔，露出"狰狞的獠牙"，凭借武力威胁和欺骗行径大肆掠夺殖民地的原材料，甚至劳动力。可以说，早期资本主义的世界秩序几乎只体现资产阶级的意志，其他民族还处在西方中心主义史学家杜撰的"野蛮状态"，并没有实质性地参与世界秩序的构建。因而，资产阶级按照自己的面貌创造了一个现实世界，也按照自己的意志构建了世界秩序。随着资本主义社会进入垄断帝国主义阶段，后起资本主义国家与先发资本主义国家之间瓜分殖民地的矛盾和冲突日益激化，引发的世界战争几乎波及全人类。世界战争之后的世界秩序在一定程度上表现出历史合力的特征，参与新的世界秩序建构的不仅有各主要帝国主义国家，也有新生的社会主义政权。美苏争霸的冷战结束之后，世界社会主义运动进入低谷期，资本主义在全球治理中的主导地位再次确立，整个世界秩序也随之发生结构性变革。世界格局从"两极争霸"向多极化转变，同时，经济全球化时代的世界秩序形成了事实上的"中心—边缘"结构。发达国家不再像以往那样全面专注于生产领域，而是把很多低端生产领域转移到发展中国家，只把产品的研发环节和消费环节放在国内，这就使得发达资本主义国家的经济结构呈现出"两头在内"与"中心在外"并存的"空心化"局面。沃勒斯坦曾指出："自 20 世纪 70 年代以来，资本家的兴趣和关注点已经从生产领域转移到了金融领域，而世界体系也形成了现代世界历史上最广泛的、持续性的投机泡沫，并背负了巨额的多重债务。"[①] 很多发展中国家抓住发达国家产业转移的历史机遇，融入全球产业分工格局，这就形成了不平等的国际劳动分工。在沃勒斯坦看来，"必须存在一种中心—外围间的劳动分工，以至在那些利润较低和竞争力较强的生活必需品（即边缘区生产的产品）同那些利润较高和处于准垄断地位的产品（即核心区生产的产品）之间存在着持续的交换"[②]。在前资本主义社会，人类长期被生产不足所困扰，"怎么生产"成为提高生产效率的关键，进入资本主义社会以来，资本逻辑主导的生产过剩已经成为资本主义经济危机爆发的重要原因，这为人类摆脱生产不足的困扰提

---

① 〔美〕伊曼纽尔·沃勒斯坦：《论资本主义世界体系的结构性危机及其前景》，杨昕译，《国外社会科学》2011 年第 6 期，第 4~8 页。
② 〔美〕伊曼纽尔·莫里斯·沃勒斯坦：《现代世界体系》（第三卷），郭方等译，社会科学文献出版社，2013，"序言"第 2 页。

供了可能,"怎么生产"的问题在发达资本主义国家已经基本得到解决。对于发达国家而言,它能够更加从容地在"生产什么"这个前沿性问题上进行探索,进而打造全球性的消费新领域,牢牢掌握生产领域的主动权。正如鲁品越所言:"世界产业结构格局及其产生的国际经济关系是世界秩序的深层结构。"[1] 发达资本主义国家看似让出了"怎么生产"这个领域,实际上,它们依然通过跨国金融资本控制着"怎么生产"这个领域,并把"怎么生产"这个领域的激烈竞争转移到广大发展中国家,进而在全球范围内榨取廉价的剩余劳动力。跨国流动的资本与不能跨国流动的劳动力之间的矛盾,加剧发达国家产业转移带来的工人失业问题。同时,发展中国家抓住发达国家产业转移的机会快速崛起,也在一定程度上冲击着发达国家在世界市场上的份额。发达资本主义国家主导的世界秩序虽然在有限度的自我调整中延续寿命,但这并不能从根本上解决潜滋暗长的阶级矛盾,也不足以抵挡发展中国家崛起对其形成的冲击和挑战。正如萨米尔·阿明所言:"普遍化垄断资本体系已经进入了被证明其无法推行稳定发展的危机期。我们正在应对一场资本主义文明的危机,因此把建设更高阶段文明的必要和可能提上了日程——那就是说,进入社会主义的长期过渡。"[2] 资产阶级主导的世界秩序必然在内在矛盾与外在冲击的双重作用下趋向式微直至解体。

三 重构世界普遍交往秩序的新出路

资本主义无法通过自身变革调整而走出世界秩序危机的"死胡同"。资产阶级有意在世界范围内制造城乡矛盾(使农村从属于城市)、国家矛盾或民族矛盾(使未开化和半开化的国家从属于文明的国家或使农民的民族从属于资产阶级的民族)、文明冲突(使东方从属于西方),维持世界范围的不平衡发展,通过拓展资本主义苟延残喘的空间而延缓走向"死胡同"的时间。马克思所说的"三个从属"具有世界历史性,它们不可能在现存的资本主义世界交往秩序中得到彻底解决。"三个从属"

---

[1] 鲁品越:《产业结构变迁和世界秩序重建———历史唯物主义视野中的世界秩序》,《中国社会科学》2002年第3期,第4~13+204页。

[2] 〔埃及〕萨米尔·阿明:《不平等的发展:论外围资本主义的社会形态》,高铦译,社会科学文献出版社,2017,第10页。

问题不是彼此孤立的,它们具有内在关联性。农村从属于城市是资本主义兴起和发展的重要转折,城市资产阶级在商品贸易中从起"中介作用"向居"支配地位"转变,他们控制着城乡间物质交换的渠道,以至于通过利益诱导的方式支配农民"生产什么""生产多少"。随着城市工场手工业的兴起,农村的家庭手工业受到极大冲击,农村则逐步沦为城市手工业的原料产地。"当时英国工厂主及其代言人即政治经济学家的下一个任务是,使其他一切国家都改信自由贸易的宗教,从而建立一个以英国为大工业中心的世界,而其他一切国家则成为从属的农业区。"[①] 农民这种小私有者的破产与资产阶级这种大私有者的壮大是分不开的,城市的兴起与乡村的没落是资本主义发展史上的两个重要方面,分散的乡村资源越来越向城市聚集,直到农民阶级沦为农业工人。"使农民的民族从属于资产阶级的民族"是发达国家资产阶级在世界范围培植代理人的重要目标,落后国家的社会结构在资本主义生产方式的冲击下必然面临解体的命运。农民的民族内部会诞生出一批民族资产阶级,他们在国内与传统势力纠缠不清,在世界市场从属于发达国家资产阶级。恩格斯曾说:"英国工人比起德国工人来可能有些民族自豪感,因为压迫他们的主人也压迫着整个世界,可是德国工人的主人,即德国资产者,本身就是奴隶之一,而天下最可怕、最卑贱的事,莫过于做奴隶的奴隶。"[②] 使农民的民族长期从属于资产阶级的民族,这有利于发达国家资产阶级消解生产力落后民族的抗争力量。生产力落后民族内部的张力越大,越有助于发达国家维持现有的世界交往秩序。"使东方从属于西方"就是要在意识形态领域杜撰西方中心主义的"文明优劣论",扭转西方人在历史进程中对东方社会产生的崇拜心理,在意识形态领域把东方的文明古国定义为"野蛮",把西方现代国家标榜为"文明",进而把西方之于东方的暂时优势解释为"文明"对"野蛮"的终极胜利。西方资产阶级通过强大的生产力优势向东方灌输"文明优劣论",其目的是两方面的:一方面使东方国家的激进主义者彻底放弃自己的文化传统,彻底推行西方化的价值理念,助力西方文明世界化;另一方面使东方国家的保守主义

---

① 《马克思恩格斯全集》第21卷,人民出版社,1965,第415页。
② 《马克思恩格斯全集》第6卷,人民出版社,1961,第177~178页。

者受困于狭隘的民族自尊心,在闭关自守中与世隔绝,固守老祖宗留下来的治国方案,其结果只能是在落后的泥潭中越陷越深。马克思恩格斯深刻认识到资本主义世界秩序中"三个从属"问题的内在关联性,他们将"三个从属"问题的解决思路归结为阶级问题的彻底解决。马克思在《论波兰》一文中强调:"一个国家中个别资产者之间虽然存在着竞争和冲突,但资产阶级却总是联合起来反对本国的无产阶级;同样,各国的资产阶级虽然在世界市场上互相冲突和竞争,但总是联合起来反对各国的无产阶级。要使各民族真正团结起来,他们就必须有共同的利益。要使他们的利益能一致,就必须消灭现存的所有制关系,因为现存的所有制关系是造成一些民族剥削另一些民族的原因;对消灭现存的所有制关系最关心的只有工人阶级。只有工人阶级能做到这一点。无产阶级对资产阶级的胜利也就是克服了一切民族间和工业中的冲突,这些冲突在目前正是引起民族互相敌视的原因。因此,无产阶级对资产阶级的胜利同时就是一切被压迫民族获得解放的信号。"① 马克思并不是将资本主义世界秩序中的"三个从属"问题简单化,而是找到了解决资本主义世界交往秩序危机的根本出路。任何一个民族处于被压迫状态时,不可能成为"自由的民族";同样,"任何民族当它还在压迫别的民族时,不能成为自由的民族"②。因而,如果不找到资本主义世界交往秩序危机中阶级问题和阶级矛盾这个总根源,只针对资本主义世界危机的表象进行修修补补,就不可能引领世界各国人民从动荡不安的资本主义世界历史时代走向真正永久和平的新纪元。可以说,马克思对资本主义世界秩序危机的揭露及提出的"解题思路",同样是深入到"历史的本质性的一度"中去的。

马克思是革命理论家,进行无产阶级世界革命是他坚定不移的理想。无产阶级世界革命并没有像他逻辑论证的那样如期到来,也没有在发达资本主义国家率先爆发。随着垄断帝国主义阶段的到来,一些发达资本主义国家的无产阶级及其政党纷纷转向支持本国的反动势力,丧失民族性的无产阶级卷入资产阶级发动的民族战争之中,充当街头巷战的"炮灰"。相反,只有相对落后的俄国工人阶级在帝国主义战争的薄弱链条上

---

① 《马克思恩格斯全集》第4卷,人民出版社,1958,第409~410页。
② 《马克思恩格斯全集》第4卷,人民出版社,1958,第410页。

率先发动无产阶级革命,建立人类历史上第一个社会主义政权;各殖民地国家通过长期斗争打破资本主义垄断的世界殖民秩序,争取民族独立和人民解放。在资本主义与社会主义并存的世界历史时代,刚获得解放的民族国家面临两条发展道路,要么依附于资本主义国家并选择资本主义发展模式,要么投向社会主义阵营并按照社会主义原则组织社会生产。很多走上资本主义发展道路的新兴国家虽然迅速发展起来,但很快又陷入"中等收入陷阱",原因就在于这些国家虽然在政治上获得了独立,但在经济上始终没有摆脱资本主义发达国家的控制。这些在经济上处于依附地位的国家构成发达国家主导的世界秩序的"外围",发达国家则通过经济控制和文化渗透而不断强化其在世界秩序中的"中心"地位。左翼学者萨米尔·阿明认为,"对世界规模的资本积累的分析表明,这种积累总是对'中心'有利:不是'发达国家'向'欠发达国家'提供'资本',而是相反。这就说明了后者的'滞阻',说明了'欠发达的发展'。由此可见,'外围'国家只有走出'中心'国家控制的世界市场,自身发展才有可能"[1]。至于新兴国家如何摆脱依附地位或不发达地位,以阿明为代表的左翼学者提出同发达资本主义国家主导的世界秩序"脱钩"的破题方案。"对外国垄断资本在不发达国家的战略所进行的分析表明,只要外围结合进世界市场的教条不受到批驳,外围就没有对付垄断势力的经济手段。"[2] 阿明等左翼学者看到了新兴国家与发达国家在世界市场中的不平等交换问题,但是离开对资本主义生产方式固有矛盾的深入分析,"脱钩"的破题方案只能是一厢情愿,因为"不发达国家内有一个与国际体系相联系的内部剥削体系"[3]。资本主义世界秩序的结构性矛盾只是其基本矛盾在世界历史运动中的表现形式,根源性的矛盾依然是资本主义社会的基本矛盾。只要采取资本主义生产方式,就不可能选择"脱钩"的方案。现代资本是世界历史性的,为寻找利润而跨国流动是其本能所在。世界体系论的创始人沃勒斯坦从依附论中走出来,站

---

[1] 〔埃及〕萨米尔·阿明:《世界规模的积累——欠发达理论批判》,杨明柱、杨光、李宝源译,社会科学文献出版社,2017,第4页。
[2] 〔埃及〕萨米尔·阿明:《不平等的发展:论外围资本主义的社会形态》,高铦译,社会科学文献出版社,2017,第139页。
[3] 〔巴西〕特奥托尼奥·多斯桑托斯:《帝国主义与依附》(修订版),杨衍永、齐海燕等译,社会科学文献出版社,2016,第256页。

在哲学层面提出了更为宏大、更加开放、更加包容的破题方案，那就是以"替代性全球化"取代"脱钩"。他认为："我们所需要的全球化不是一种单一的、完全的、一体化的劳动分工，而是具有多元自主的替代性全球化，这种替代性全球化与寻求创造一个由现存的多重普遍主义所构成的普世主义之间确立了相互联系。"① 沃勒斯坦的世界体系论相较于依附论，无疑显示出更加宽广的世界历史视野，因为它研究的"中心问题是全球的空间关系"②。需要指出的是，无论是依附论的代表人物萨米尔·阿明、特奥托尼奥·多斯桑托斯、贡德·弗兰克，还是世界体系论的代表人物沃勒斯坦，他们都根据资本主义世界秩序的新变化进行了理论探索，也提出了各自的破题方案，但他们并没有超越马克思及其"世界历史"思想对资本主义世界交往秩序的本质洞察。他们给出的破题方案带有鲜明的激进色彩，虽然具有很强的吸引力，但他们离开了对资本主义社会基本矛盾的世界历史运动的深入分析，不可能像马克思那样从世界历史的深处找到破解资本主义世界交往秩序危机的根本方案。

第三节　世界普遍交往中的自由与革命问题

自由与革命是马克思"世界历史"思想的重要"问题域"。"历史成为世界历史"与"交往成为世界交往"本身是人类社会发展史上的一场持续性的重大革命，客观上为人类的自由和解放创造了有利条件。如何把握世界历史进程中的阶级革命与自由实现问题，则成为有关时代的哲学家们纷纷关注的重大课题。马克思主义创始人对世界普遍交往中的自由实现与阶级革命问题做出了科学的理论探讨。

一　世界历史与自由实现的内在关联

如何实现人类的普遍自由是近代西方哲学界讨论的焦点问题之一，世界普遍交往的建立为人类实现普遍自由提供了前所未有的广阔实践场

---

① 〔美〕伊曼纽尔·沃勒斯坦：《论资本主义世界体系的结构性危机及其前景》，杨昕译，《国外社会科学》2011年第6期，第4~8页。
② 〔美〕伊曼纽尔·莫里斯·沃勒斯坦：《现代世界体系》（第一卷），郭方等译，社会科学文献出版社，2013，"序言"第2页。

域。康德认为，人类要摆脱动物本能状态，就必须"有一个合乎计划的历史"①。通过启迪人类的理性之光以构建起超越丛林法则的世界秩序，相距遥远的世界各民族可以缔结"公开合法"的和平契约，将人民纳入"世界公民体制"之下，由此整个人类就可能开启"永久和平"的新纪元。恩格斯曾评价道，"康德及其永久和平的思想在这个国度（指德国——引者注）里会受到火刑"②。马克思恩格斯认识到康德"实践理性"的普遍自由是不现实的，在原子化的个人之间建立社会契约就等于要求资产阶级与无产阶级基于理性观念达成"自由竞争"的共识，这种"永久和平"的普遍自由回避了阶级和阶级斗争问题。黑格尔曾说："'世界历史'不过是'自由的概念'的发展。"③ 黑格尔将"自由"放置于"事态纷纭的世界历史"之上，阐述了人类追求普遍自由的美好理想。黑格尔的"世界历史"理论虽然蕴含着某些洞见，但这对"现实的人"摆脱实际的苦难和压迫却无济于事。黑格尔看到市民社会的混乱无序性，主张通过理性国家的制度建设引导市民社会走出纷争矛盾的自然状态。马克思在《关于林木盗窃法的辩论》中已经认识到所谓的理性国家一旦遇到现实利益冲突，就会放弃它所标榜的理性、自由、公平、正义等原则而代表有产者阶级的利益。马克思基于"历史成为世界历史"的经验事实与发展过程，重新描绘人类"自由实现"的辩证图景。大工业开创了普遍交往的"世界历史"，它使人们"摆脱种种民族局限和地域局限而同整个世界的生产（也同精神的生产）发生实际联系"④。然而，在资本逻辑主导的世界普遍交往中，少数资本家阶级操控着世界交往的实质内容，作为世界历史性存在的广大无产阶级却长期处于被剥削、被遗弃的悲惨地位，受到世界市场这种"异己力量"的支配。虽然马克思曾说"每一个单个人的解放的程度是与历史完全转变为世界历史的程度一致的"⑤，实际上，资本逻辑主导的世界普遍交往的解放作用依然是有局限性的，它只是承认资产阶级之间的自由竞争，而工人阶级每天都

---

① 李秋零主编《康德著作全集》第 8 卷，中国人民大学出版社，2010，第 24 页。
② 《马克思恩格斯全集》第 41 卷，人民出版社，1982，第 58 页。
③ 〔德〕黑格尔：《历史哲学》，王造时译，上海书店出版社，2001，第 503 页。
④ 《马克思恩格斯文集》第 1 卷，人民出版社，2009，第 541 页。
⑤ 《马克思恩格斯文集》第 1 卷，人民出版社，2009，第 541 页。

在通过自己的劳动创造出奴役自己的世界历史性异己关系。社会契约论者预设了"人人生而平等自由"的美好理想，只要把君主权力关进笼子，把国家政治权力对市民社会的干预降到最低，就能实现人类"原初状态"的自由，这为追求自由竞争的资产阶级提供了强有力的理论支撑。马克思曾敏锐地指出："断言自由竞争等于生产力发展的终极形式，因而也是人类自由的终极形式，这无非是说资产阶级的统治就是世界历史的终结——对前天的暴发户们来说这当然是一个愉快的想法。"[①] 资本主义自由竞争最多只能带来有产者阶级之间竞争的自由，只能带来有产者阶级内部有局限性的狭隘自由，而无法带来资产阶级所标榜的整个人类的普遍自由。工人阶级在"资本联合"的世界普遍交往格局中"除了自由之外一无所有"，他们只有选择被不同资本家雇佣的自由，但始终不能摆脱"劳动从属于资本"的资本主义世界关系，也不能摆脱来自世界市场的异己力量的奴役和支配。在马克思看来，全世界无产阶级只有联合起来，推翻资本主义的世界统治，人类才能构建真正的"自由人联合体"，才能迈向永久和平的新纪元。毋庸讳言，历史向"世界历史"转变为人类实现自由创造了客观的有利条件，世界无产阶级的使命就是通过共产主义革命重新获得这一被资产阶级僭越的有利条件，进而实现自身解放和人类解放。

二 资产阶级革命与自由实现的局限性

资产阶级革命是在资本的现代生活史中展开的。资本主义社会的资本私有属性注定了资产阶级革命的局限性。资产阶级首先在生产领域进行了革命，随后在政治上层建筑与观念上层建筑层面进行了革命。"资产阶级日甚一日地消灭生产资料、财产和人口的分散状态。它使人口密集起来，使生产资料集中起来，使财产聚集在少数人的手里。由此必然产生的结果就是政治的集中。各自独立的、几乎只有同盟关系的、各有不同利益、不同法律、不同政府、不同关税的各个地区，现在已经结合为一个拥有统一的政府、统一的法律、统一的民族阶级利益和统一的关税

---

① 《马克思恩格斯文集》第 8 卷，人民出版社，2009，第 181 页。

的统一的民族。"① 资产阶级革命之后建立的现代国家，虽然在理念上承认契约精神，但在实践中却始终代表有产者阶级的利益，维护有产者阶级的所谓的"秩序"。可以说，资产阶级革命建立的现代化国家是一个"虚假的共同体"，它只允许无产阶级的自由在资产阶级秩序的范围以内发展。马克思指出："1789 年以来的许多次法国资产阶级革命，没有一次曾侵犯过秩序，因为所有这些革命都保持了阶级统治和对工人的奴役，保持了资产阶级秩序，尽管这种统治和这种奴役的政治形式时常有所改变。"② 一旦无产阶级"要在资产阶级共和国范围内稍微改善一下自己的处境只是一种空想，这种空想只要企图加以实现，就会成为罪行"③。无产阶级虽然在资产阶级革命中发挥着主力军的作用，待到革命胜利之后，资产阶级共和国的诞生地却变成了无产阶级的葬身地。工人阶级只是获得了选择为不同资本家务工的自由，实际上并没有获得自由劳动的实质内容，他们始终处在高度内卷的异化境地。资产阶级共和国的建立并不是为了实现人们的普遍自由，它在本质上是要"使资本的统治和对劳动的奴役永世长存"。资产阶级革命标榜为"抽象的人"的自由而战斗，战斗的结果实质上是"少数人所得而私"的自由，广大劳动人民依然游离于现实的自由之外，少数有产者阶级却独占了挥霍自由的特权。

三　无产阶级革命与普遍自由的实现

无产阶级的事业呼唤世界历史性的革命实践场域。通过大工业建立世界交往的资产阶级"在历史上曾经起过非常革命的作用"④。正是依靠生产力的巨大增长和高度发展，"人们的普遍交往才能建立起来"⑤。资产阶级在取得统治地位的同时，同样造就了自己的掘墓人，即现代无产阶级，"这个阶级构成了全体社会成员中的大多数"，他们"必须承担社会的一切重负，而不能享受社会的福利"⑥，他们被排斥于资产阶级的国家之外。现代无产阶级是大工业的产物，随着大工业的世界扩张而突破

---

① 《马克思恩格斯文集》第 2 卷，人民出版社，2009，第 36 页。
② 《马克思恩格斯文集》第 2 卷，人民出版社，2009，第 103 页。
③ 《马克思恩格斯文集》第 2 卷，人民出版社，2009，第 103 页。
④ 参见《马克思恩格斯文集》第 2 卷，人民出版社，2009，第 33 页。
⑤ 《马克思恩格斯文集》第 1 卷，人民出版社，2009，第 538 页。
⑥ 参见《马克思恩格斯文集》第 1 卷，人民出版社，2009，第 542 页。

地域限制成为世界历史性的存在，现代交通为他们走向联合提供了现实可能。"中世纪的市民靠乡间小道需要几百年才能达到的联合，现代的无产者利用铁路只要几年就可以达到了。"① 资产阶级开辟的世界市场产生了前所未有的聚合效应，它使工人阶级的活动"扩大为世界历史性的活动"②，同时也使工人阶级深受世界市场这个异己力量的奴役、压迫和支配。在马克思看来，"大工业不仅使工人对资本家的关系，而且使劳动本身都成为工人不堪忍受的东西"③。尽管资本主义大工业在不同国家、不同民族的发展具有不平衡性，但它在世界范围内必然排挤其他落后的生产方式，造成各民族内部阶级结构的"趋同性"。那些"没有卷入大工业的工人，被大工业置于比在大工业中做工的工人更糟的生活境遇"④，工业不发达国家及其工人必将由于不可回避的世界交往而被卷入普遍竞争之中，遭遇内部与外部的双重剥削。马克思曾说："六月失败使欧洲各个专制国家识破了一个秘密，即法国为了能在国内进行内战，无论如何都必须对外保持和平。这就把已经开始争取民族独立的各国人民置于俄国、奥地利和普鲁士的强权之下，而同时这些国家的民族革命的成败也就要依无产阶级革命的成败而定，它们那种表面上不依社会大变革为转移的独立自主性就消失了。"⑤ 在大工业中崛起的现代无产阶级如何才能摆脱这种世界历史性的苦难呢？马克思认为："无产阶级只有在世界历史意义上才能存在，就像共产主义——它的事业——只有作为'世界历史性的'存在才有可能实现一样。"⑥ 现代无产阶级与其事业的世界历史性紧密联系在一起，而其他所谓的社会主义理论家却没有洞察到这一点。比如，小资产阶级所追求的社会主义跟封建贵族追求的社会主义类似，他们都企图把现代生产力硬塞到"旧的所有制关系的框子里去"⑦。马克思认为，无产阶级的共产主义革命"是世界性的革命，所以将有世界性

---

① 《马克思恩格斯文集》第2卷，人民出版社，2009，第40页。
② 《马克思恩格斯文集》第1卷，人民出版社，2009，第541页。
③ 《马克思恩格斯文集》第1卷，人民出版社，2009，第567页。
④ 《马克思恩格斯文集》第1卷，人民出版社，2009，第567页。
⑤ 《马克思恩格斯文集》第2卷，人民出版社，2009，第104页。
⑥ 《马克思恩格斯文集》第1卷，人民出版社，2009，第539页。
⑦ 《马克思恩格斯选集》第1卷，人民出版社，2012，第426页。

的活动场所"①。因而，只有全世界无产者的联合行动，"至少是各文明国家的联合的行动，是无产阶级获得解放的首要条件之一"②。马克思从"历史成为世界历史"与"交往成为世界交往"的时空境遇中探讨无产阶级世界革命与人类自由普遍实现的问题，相较于空想社会主义者而言，无疑是具有前瞻性的。马克思关于共产主义是世界历史性的事业的科学判断，依然具有重要的实践价值。

第四节 世界普遍交往中的发展道路问题

人类社会发展遵循什么样的演进规律？人类将向何处去？哲学家们孜孜以求，以期找到令人信服的答案。无论是康德基于社会契约与实践理性的永久和平思想，还是黑格尔关于自由概念实现的世界历史思想，都力图站在以欧洲为中心的立场按照哲学思辨的尺度揭示人类社会发展规律和发展道路。马克思则是在世界普遍交往实践格局中，从物质生产与社会交往的历史逻辑与内在矛盾中揭示人类社会发展的基本规律，指明人类社会发展的根本方向与道路选择的辩证关系。

一 科学揭示"自然历史过程"的总体图景

人类社会在现代大工业的推动下进入普遍交往的世界历史时代，各民族间的发展道路越发表现出整体联动的时代特征。马克思通过对西欧资本主义的历史起源、发展趋势及其内在矛盾的深刻分析，得出"两个必然"的科学结论，揭示了世界普遍交往时代进行共产主义革命的一般图景。在资本主义危机中，西欧和北美的先发资本主义国家的工人阶级将率先同时发动共产主义革命，进而逐步引领世界上其他受压迫民族共同获得解放。马克思在揭示"现代社会的经济运动规律"的《资本论》序言中曾指出："我的观点是把经济的社会形态的发展理解为一种自然史的过程。"③ "一个社会即使探索到了本身运动的自然规律，——它还是既不能跳过也不能用法令取消自然的发展阶段。但是它能缩短和减轻分

---

① 《马克思恩格斯文集》第1卷，人民出版社，2009，第687页。
② 《马克思恩格斯选集》第1卷，人民出版社，2012，第419页。
③ 《马克思恩格斯文集》第5卷，人民出版社，2009，第10页。

娩的痛苦。"① 马克思的这一论断时常被人们误解，一些人就此认为马克思是纯粹的、机械的经济决定论者。人类社会从低级向高级发展的历史过程是客观的，是不以人的意志为转移的。作为整体的人类社会发展至今经历了原始社会、奴隶社会、封建社会，欧洲和北美一些国家已经率先进入资本主义社会，逐渐成为建立现代世界普遍交往的主导力量。正是在"西方崛起"与"非西方停滞"的不平衡发展下，欧洲升级为现代社会的"中心"资产阶级成为推动历史向世界历史转变的"不自觉的工具"。黑格尔把整个人类历史分为四个阶段，即幼年的东方、青年的古希腊、中年的古罗马、老年的日耳曼，整个人类社会按照自由实现的思辨逻辑依次演进，这带有鲜明的西方中心主义色彩。马克思同样看到了整个人类社会发展的历史过程性，但他不是像黑格尔那样从纯粹思辨的逻辑推演中把握整个人类社会发展的一般规律，而是站在物质生产的"坚实的地面"，从"现实的人"的物质生产活动的历史变迁及其矛盾运动中把握这一规律。社会形态更替是物质生产活动发生变革的产物，欧洲人之所以能够成为建立世界普遍交往的主导力量，原因在于他们的工商业率先实现了革命，为其建立世界市场、开展世界贸易提供了必要的物质基础。马克思看到资本主义生产方式不断排挤其他民族前资本主义生产方式的大量事实，在《共产党宣言》中指出："资产阶级挖掉了工业脚下的民族基础。古老的民族工业被消灭了，并且每天都还在被消灭。它们被新的工业排挤掉了，新的工业的建立已经成为一切文明民族的生命攸关的问题"②。可以说，"历史向世界历史的转变"或"交往成为世界交往"，揭开了人类社会从传统社会向现代社会转变的序幕。现代性作为一种世界历史性实践生成的强大力量，不断排挤其他非资产阶级民族的传统性，整个人类进入世界普遍交往的现代社会越发成为不可逆转的发展趋势。因而，从传统社会迈向现代社会，成为世界各民族的普遍命运。需要指出的是，资本主义现代社会只是人类社会发展链条上的一环，并不是整个人类社会发展的终结。生产力是最高的裁判官，资本主义不可能解决自身固有的基本矛盾，它只能通过"消灭生产力"的方式缓和

---

① 《马克思恩格斯全集》第 44 卷，人民出版社，2001，第 9~10 页。
② 《马克思恩格斯文集》第 2 卷，人民出版社，2009，第 35 页。

这一基本矛盾，以达到维持现有生产关系的目的。生产力的高度发展必定会冲破资本主义私有制的僵化躯壳，人类必将在此基础上重建更高形态的现代社会。人类从传统社会迈向现代社会，从资本主义现代社会过渡到社会主义现代社会，这是普遍交往中的世界各民族面临的共同境遇，问题在于各民族以什么方式实现这种历史性过渡。

二 跨越资本主义制度"卡夫丁峡谷"的探索

马克思晚年把研究重点转向古代社会和东方社会，深化了对世界普遍交往中人类社会发展道路的认识。俄国自由主义民粹派的代表人物米海洛夫斯基把马克思关于西欧资本主义兴起过程中农民被剥夺的"历史必然性"的概述，"彻底变成一般发展道路的历史哲学理论，一切民族，不管它们所处的历史环境如何，都注定要走这条道路，——以便最后都达到在保证社会劳动生产力极高度发展的同时又保证每个生产者个人最全面的发展的这样一种经济形态"[①]。他这样做的目的在于从理论上论证俄国"公社的灭亡是自然的死亡"[②]，通过把"很大一部分农民变成无产者"，俄国由此被引向资本主义制度的怀抱。马克思在给《祖国纪事》杂志编辑部的信中曾明确反驳道："如果俄国继续走它在1861年所开始走的道路，那它将会失去当时历史所能提供给一个民族的最好的机会，而遭受资本主义制度所带来的一切灾难性的波折。"[③] 马克思还认为："这种农村公社是俄国社会新生的支点；可是要使它能发挥这种作用，首先必须排除从各方面向它袭来的破坏性影响，然后保证它具备自然发展的正常条件。"[④] 俄国农村公社如何才能获得"自然发展的正常条件"呢？在资本主义的冲击下，俄国农村公社面临瓦解的历史命运，"要挽救俄国公社，就必须有俄国革命"[⑤]。俄国民粹主义者特卡乔夫认为，俄国只有零星的资产阶级和工人阶级，却拥有保存完好的依靠"劳动组合"进行生产的农村公社，俄国农民是"天生的共产主义者"，他们"比西

[①] 《马克思恩格斯文集》第3卷，人民出版社，2009，第466页。
[②] 《马克思恩格斯文集》第3卷，人民出版社，2009，第582页。
[③] 《马克思恩格斯文集》第3卷，人民出版社，2009，第464页。
[④] 《马克思恩格斯文集》第3卷，人民出版社，2009，第590页。
[⑤] 《马克思恩格斯文集》第3卷，人民出版社，2009，第579页。

欧各国人民更加接近于社会主义"①。因而，俄国"可能轻而易举地、比西欧要容易得多地实现社会革命"②。俄国民粹主义者忽视了俄国农村公社的彼此孤立性，由于"公社与公社之间的生活缺乏联系"，面对封建主和高利贷者的双重残酷剥削，进行反抗的各公社之间不能建立紧密的联盟，根本谈不上互相援助，"正是这种与世隔绝的小天地使它至今不能有任何历史创举"③。这与马克思恩格斯在《德意志意识形态》中"交往的任何扩大都会消灭地域性的共产主义"④ 的重要论断遥相呼应。恩格斯指出："如果有什么东西还能挽救俄国的公社所有制，使它有可能变成确实富有生命力的新形式，那么这正是西欧的无产阶级革命。"⑤ 俄国农村公社为什么有可能不经过资本主义制度而获得新生呢？在马克思看来，"俄国不是脱离现代世界孤立生存的"⑥，俄国农村公社"和资本主义生产是同时存在的东西"⑦，它可以不经过一个很长的机器工业的孕育期，就"跨越"资本主义制度的"卡夫丁峡谷"，从而占有资本主义生产的"一切积极的成果"，进入社会劳动生产力普遍发展与每个人全面发展相统一的经济形态。马克思关于"跨越论"的具体结论是探索性的，这种理论探索也是非常严谨审慎的。马克思的"跨越论"直接对米海洛夫斯基给他带来的"过多的荣誉"和"过多的侮辱"⑧ 做出了理论澄清，旨在消除人们对《资本论》的误解和误读。马克思没有对"俄国人为他们的祖国寻找一条不同于西欧已经走过而且正在走着的发展道路"⑨ 所做的努力作出任何主观评价，马克思关于"跨越论"的探索性结论是以资本主义生产方式开创的世界普遍交往作为历史前提的，相比之下，俄国民粹主义者关于俄国农民革命与西欧无产阶级革命彼此孤立的观点则表现出鲜明的地域局限性。"跨越论"不能离开普遍交往的世界历史实践

---

① 《马克思恩格斯文集》第 3 卷，人民出版社，2009，第 396 页。
② 《马克思恩格斯文集》第 3 卷，人民出版社，2009，第 389 页。
③ 参见《马克思恩格斯文集》第 3 卷，人民出版社，2009，第 587 页。
④ 参见《马克思恩格斯文集》第 1 卷，人民出版社，2009，第 538 页。
⑤ 参见《马克思恩格斯文集》第 3 卷，人民出版社，2009，第 399 页。
⑥ 《马克思恩格斯文集》第 3 卷，人民出版社，2009，第 571 页。
⑦ 《马克思恩格斯文集》第 3 卷，人民出版社，2009，第 572 页。
⑧ 参见《马克思恩格斯文集》第 3 卷，人民出版社，2009，第 466 页。
⑨ 《马克思恩格斯文集》第 3 卷，人民出版社，2009，第 463 页。

格局，也不能脱离世界无产阶级革命运动而孤立实现。马克思的"跨越论"直接回应俄国农村公社获得新生的可能性等具体问题，也隐含着一个更深层次、越发具有普遍性的新问题，即"后发国家能否在、如何在资本主义主导的世界普遍交往中实现跨越式发展"？马克思给出了一个具有方法论意义的回答，即"一切都取决于它所处的历史环境"①。列宁则进一步指出："世界历史发展的一般规律，不仅丝毫不排斥个别发展阶段在发展的形式或顺序上表现出特殊性，反而是以此为前提的。"② "历史向世界历史的转变"具有差异性和不平衡性，各民族融入世界历史的方式必然存在殊异，它们扮演的角色同样存在历史的差别。在普遍交往的世界历史时代，后发国家可以借鉴发达国家"先发"的经验和教训，积极与其先进成果实现"跨时空对接"，进而促进本国实现跨越发展。

三 世界普遍交往与社会发展道路的复杂性

世界普遍交往时空格局下的人类社会发展道路具有复杂性，越发表现出"单向多线"的时代特征。马克思从社会基本矛盾运动中揭示了历史向"世界历史"转变的必然性，基于俄国农村公社的历史命运预示了跨越资本主义制度"卡夫丁峡谷"的可能性。马克思通过对资本主义基本矛盾运动的深刻剖析科学揭示"两个必然"的人类社会未来发展图景，通过审视资本主义在世界范围内的发展不平衡性阐明"两个决不会"内在逻辑。马克思恩格斯预测的社会主义革命没有在生产力发达的资本主义国家爆发，反而在生产力相对落后的"东方社会"率先爆发，这看似违背了马克思主义经典作家关于无产阶级共产主义革命的构想，实则是这种革命构想在资本主义主导的不平衡的世界普遍交往格局中的真实展开。在资本主义主导的世界格局中，发达资本主义国家的工人阶级和劳动人民在资产阶级兜售的虚假爱国主义和民族主义意识形态鸦片中受到蛊惑而动摇国际主义原则，经济文化相对落后国家的工人阶级和劳动人民遭受了更为沉重的国内外阶级压迫，阶级矛盾在资本裹挟的民族主义运动中变得更加复杂模糊。各种类型的具有强烈民族性的世界社

---

① 《马克思恩格斯文集》第3卷，人民出版社，2009，第586页。
② 《列宁专题论文集·论社会主义》，人民出版社，2009，第357~358页。

会主义运动如何在资本主义一统天下的世界交往格局中开辟通向人类新纪元的新道路？不断催生的具有民族性的"站稳历史正确的一边"的新道路或新模式如何应对资本主义世界秩序的铜墙铁壁而对整个人类文明进程产生更加积极的影响？在充满矛盾的当今"一球两制"的"一体化的世界"，各民族社会发展道路的复杂性和多样性远远超乎马克思主义经典作家的预判。众多发达资本主义国家在世界社会主义运动冲击下对其所有制形式做出了一些有利于工人阶级的局部调整，但是，它们在缓和阶级矛盾的同时有意制造社会撕裂，通过拓展"两个决不会"的空间而延缓"两个必然"的到来。中国等社会主义国家力图站在世界历史高度广泛吸取资本主义创造的文明成果，通过展现社会主义文明新形态的时代魅力而引领世界社会主义走向振兴，积极拓展人类走向现代化的新途径，旨在推动实现"两个必然"的历史进程。总体而言，从"自然历史过程"的规律论到世界普遍交往中的"跨越论"，其中预留了人类追问社会发展道路复杂性问题的广阔空间，这需要我们沿着马克思的足迹继续作艰辛探索。在"一球两制"的世界普遍交往时空格局下，我们应该对人类社会发展道路问题的复杂性和多样性予以充分估计，尤其是要秉持更加开放的胸怀和格局，敢于破除我们过去在社会形态更替问题上形而上学的简单线性思维。

第五节　世界普遍交往中的中国革命问题

马克思"世界历史"思想虽然以西欧资本主义社会作为主要考察对象，但马克思从未忽略世界历史的东方，对"中国问题"的具体分析则是马克思"世界历史"思想内涵的延伸和扩展。中国作为一个拥有五千多年文明史的国家，以其特殊的方式参与"历史成为世界历史"的进程，并在世界历史进程中探索出一条独特的文明复兴之路。马克思"世界历史"思想包含着基于西欧现代化道路的一般阐释，也包含着对俄国、印度、中国等东方社会走上现代化道路的分析与探索。马克思对东方社会的考察离不开世界历史视野，对东方社会的分析探索又使马克思"世界历史"思想的内涵更加深刻、逻辑更加严谨。"中国问题"作为马克思"世界历史"思想中的个案分析，占据重要位置。重温马克思对"中国问题"及其解决思路的基本观点,有助于我们借助深邃的"世界史观"揭开历史迷雾,抓住问题的本质。

一 破除中华文明"封闭论"等主观偏见

中华文明作为世界历史上唯一不曾中断的文明形态,让欧洲思想界感到惊叹不已。黑格尔在《世界史哲学讲演录》中曾用一定篇幅论述古代中国文明,认为中国是"依赖自身上升为一种没有和外部发生联系的文明",因为同外部发生联系对中国来说"是无关紧要的事情"①。黑格尔还说,世界上没有任何国家拥有连续的古代历史,唯有中国拥有五千多年前后相继、排列有序、有据可查的历史,哪怕出现过王朝更迭,甚至少数民族入主中原,"其古老的原则没有被任何外来的原则所取代"②。黑格尔关于"中国没有历史"的论断实际上就是来源于此,中国数千年来没有革命性变化,尤其是中国的国家原则"完全建立在宗法关系的基础上"。在黑格尔那里,国家原则是决定社会生活的根本因素。

黑格尔关于"中国没有历史"的论断深深地影响到马克思,以至于马克思在一定程度上承袭了黑格尔关于古代中国的一些看法。马克思也曾认为,"中国人自古以来就对从海上来到他们国家的一切外国人抱有反感"③。直到新航路开辟之后,中国才逐步与外面的世界进行极为有限的接触,鸦片战争的爆发则使中国与西方的接触达到了空前的程度。马克思指出,在英国枪炮的进攻下,"天朝帝国万世长存的迷信破了产,野蛮的、闭关自守的、与文明世界隔绝的状态被打破,开始同外界发生联系"④。黑格尔把中华文明排除在世界历史之外,其主要依据是中华文明没有"向外发展"的内在性,以至于中华文明长期停留在世界历史的东方起点。根本原因就在于"普遍的东西本身还没有在其规定性中得到把

---

① 〔德〕黑格尔:《世界史哲学讲演录(1822—1823)》,刘立群等译,商务印书馆,2015,第113~114页。
② 〔德〕黑格尔:《世界史哲学讲演录(1822—1823)》,刘立群等译,商务印书馆,2015,第114页。
③ 《马克思恩格斯文集》第2卷,人民出版社,2009,第615页。
④ 《马克思恩格斯文集》第2卷,人民出版社,2009,第608页。

握"①，言外之意就是处在世界历史之外的东方中国还没有从众多特殊的神灵中抽象出一个具有普遍意义的上帝，而这个上帝是主宰一切的。中华文明缺乏"内在性"实际上就是缺乏感知"普遍的东西"的自我意识。在黑格尔看来，中国文人注重对特殊经验的把握，却很少对理论知识进行系统性的积累，因而中华民族只是站在世界历史起点的民族，而不是一个世界历史性的民族。

马克思在实现对黑格尔法哲学的彻底变革的同时，站在新唯物主义的世界历史哲学立场上分析中华文明"闭关自守"的原因。马克思不像黑格尔那样从精神或观念的内在性中寻找中华文明"闭关自守"的答案，而是深入到中国社会经济结构内部提供一个新的解释。马克思认为，中国从远古时代延绵至今而鲜有同外界接触的秘诀在于其特有的生产方式，即农业与家庭手工业相结合的自给自足的小农经济。在自给自足的社会结构中，每一个家庭几乎可以生产其日常所需的全部衣食，农业生产占据主导地位，纺织则是在农闲时节的额外收益。农民的纺织品价格极其低廉，除了满足农民家庭的基本需要，剩余产品都拿到集市上换取其他日常生活用品。即使欧洲从工场手工业过渡到机器大工业，其廉价的纺织品也很难通过正常的市场竞争打开中国的商业大门，原因就在于中国农业与手工业相结合的生产方式创造的劳动产品价格更加低廉，以至于大工业产品没有价格竞争优势。马克思指出，英国商品无法通过正常渠道打开中国大门的主要原因，"是那个依靠小农业与家庭工业相结合而存在的中国社会经济结构"②。中国独特的社会经济结构阻碍欧洲大工业商品的输入，以至于欧洲商人不得不借助国家军事力量打开中国的商业大门，尤其是借助坚船利炮冲毁晚清皇帝的权威，直至对中国的财政、社会风尚、工商业结构带来破坏性影响，使中国传统社会结构进入"解体的过程"③。当然，中国传统社会经济结构并不像马克思所说的那样迅速解体，旧中国不屈不挠地进行着"保卫社稷和家园"与"维护中华民族生存"的抗争，正是这种不屈不挠的抗争使中华民族在大的世界变局

---

① 〔德〕黑格尔：《世界史哲学讲演录（1822—1823）》，刘立群等译，商务印书馆，2015，第144页。
② 《马克思恩格斯文集》第2卷，人民出版社，2009，第672页。
③ 《马克思恩格斯文集》第2卷，人民出版社，2009，第609页。

中存活下来，不至于像印度和波斯那样沦为英国人的殖民地。

西方人在有关中国问题的报道中大肆杜撰中华文明"封闭论"的谎言。他们企图把中国这个拥有五千多年历史的文明古国说成是一个"半野蛮状态"的国家，这样他们就能站在舆论的制高点肆意抹黑中国形象。西方报刊大肆杜撰"中国人违背条约""侮辱英国的国旗""羞辱旅居中国的外国人"①等新闻，只为对中国进行污名化。马克思指出："英国人控告中国人一桩，中国人至少可以控告英国人九十九桩。"② 西方人评价中国封闭的主要依据是中国不能满足西方资产阶级自由竞争的需求，不能为其工业产品提供市场，抑或说，西方人的工业商品在正常状态下打不开中国市场。中国封闭论或中华野蛮论都只是资产阶级根据自己的偏见而杜撰出来的，其根本目的在于借助国家军事力量打开中国商业大门。马克思虽然从事实层面论及"中国封闭"的问题，但并不像资产阶级学者那样从价值层面给予中国不公正的定位。马克思在评论西方列强发动对华战争时坚持辩证的态度，为中国人民保卫家园的战争进行过道义上的辩护，表达了对中国人民的极大同情。马克思认为，中国的抗争"是一场维护中华民族生存的人民战争"③。同时，马克思也指出，清朝衰亡崩溃是不可避免的历史趋势，中国人民反抗外来侵略的英勇抗争必然引发新的革命，这个即将来临的革命同样会波及欧洲世界。今天，我们应该坚持以科学的世界史观看待西方人眼中的"闭关自守"的旧中国，真正领会中华民族"变革与开放"的总体发展脉络，这有助于我们在思维方式上破除西方中心主义的干扰与误导，更加自觉地坚定中华文化自信。西方人根本不理解中华民族这个不断经历"变革与开放"的伟大民族在西方武力威胁与大工业冲击下表现出的韧劲。如果中华民族不具备"变革与开放"的内在自觉，面对西方列强的频繁侵略，中华民族就不可能进行长达百年的民族抗争，直至重新获得解放与独立。

二 中国革命与欧洲革命的联动性

世界普遍交往实践格局下的时代问题具有整体联动性。在普遍交往

---

① 参见《马克思恩格斯文集》第 2 卷，人民出版社，2009，第 619 页。
② 《马克思恩格斯文集》第 2 卷，人民出版社，2009，第 620~621 页。
③ 《马克思恩格斯文集》第 2 卷，人民出版社，2009，第 626 页。

与整体联动的"世界历史"形成之前,各个文明形态总体处在平行发展的轨迹之中,鲜有交叉联动的现象。遥远的空间距离成为各族人民建立持续性普遍交往的主要障碍,以至于一个地域出现的政治变革很难影响到世界的另一端,甚至区域中心的政权更迭最多只会在周边地区引起一些涟漪,新政权同样会以原有的地缘秩序同周边各民族进行交往,中心与周边的交往秩序又会像往常一样运行下去。在历史向"世界历史"转变之前,东、西方的政权更迭甚至社会形态更替同样是彼此平行、互不干扰的。蒙古人西征没有给被征服地区带来社会革命,作为统治者的蒙古人沿用被占领地区的社会秩序进行统治。蒙古人西征主要是从军事政治方面建立起东方与西方之间的文明交往,这种交往是不稳定的,一旦这种军事统治被推翻,东方与西方的交往就极容易出现断裂。

新航路开辟之后,连接东方与西方的海上商业航线逐渐取代陆上贸易通道,东、西方日益紧密的经济往来取代以往偶然性、间断性的政治军事交往。商品贸易活动产生的巨大利润,同样强化了东方与西方经济联系的紧密性。西方列强通过野蛮的种族屠杀和残忍的黑奴贸易实现对美洲的殖民统治,通过发动军事战争占领印度和波斯,对东南亚国家实行野蛮的殖民统治。整个世界仿佛都被安排进欧洲新兴资产阶级发财致富的如意算盘之中,哪里不符合他们发财致富的愿望,哪里就需要采取武力使之臣服。马克思指出:"原始积累的不同因素,多少是按时间顺序特别分配在西班牙、葡萄牙、荷兰、法国和英国。在英国,这些因素在17世纪末系统地综合为殖民制度、国债制度、现代税收制度和保护关税制度。这些方法一部分是以最残酷的暴力为基础,例如殖民制度就是这样。但所有这些方法都利用国家权力,也就是利用集中的、有组织的社会暴力,来大力促进从封建生产方式向资本主义生产方式的转化过程,缩短过渡时间。暴力是每一个孕育着新社会的旧社会的助产婆。暴力本身就是一种经济力。"[①]

英国在历史向"世界历史"转变的过程中率先进行政治革命,这为其进行工业革命扫清了障碍。率先进行工业革命的英国一度从地面上升为"工业太阳",整个欧洲乃至全世界都在不同程度上围绕这个"工业

---

① 《马克思恩格斯文集》第5卷,人民出版社,2009,第861页。

太阳"运转，为其推进社会化大生产提供各种所需的原材料。社会生产领域发生的工业革命具有世界历史意义，它首先在欧洲，尔后在世界范围内逐渐摧毁以"旧的工场手工业制度或以手工劳动为基础的工业制度"。诞生于英国的政治革命与工业革命很快波及欧洲大陆，它释放出的能量辐射整个世界。"那些几千年来没有进步的国家，例如印度，都已经进行了完全的革命，甚至中国现在也正走向革命。事情已经发展到这样的地步：今天英国发明的新机器，一年之内就会夺去中国千百万工人的饭碗。这样，大工业便把世界各国人民互相联系起来，把所有地方性的小市场联合成为一个世界市场，到处为文明和进步做好了准备，使各文明国家里发生的一切必然影响到其余各国。"① 尽管马克思夸大了英国大工业对中国的影响，但他关于大工业建立世界市场的总体判断无疑是正确的。马克思并不是单向论证英国等欧洲国家对中国的影响，他也看到旧中国革命对欧洲革命的反作用。马克思将太平天国运动这场延续十余年的农民起义界定为"一场惊心动魄的革命"，引发这场革命的原因在国内表现为阶级压迫，在国际方面表现为英国、法国的军事入侵，特别是英国用大炮强迫中国输入鸦片。中国的太平天国运动沉重打击了英、法的在华势力，这使得其商品在中国市场上受到抵制，进而加剧资本主义世界日益积累的普遍性工商业危机。"在这样的情况下，既然英国的贸易已经经历了通常商业周期的大部分，所以可以有把握地说，中国革命将把火星抛到现今工业体系这个火药装得足而又足的地雷上，把酝酿已久的普遍危机引爆，这个普遍危机一扩展到国外，紧接而来的将是欧洲大陆的政治革命。这将是一个奇观：当西方列强用英、法、美等国的军舰把'秩序'送到上海、南京和运河口的时候，中国却把动乱送往西方世界。"② 因为"中国人不能既购买商品又购买毒品；在目前条件下，扩大对华贸易也就是扩大鸦片贸易；增加鸦片贸易是和发展合法贸易不相容的。这些论点早在两年以前已经得到相当普遍的承认"③。太平天国运动乃至后来的义和团运动都具有强烈的反帝倾向，战争或起义使西方资产阶级在中国的市场大幅缩减，这无疑加剧欧洲生产过剩的危机，普遍

---

① 《马克思恩格斯文集》第1卷，人民出版社，2009，第680页。
② 《马克思恩格斯文集》第2卷，人民出版社，2009，第612页。
③ 《马克思恩格斯文集》第2卷，人民出版社，2009，第630页。

危机恰恰是爆发无产阶级革命的必要条件。旧中国"革命"与欧洲革命的联动性虽然通过政治军事的形式表现出来，但资产阶级单向要求建立不对等的经济联系才是问题的根源。

三 预示"整个亚洲新纪元的曙光"

马克思从中国人民抗击外来侵略的英勇斗争中预测了这个世界上最古老的民族的历史命运，也即她在不久的将来必然走向革命的道路。马克思认为，中国发生革命的动力主要来自两个方面，一是中国自身人口增长的压力。我们知道，中国人口在清朝实现大幅度增长，至清朝末年甚至达到4亿，数量空前的人口规模对传统生产要素形成了巨大的压力。马克思曾指出："在这个国家，缓慢地但不断地增加的过剩人口，早已使它的社会条件成为这个民族的大多数人的沉重枷锁。"[①] 二是西方列强的侵略。中国历史上出现过很多次北方少数民族侵犯中原的事件，但北方少数民族的侵犯具有暂时性的特点，它们对中原文化怀着崇敬之心，根本原因就在于中原地区的生产力水平比北方少数民族地区更为发达。新航路开辟与西方人的世界远征在某种程度上具有同步性，西方人借助文艺复兴与启蒙运动带来的思想解放风暴横扫了内心的羁绊，他们借助现代交通工具和军事力量奔走于全球，到处寻找财富的源泉。地球上哪里有财富，哪里就有西方人追求财富的身影。随着英国人用武力打开中国的商业大门，"成千上万的英美船只开到了中国；这个国家很快就为不列颠和美国廉价工业品所充斥。以手工劳动为基础的中国工业经不住机器的竞争。牢固的中华帝国遭受了社会危机"[②]。西方列强对中国的侵略是深层次的侵略，它不像古代北方少数民族那样崇拜中原文化，羡慕中原先进社会生产力，西方列强用廉价的商品冲击着中国自给自足的社会经济结构，也使中国对周边地区的影响力大大减弱。西方人对近代中国的侵略不仅体现在经济上、政治上，而且体现在文化层面。中华民族延续数千年的文明传统在西方坚船利炮的攻击下遭受质疑，以至于一些人开始把目光转向西方寻求救国济世的良方。马克思指出："虽然中国的社会

[①] 《马克思恩格斯全集》第7卷，人民出版社，1959，第264页。
[②] 《马克思恩格斯全集》第7卷，人民出版社，1959，第264页。

主义跟欧洲的社会主义象中国哲学跟黑格尔哲学一样具有共同之点,但是,有一点仍然是令人欣慰的,即世界上最古老最巩固的帝国8年来在英国资产者的大批印花布的影响之下已经处于社会变革的前夕,而这次变革必将给这个国家的文明带来极其重要的结果。如果我们欧洲的反动分子不久的将来会逃奔亚洲,最后到达万里长城,到达最反动最保守的堡垒的大门,那末他们说不定就会看见这样的字样:中华共和国,自由,平等,博爱。"①当然,马克思并没有指明中国革命的性质,在他眼中中国社会变革应该是从封建社会解放出来,至于是建立资产阶级共和国,还是建立社会主义国家,马克思并没有作更多的阐述。马克思所说的中国社会变革更多是从民族国家层面来讲的,"中国的南方人在反对外国人的斗争中所表现的那种狂热本身,似乎表明他们已觉悟到旧中国遇到极大的危险;过不了多少年,我们就会亲眼看到世界上最古老的帝国的垂死挣扎,看到整个亚洲新纪元的曙光"②。最古老的帝国必将在垂死挣扎中实现凤凰涅槃,这是马克思对具有韧劲的中华民族的未来做出的基本判断。普遍交往的世界历史发展已经深刻印证了马克思的判断,同时,不屈不挠的中华民族在百余年的内忧外患中实现了自我解放,最终跨越资本主义制度"卡夫丁峡谷"建立了社会主义制度,这是马克思不曾预料到的。我们需要看到,马克思关于"中国问题"的看法,在很大程度上是带有预测性的,马克思撰写"中国问题"的系列文章是迫于生计,这些文章发表在美国的《纽约每日论坛报》上,恩格斯也代替马克思写了不少相关文章。今天,我们重新审视马克思关于"中国问题"的论述,不应该纠结于马克思关于"中国问题"的具体解决方案,应该特别留意马克思分析"中国问题"所展现的世界历史视野。马克思不是孤立地看待中国的历史与现状,而是把中国问题纳入历史向"世界历史"转变的总体进程中加以考察,既看到了西方侵略给中国带来的革命性因素,也看到了世界上最古老的帝国在抗击外来侵略保存自身的斗争中表现出的坚韧不屈。因而,马克思关于中国革命将成为"整个亚洲新纪元的曙光"这一预测是有理论依据的,但中国革命实践的道路选择与目标指向

---

① 《马克思恩格斯全集》第7卷,人民出版社,1959,第265页。
② 《马克思恩格斯文集》第2卷,人民出版社,2009,第628页。

又超出马克思的预判。

马克思本人并没有对"世界历史"明确提出具有体系性的基本范畴,但这并不代表马克思"世界历史"思想中不存在这些彼此关联的问题域。梳理和归纳马克思关于"历史向世界历史的转变"的重要论述,沿着一些隐藏的线索概括提炼马克思"世界历史"思想的基本范畴,是读懂马克思这一思想需要进行的一项重要工作。世界普遍交往中主体生成问题、秩序危机问题、革命与自由问题、发展道路问题、中国革命问题等构成了马克思"世界历史"思想的问题视域。作为结果的"世界历史"是一个自然历史过程,也是人类劳动创造的过程,更是普遍交往的生成强化过程。"世界历史"进程中的宗教史观与英雄史观在资本逻辑的撬动下走向破产,资本逻辑的历史局限性将会被随着大工业兴起而涌现的无产阶级通过消灭私有制的共产主义革命扬弃和超越。资本逻辑主导的世界历史秩序在本质上是为资本的无限增殖服务的,但资本的无限增殖也在蓄积世界工商业危机的势能与动能,破除资本主义世界秩序的危机的根本出路在于"重建各个人的所有制"。资本逻辑主导的"世界历史"进程是被"铁的必然性"所盲目支配的,透过种种历史的迷雾,今天,我们应该重新审视并重视世界普遍交往中的民族性与世界性、前进性与代价性、现代性与传统性、共时性与历时性相统一的实践辩证法。在经济全球化时代,我们更需要旗帜鲜明地捍卫马克思及其"世界历史"思想,这是时代赋予我们的重要使命。

第三章 马克思"世界历史"思想的理论贡献

任何一种思想理论都会遵循一定的叙事逻辑。黑格尔按照将人的生命发展周期与太阳运动轨迹相结合的方式将世界各主要文明的编年史纳入"绝对精神"自我实现的辩证发展过程之中,进而站在世界历史哲学的高度把握人类社会发展规律。马克思"世界历史"思想直接来源于黑格尔,马克思又是如何从"思辨的天国"转向"坚实的地面"的呢?马克思"世界历史"思想遵循着什么样的叙事逻辑呢?"世界历史"思想对马克思主义整体性构建有何突出的理论贡献?剖析这些问题,无疑有助于我们更加全面地认识和领会马克思"世界历史"思想。

第一节 拓展马克思主义的视野格局

马克思"世界历史"思想在整个马克思主义理论体系中占据重要地位,这种重要地位随着初现端倪的世界普遍交往迈向全球化时代而不断凸显,因为只有遵循马克思主义立场观点和方法,众多全球化时代的新课题才能获得根本性的解答。在资本主义以自由竞争为中心的世界历史时代,马克思论及的诸多问题,比如哲学批判、劳动异化、资本增殖、国际分工、国际秩序、东方社会、阶级斗争、工人运动,等等,都离不开其宏大的世界历史视野。宏大的"世界历史视野"体现在马克思对诸多问题的论证之中,使诸多问题不再是彼此孤立的,它们在马克思的"世界历史视野"中得到有机组合,马克思所论及的诸多问题本身已经串联成有机互补的世界历史性问题,马克思对这些世界历史性问题的解答又使马克思主义成为一种世界历史性存在的理论形态。可以说,历史唯物主义的"世界历史"思想深度介入了马克思主义理论的整体性构建过程,极大拓展了马克思主义的视野、格局。

一 拓展马克思主义哲学的问题视域

哲学是时代精神的精华,碎片化的问题需要上升到哲学高度才能得到本质性的把握。马克思是从哲学批判入手开启自己的理论创作生涯的。马克思在大学时代主修法律,但他同时把相当多的精力放在哲学领域,广泛涉猎当时甚为流行的康德、费希特、黑格尔的哲学著作,在毕业之际,马克思还成功申请到哲学博士学位。马克思对哲学流派的选择和对著作的涉猎并不是杂乱无序、漫无目的的,显示了鲜明的"世界历史"问题意识。

马克思从康德"人的理性为自然立法"的"永久和平"社会契约精神转向黑格尔"绝对精神"自我实现的"理性国家",从主观唯心主义转向客观唯心主义,根据"原子偏斜"运动提出"世界的哲学化"的实践主张。实际上,当时的马克思已经注意到理性国家与市民社会之间的冲突和张力,回归当时的德国现实,理性国家并没有带来自由、民主、平等,带来的只有专制和压迫。理性国家往往会迎合有产者阶级私人利益的需要而"屈尊降贵",为保护有产者阶级的私人利益而特意出台"林木盗窃法",理性国家的神圣性就被肮脏的权钱交易玷污了。建立在这种肮脏腐朽的理性国家基础上的"世界历史"不可能成为人类实现自由的广阔舞台,最多只能实现少数有产者阶级的自由,而这归根到底是资本的自由。

当德国的理性国家还保留着神圣的光环之时,欧洲的英国和法国已经率先进行了资产阶级革命。它们在私有制的基础上强调了资产阶级现代国家的自由、平等、博爱等资产阶级法权的普适性与神圣性。马克思的故乡德国特里尔毗邻资产阶级革命圣地法国,在那里可以接触到由法国输入的新信息。马克思从小受到法国进步思想的熏陶,这使得他对外界新鲜事物保持着极强的敏感性。德国人认为,他们可以通过哲学认识和把握世界,世界问题一旦上升到哲学层面,就能通过哲学批判得到彻底解决。当英国资本主义大工业揭开历史向"世界历史"转变的序幕之时,处于相对封闭状态的德国哲学家却在观念上进行着历史向"世界历史"转变的逻辑演绎,哲学层面的问题导向似乎与世界历史运动保持着平行状态。

马克思在实现哲学革命的过程中,始终跟踪资本主义世界历史时代的前沿问题。站在世界历史时代问题的前沿,他创立的"新唯物主义"

对世界历史时代发展的前沿问题始终保持着开放和敏感性。马克思在黑格尔那里学到了历史辩证法，但观念的辩证法不能解决现实冲突。宗教改革虽然解除了套在人们肉体上的禁欲主义枷锁，但世俗化的宗教却给人的灵魂戴上了利己主义的锁链。青年黑格尔派主张在人们的"自我意识"中消灭现实的不平等和剥削，这样黑格尔的辩证法就在诡辩的辞藻里"胎死腹中"。当马克思深陷苦恼之时，费尔巴哈高举唯物主义的旗帜，把哲学从"自我意识"的诡辩天国拉回到"感性直观"的现实地面。费尔巴哈不再像黑格尔派那样从"自我意识"中消灭不平等，他主张从现实中消灭不平等和压迫剥削，他给出的方案是推出"爱的宗教"，让人人彼此关爱，人不分种族、不分阶级、不分老幼，"四海之内皆兄弟"。黑格尔派主张人们对待剥削应该采取"逆来顺受"的态度，只要在观念中不把现实的剥削当作剥削，那么，现实的剥削就不再是剥削。费尔巴哈则看到了剥削与被剥削之间的关联性，主张建立剥削阶级与被剥削阶级共同的"爱的宗教"，剥削阶级与被剥削阶级之间应该彼此友爱，由此消灭现实的剥削关系。

如果说黑格尔派代表来自"理性国家"的上层社会向公众进行号召与呼吁，费尔巴哈则代表来自市民社会的小资产阶级对"理性国家"的诉求和请愿。马克思从黑格尔的"理性国家"转向费尔巴哈"爱的宗教"，这看似与"世界历史"范畴无关，实际上却大有关联。当时的德国正处在资产阶级革命前夕，封建贵族与新兴资产阶级在相互斗争中又彼此妥协，处在这两个阶级之间的贫民阶层则饱受双重压迫。在马克思看来，德国的这两个剥削阶级都不能代表普遍利益，法国革命中的每一个阶级都曾在一定阶段、一定程度上代表过普遍利益，无数次的法国革命共同增进了法国人民的"福祉"。因而，德国人要获得解放，就必须在普遍利益的旗帜之下进行彻底的革命。

谁能够代表普遍利益？是日趋没落的封建贵族？是迷恋土地的农民阶级？还是有钱有教养的新兴资产阶级？都不是。马克思认为，只有无产阶级才能真正代表普遍利益，才能在彻底的革命中给整个德国带来彻底的解放。只有哲学的"头脑"与工人的"心脏"[①] 有机结合起来，才

---

① 参见《马克思恩格斯选集》第 1 卷，人民出版社，2012，第 16 页。

能进行彻底的革命。

马克思把希望寄托于工人阶级而不是当时人口占绝大多数的德国农民，这显示出马克思宽广的"世界历史视野"。马克思不再只盯着德国的阶级构成状况，他已经把目光转向工业发达的法国和英国。马克思关注到在英国曼彻斯特工业中心工作的恩格斯写的系列文章，其中揭露了工人阶级的生存状况与发展趋势，马克思深受启发。马克思带着哲学的思维走向工人阶级及其生产方式，坚定地认为那些"批判"或"批判的批判"什么都没有创造，创造现代生产力的是那些除了自由一无所有的、现实的、活生生的工人阶级。可以说，如果马克思的理论视野只限于德国，不关注大工业高度发达的英国和法国及其工人阶级状况，他就很难赋予工人阶级自我解放的使命，也很难创立可以武装工人阶级"头脑"的唯物史观。可以说，"世界历史视野"在马克思实现哲学革命过程中扮演着极为重要的角色，正是坚持这种视野，马克思不像黑格尔那样存在带有偏见的、傲慢的价值预设。当时提出"历史成为世界历史""历史向世界历史的转变"的经典论断，马克思所选取的例证就是英国机器大生产"成为一个世界历史性的事实"。可以说，"世界历史视野"介入马克思实现哲学变革和创立唯物史观的全过程，一方面，马克思从黑格尔及其"世界历史"理论中提取了极有价值的辩证法；另一方面，马克思又从现实的世界历史发展中关注到英国大工业所造就的普遍交往的"世界历史性的事实"和法国大革命所产生的深远的世界历史意义。笔者认为，"世界历史视野"极大地加速了马克思创立唯物史观的进程，而唯物史观的创立又使马克思的"世界历史视野"升华成科学的"世界历史"思想。科学的"世界历史"思想一经形成，就被马克思自觉运用到对政治经济学的深入研究和科学社会主义基本原则的确立之中，"世界历史"思想已经成为我们全面深刻理解马克思及其理论整体性不可或缺的线索。

二 拓展马克思主义政治经济学的理论视野

历史唯物主义"世界历史"思想是马克思转向并深化政治经济学研究的指路标。马克思在哲学的思辨中不能解决理性国家与市民社会的冲突，这使他带着哲学的困惑走向政治经济学的探索。从思辨的天国转向坚实的地面，马克思依然带着思辨的叙事逻辑来讨论政治经济学中的基本问题，比如马克思在《1844年经济学哲学手稿》中对于劳动异化问题的描述，既表现出黑格尔思辨哲学的影子，也表现出费尔巴哈抽象人道主义的关怀。马克思在这个手稿中只是从一般直观的经验事实出发论述工人劳动异化的问题，并没有运用更多的政治经济学专业术语，比如工人创造了宫殿而得到的却只是棚舍，工人创造了美好的事物而留给自己的却是肮脏的东西，工人创造的东西越多，他所得到的却越少，他对自己生命的损耗就越大。关于劳动异化的问题，马克思首先接触到的经验事实并不是德国工人阶级的劳动异化（因为当时德国产业工人阶级的数量并不多，占人口大多数的依然是农民或农奴，在当时生产力落后的德国，劳动异化还没有成为普遍问题或普遍现象），而是法国和英国工人阶级在大工业生产方式下的异化劳动，尤其是恩格斯在系列文章中对英国工人阶级生存状况的真实描述。马克思摆脱德国资产阶级理论家内心的狂热傲慢与狭隘的民族偏见，洞察到英国资本主义大工业生产所指明的"世界历史"发展方向。当政治经济学在德国才处于"普及推介"阶段（重点是法国的重农主义学派），马克思已经把目光转向体系完备的英国政治经济学；当德国理论家还在研究那些即将走向灭亡的生产方式（小农生产、手工业生产、工场手工业劳动），马克思已经敏锐地将目光转向英国的机器大生产，自觉把走在世界历史时代发展前沿的生产关系确立为自己的研究对象。这等于马克思已经站在政治经济学研究的前沿，而他研究的问题也是世界历史时代前沿的问题。随着工业革命在英国率先完成，资本主义大工业日益成为社会生产结构中占据主导地位的生产方式，其他类型的生产关系日益被资本主义生产关系所取代。辗转西欧各国的马克思撰写大量的经济学手稿，研读英国古典政治经济学家威廉·配第、亚当·斯密、詹姆斯·穆勒、大卫·李嘉图的著作，也包含对法国重农主义学派代表人物弗朗斯瓦·魁奈的评注。马克思从拒绝蒲鲁东的政治经济学"形而上学"转向接受劳动价值论，遵循黑格尔从"抽象到具体"的辩证方法最终确立自己的劳动价值论，并在此基础上形成科学的剩余价值理论，在"有关时代的经济"中找到了破解历史向"世界历史"转变之谜的科学方法。马克思并不像资产阶级经济学家那样对"自由竞争"推崇到无以复加的地步，马克思看到资本逻辑的世界扩张并不能实现无限制的绝对自由,而无政府主义者所追求的自由实际上是资本对社会生活领域的全面控制。

唯物史观为"历史向世界历史的转变"提供了一般哲学阐释,但这种一般哲学阐释依然停留在宏大叙事层面,并没有深入到资本主义生产方式的内部结构之中去分析现实的世界历史及其生成运作机制。马克思在《〈政治经济学批判〉序言》中曾打算按照"资本、土地所有制、雇佣劳动;国家、对外贸易、世界市场"[1]的顺序考察资产阶级经济制度,这个计划最终没能在《资本论》中完全落实。实际上,世界市场作为资本主义世界历史时代的活动舞台,是资本循环的空间延伸,蕴含着资本无限增殖的内在逻辑。可以说,马克思的政治经济学批判贯穿着"世界历史"的方法与视野,而政治经济学批判又使马克思对"世界历史"思想的阐发从"宏大叙事"走向具体的"实证研究"。马克思在众多生产关系中找准资本主义生产方式及其交换关系进行深入研究,始终对资本主义生产方式暴露的前沿问题保持极高的关注度。此外,马克思正是在对"有关时代的经济"的研究中始终坚持战略性的"世界历史视野",在面对东方社会特殊社会结构(亚细亚生产方式)问题时,马克思能够保持冷静的判断,并指明那些落后的生产方式必须与"世界历史"接轨,才能获得跨越式发展的机会。可见,"世界历史"的方法与视野在马克思准确选取政治经济学的研究对象过程中发挥着"风向标"的作用。

三 拓展科学社会主义的实践格局

历史唯物主义的"世界历史"思想提升了科学社会主义的理论境界。人们普遍认为,社会主义理论是在马克思创立唯物史观和剩余价值理论的基础上从空想走向科学的。笔者认为,除此之外,马克思"世界历史"思想在科学社会主义理论创立和发展过程中发挥着非常重要的作用。马克思恩格斯在《共产党宣言》中对形形色色的空想社会主义及其文献进行了梳理和批判,体现了对"世界历史"思想的具体运用。马克思恩格斯首先批判"封建的社会主义",这种社会主义在本质上是英国

---

[1] 《马克思恩格斯选集》第2卷,人民出版社,2012,第1页。

和法国贵族的社会主义，封建贵族反对资产阶级把农民引向城市变成工人，因为那样会使封建贵族因为丧失压迫的对象而日趋没落。欧洲贵族们这种"封建的社会主义"，"半是挽歌，半是谤文，半是过去的回音，半是未来的恫吓；它有时也能用辛辣、俏皮而尖刻的评论刺中资产阶级的心，但是它由于完全不能理解现代历史的进程而总是令人感到可笑"①。封建贵族认为，他们自己对农民的剥削与资产阶级对工人的剥削不同，封建贵族对农民的剥削还保留着"温情脉脉"的绅士面庞，资产阶级对工人的剥削则露出"狰狞的獠牙"，实际上，封建贵族只是在"完全不同的、目前已经过时的情况和条件下进行剥削的"②。封建贵族反对资产阶级的剥削方式，还有另一个原因，就是资本主义剥削方式下产生了革命的无产阶级，乡村的农民纷纷涌向城市，变得具有强烈的革命性，这是封建贵族尤为畏惧的。在马克思恩格斯看来，"封建的社会主义"往往与"僧侣的社会主义"携手同行，它们在本质上是反动性的、地域性的，是违背普遍交往的"世界历史"发展趋势的。

马克思恩格斯对"小资产阶级的社会主义"进行了批判。小资产阶级的社会地位介于工人阶级与资产阶级之间，但由于激烈的竞争，他们时常被无情地抛到工人阶级队伍里去。小资产阶级畏惧大资产阶级冷酷无情的自由竞争，他们一旦被竞争的浪潮排挤到历史的沙滩，就会丧失原先独立的生活地位，沦落到工人阶级队伍中。小资产阶级的理论家往往从狭隘的尺度批判资本主义制度，从自己偏狭的立场出发为工人阶级发声。他们"确凿地证明了机器和分工的破坏作用、资本和地产的积聚、生产过剩、危机、小资产者和小农的必然没落、无产阶级的贫困、生产的无政府状态、财富分配的极不平均、各民族之间的毁灭性的工业战争，以及旧风尚、旧家庭关系和旧民族性的解体"③。实际上，小资产阶级所追求的社会主义跟封建贵族追求的社会主义很像，都是"企图恢复旧的生产资料和交换手段，从而恢复旧的所有制关系和旧的社会，或者是企图重新把现代的生产资料和交换手段硬塞到已被它们突破而且必然被突

---

① 《马克思恩格斯选集》第1卷，人民出版社，2012，第423页。
② 《马克思恩格斯选集》第1卷，人民出版社，2012，第424页。
③ 《马克思恩格斯选集》第1卷，人民出版社，2012，第425页。

破的旧的所有制关系的框子里去"①。小资产阶级的社会主义依然停留在手工作坊或工场手工业时代，带有鲜明的城市小市民气息，具有鲜明的地域局限性或民族局限性。

马克思恩格斯对德国的"真正的社会主义"进行了深刻的批判，德国理论家善于做"社会主义的哲学论证"，善于搞"行动的哲学"，他们"就是把新的法国的思想同他们的旧的哲学信仰调和起来"，"就是从他们的哲学观点出发去掌握法国的思想"。②当英法资产阶级已经取得革命的胜利，德国的资产阶级才刚刚开始进行反对封建专制的斗争。那些德国新兴资产阶级的理论家不是要求在实践中反对封建专制，而是要求在理性的头脑中扬弃封建专制。德国理论家自认为他们克服了法国人革命狂热的片面性，实际上，"他们不代表真实的要求，而代表真理的要求，不代表无产者的利益，而代表人的本质的利益，即一般人的利益，这种人不属于任何阶级，根本不存在于现实界，而只存在于云雾弥漫的哲学幻想的太空"③。德国理论家身上已经看不出丝毫的革命色彩，他们的妥协性与反动性暴露无遗，他们站在狭隘的德意志民族立场上，妄图把"历史向世界历史的转变"开启的现代文明阻挡在国门之外，或者妄图通过头脑的批判将"历史向世界历史的转变"产生的现代文明消融在哲学辞藻里。马克思恩格斯认为："这种社会主义是这些政府用来镇压德国工人起义的毒辣的皮鞭和枪弹的甜蜜的补充。"④

马克思恩格斯揭穿"资产阶级的社会主义"的片面性，这种社会主义妄图保存现代社会的生存条件，但又不要由它必然引发的激烈斗争和对抗，"他们愿意要现存的社会，但是不要那些使这个社会革命化和瓦解的因素。……在资产阶级看来，它所统治的世界自然是最美好的世界"⑤。改良派刻意掩盖资本主义世界历史时代的对抗性，将资产阶级所制定的一切改良政策说成是"为了工人阶级的利益"，这显然是世界历史性的谎言。

马克思恩格斯充分肯定空想社会主义的先驱圣西门、傅立叶、欧文

---

① 《马克思恩格斯选集》第1卷，人民出版社，2012，第426页。
② 《马克思恩格斯选集》第1卷，人民出版社，2012，第427页。
③ 《马克思恩格斯选集》第1卷，人民出版社，2012，第427页。
④ 《马克思恩格斯选集》第1卷，人民出版社，2012，第428页。
⑤ 《马克思恩格斯选集》第1卷，人民出版社，2012，第429页。

等人的伟大贡献，但又指明他们"看不到无产阶级方面的任何历史主动性，看不到它所特有的任何政治运动"①。空想社会主义者停留在英雄的世界历史时代，他们脱离于群众的实践去构想美好的社会计划，希望通过某种所谓的社会科学探索而发现社会规律，"社会的活动要由他们个人的发明活动来代替，解放的历史条件要由幻想的条件来代替，无产阶级的逐步组织成为阶级要由一种特意设计出来的社会组织来代替。在他们看来，今后的世界历史不过是宣传和实施他们的社会计划"②。实际上，空想社会主义者的方案往往表现为向统治阶级发出呼吁，希望统治阶级上层理解他们的计划，以便自上而下地推行这个"最美好的社会的最美好的计划"③。

马克思恩格斯在批判这些形形色色的空想社会主义的过程中始终运用"世界历史"思想的视野和方法，站在"新唯物主义"的哲学立场上深刻把握世界历史发展的必然性。因而，科学社会主义不是退回到原先落后封闭的生产方式之上，而是必须建立在高度发达的社会生产力和世界普遍交往之上。现实的社会主义只有建立在高度发达的生产力之上，人们才能摆脱狭隘的生产关系的束缚，迈向充满实质内容的普遍交往的共产主义世界历史时代。马克思恩格斯一贯坚持共产主义的世界历史性原则，这是其创立的科学社会主义超越以往各种空想社会主义理论和流派的重要方面。马克思正是坚持宽广的"世界历史视野"与"历史的辩证方法"，才能对资本主义世界历史时代进行客观评价。马克思不像形而上学的理论家那样，只要资本主义好的一面，不要资本主义坏的一面。马克思为资本主义根本矛盾所提出的解题思路是"消灭私有制"，消灭世界范围内的资本主义私有制，这样人类才能重新掌握主导资本逻辑的现代生产力，整个社会才能在自己的旗帜上写下"各尽所能，按需分配"。

第二节 超越"西方中心主义"的固化思维

马克思"世界历史"思想就像一个"艺术的整体"，实现了价值关

---

① 《马克思恩格斯选集》第1卷，人民出版社，2012，第431页。
② 《马克思恩格斯选集》第1卷，人民出版社，2012，第431页。
③ 《马克思恩格斯选集》第1卷，人民出版社，2012，第432页。

怀与科学尺度、根本立场与叙事逻辑的有机统一。马克思"世界历史"思想是革命的理论,它既蕴含着解放全人类的世界情怀,又通过对西欧资本主义原始积累"历史必然性"的深入研究而提出无产阶级世界革命的济世方案。一些人不禁产生疑问,马克思仅仅通过研究西欧各国资本主义原始积累的"历史必然性"就能提出解放全人类的济世方案吗?马克思的叙事逻辑与济世方案是否存在冲突?马克思到底是不是一个西方中心主义者?马克思在论证历史向"世界历史"转变的过程中坚持了什么根本尺度?我们需要重新回顾马克思"世界历史"思想的根本立场与叙事逻辑,才能有效回应上述问题。

一 确立"按照历史的尺度"的叙事方法

"世界历史"这一概念在马克思那里具有多重意涵,马克思阐发"世界历史"思想同样采用了多种方法。马克思采用学科交叉的方法阐述"世界历史"范畴,曾在不同语境下使用"世界历史"这一概念。"世界历史"概念在马克思那里经历了从虚词到实词、从一般意义到特定意义的演变过程,但这种演变过程并不是线性发展的,也存在回复性和反复性。马克思"世界历史"概念的具体所指,需要结合文本的具体情境。需要指出的是,马克思采用文学、哲学、历史学、经济学等跨学科综合方法论述"世界历史",这说明这些学科之间存在内在关联,马克思的"世界历史"概念之间也存在某种内在关联,不能简单将它们割裂开来。比如,如果没有学习摘录相关世界史学资料,马克思就不可能全面掌握古代社会世界历史的史料,马克思关于"历史向世界历史的转变"的论证就会出现"过程缺环"的问题。再比如,如果没有对人类劳动发展史的深入考察,马克思就不可能发现唯物史观,就不可能通过考察生产、分工、交往的时空变迁来阐明"历史成为世界历史"的发展过程和现实状态。

马克思采用"从后思索法"追溯历史向"世界历史"转变的发展过程。马克思曾说:"对人类生活形式的思索……是从事后开始的……是从发展过程的完成的结果开始的。"[①] 马克思的"从后思索法"不是"历史

---

① 《马克思恩格斯文集》第 5 卷,人民出版社,2009,第 93 页。

目的论"。实际上,前期历史的"使命","不过是从前期历史对后期历史发生的积极影响中得出的抽象"①。因而,"哲学家是事后〔post festum〕才上场的"②。马克思从资本主义大工业开创的普遍交往"世界历史"追溯古代社会生产力落后导致的离散性"世界历史",沿着劳动发展史或生产逻辑倒推历史向"世界历史"转变的过程和规律。正所谓"人体解剖对于猴体解剖是一把钥匙"③。马克思通过对资本主义生产方式的深入分析,从大工业确立的普遍交往倒推古代社会交往的地域局限性,并通过晚年的历史学和人类学研究确证了古代社会经济形态的封闭性。可以说,马克思从高度发达的资本主义生产方式中找到的"钥匙",可以揭示历史向"世界历史"转变整个过程的奥秘。

马克思采用"从抽象到具体"的逻辑方法深入研究眼前的"世界历史",即以"世界市场"为主要切入点考察资本主义"世界历史"的运行机制、内在危机、发展走向等重要问题。资本主义大工业不仅要排挤国内其他的生产方式以取得独占地位,而且要在国际市场上通过自由竞争以取得垄断地位,因而,资本主义大工业本身就像黑格尔所说的具有"向外发展"的内在属性。马克思曾说,资本主义大工业"在本国的疆界内是不能满足其发展需要的"④。马克思在《1844年经济学哲学手稿》《德意志意识形态》《哲学的贫困》《共产党宣言》等著作中虽然论及"市场""国际市场""世界市场"等范畴,但对资本主义"世界市场"的论述依然表现为抽象层面的宏大叙事,关于"世界市场"的政治经济学术语依然没有具体化,他还没有为"世界市场"这一概念提供更多具体的经验事实。这个阶段,我们只能运用唯物史观的基本原理去理解马克思"世界历史"范畴。移居英国伦敦之后的马克思开始潜心研究政治经济学理论,使唯物史观的"历史根脉"深植于"现实土壤"之中,生长出预示"世界历史"走向的不朽奇葩。马克思在《资本论》中虽然没有专篇阐述"世界市场",但"世界市场"的内容散见于各个章节。"市

---

① 《马克思恩格斯文集》第1卷,人民出版社,2009,第540页。
② 《马克思恩格斯文集》第1卷,人民出版社,2009,第292页。
③ 《马克思恩格斯文集》第8卷,人民出版社,2009,第29页。
④ 《马克思恩格斯文集》第2卷,人民出版社,2009,第89页。

场作为世界市场的存在，是产业资本流通过程的特点。"① "世界市场"这个资本主义大工业生产与交换的舞台，生动印证了"世界历史"的整体联动性。比如，在世界市场上，"如果其他国家工人失业了，提高工资就会成为泡影"②。此外，马克思还以欧洲工人向美洲移民的大量材料作为引证，论证资本主义"世界历史"时代的移民与以往时代的"移民"存在根本的区别。以往时代的移民是由生产不足造成的（整个民族被迫迁徙或远征），资本主义"世界历史"时代的移民是由生产过剩和发展不平衡造成的，"世界市场"恰恰为跨国移民提供了广阔的舞台与合法的途径，而支配跨国移民的内在机制就是资本增殖，就是劳动力从属于资本，就是资本家在世界范围追求剩余价值。总体而言，马克思的《资本论》及其手稿蕴藏着丰富的"世界历史"思想，他通过对政治经济学的深入研究使得这一思想不断具体化、现实化。

二　坚持彻底的"生产力标准"

马克思终其一生都在为全人类的解放而战斗，彰显了彻底的世界主义救世情怀，这是马克思"世界历史"思想的根本立场；马克思立足于西欧各国资本主义原始积累，运用跨学科、从后思索、从抽象到具体等方法综合阐述资本主义大工业开创"世界历史"的基本过程和客观事实，这是阐述马克思"世界历史"思想的基本方法。左翼代表人物贡德·弗兰克认为马克思的根本立场与方法存在矛盾和分歧，并认为马克思在方法论上是一个欧洲中心主义者。弗兰克认为整个世界体系并不是资本主义开创的，早在资本主义之前，世界体系已经存在，东方的中国长期处于世界历史活动的中心。弗兰克认为："马克思主义的经济史表面上似乎别开生面，但它同样甚至更是以欧洲为中心的。因此，马克思主义的经济史学家也在欧洲内部寻找'西方的兴起'和'资本主义的发展'的根源。"③ 因而，"我们现在需要一种在立论基础方面迥然不同的世界史和全球政治经济学。'马克思—韦伯'及其信奉者的现行经典社

---

① 《马克思恩格斯文集》第 6 卷，人民出版社，2009，第 127 页。
② 《马克思恩格斯全集》第 6 卷，人民出版社，1961，第 645 页。
③ 〔德〕贡德·弗兰克：《白银资本：重视经济全球化中的东方》，刘北成译，四川人民出版社，2017，第 28 页。

会理论,是靠着根深蒂固的欧洲中心论来维持其生命的。尽管人们通常不承认或者意识不到这种偏见,但是这种偏见歪曲了我们对西方之外的世界现实的全部感知,甚至使我们变成视而不见的瞎子。另外,欧洲中心论甚至也阻碍和歪曲着我们对欧洲和西方本身的现实主义的感知。……真正的理论问题是,他们之中迄今没有一个人从整体上去探讨这个体系化的全球整体,而这种探索才是理论上的真正挑战"①。弗兰克还认为,"'亚细亚生产方式'是欧洲人特别是马克思发明的一个神话,其目的在于证明子虚乌有的欧洲'独特性'"②。弗兰克的确看到了马克思"世界历史"思想的立场与方法存在张力的问题,但他没有解决问题,甚至出现反马克思主义的倾向。弗兰克对马克思"世界历史"思想的理解存在偏颇之处,并没有理解马克思思想中的科学尺度与价值尺度、根本立场与具体方法的辩证统一性。弗兰克作为极左派的代表,虽然在反击极右思潮的过程中发出了自己的声音,也一度受到极左派学者的吹捧,但他的理论也造成了一定的思想混乱,在一定程度上消解了左翼学者内部的团结。

　　我们知道,马克思是从生产力这个根本尺度来把握人类历史发展规律的。生产力决定生产关系,而生产关系是一切社会关系的基础。马克思在《哲学的贫困》中曾说:"社会关系和生产力密切相联。随着新生产力的获得,人们改变自己的生产方式,随着生产方式即谋生的方式的改变,人们也就会改变自己的一切社会关系。手推磨产生的是封建主的社会,蒸汽磨产生的是工业资本家的社会。"③ 以蒸汽动力为开端的现代化大工业相对于传统人工动力的手工业来说,的确能够创造出更多的剩余产品,这就使得资产阶级能够凭借商品的价格优势在国际市场竞争中冲毁其他民族自给自足的经济结构,在推动整个世界历史的现代化进程中充当"历史的不自觉的工具",以至于西方人在整个世界历史进程中的"存在感"大幅提升,每块大陆都有西方商人的身影,每一片大洋都

---

① 〔德〕贡德·弗兰克:《白银资本:重视经济全球化中的东方》,刘北成译,四川人民出版社,2017,第30~31页。
② 〔德〕贡德·弗兰克:《白银资本:重视经济全球化中的东方》,刘北成译,四川人民出版社,2017,"中文版前言"第15页。
③ 《马克思恩格斯文集》第1卷,人民出版社,2009,第602页。

有西方的游轮在航行,每个民族都或多或少地充斥着大工业制造的商品。与此同时,西方人的科学技术、宗教哲学、生活方式等向东方各民族渗透,东方形象在西方人面前完成了一百八十度的颠倒,即西方从过去仰视东方转向俯视东方。从18世纪后期开始,西方国家先后进行了资产阶级革命,推翻封建等级制度,建立了各种形式的资产阶级现代国家,平等、自由、民主、博爱等资产阶级人权观念广为传播,相比之下,东方的封建专制制度在西方坚船利炮的攻击下摇摇欲坠。在西方的历史叙事中,西方既是现代文明的发祥地,也是人类文明发展的最高阶段,东方各国则成为野蛮或半野蛮的代名词。正是由于这些综合因素,西方人的自我中心意识逐渐渗透到哲学社会科学领域,即便是马克思这样拥有世界主义救世情怀的革命导师,也难免受到整个西方的思维逻辑、文化氛围的影响和干扰。马克思在很多文章和著作中都曾带有同情意味地描述"东方落后"或"东方停滞",并认为东方各民族实现解放需要得到西方各国无产阶级革命的帮助,这样的观点散见于马克思恩格斯论"印度问题"和论"中国问题"相关文章中。马克思曾在《资本论》第一版序言中指出:"问题本身并不在于资本主义生产的自然规律所引起的社会对抗的发展程度的高低。问题在于这些规律本身,在于这些以铁的必然性发生作用并且正在实现的趋势。工业较发达的国家向工业较不发达的国家所显示的,只是后者未来的景象。"[①] 马克思的这一判断是富有远见的,而这一富有远见、鞭辟入里的判断却时常被人误解,很多人就此认为马克思是一个方法论上的西方中心主义者。实际上,马克思晚年在给《祖国纪事》杂志编辑部的信和俄国女革命家查苏利奇的复信中都曾明确指出,《资本论》中关于资本主义原始积累"历史必然性"的适用范围仅仅限定在西欧各国。在普遍交往的世界历史时代,工业不发达的国家可以借鉴工业发达国家创造的先进文明成果,并与其实现"跨时空对接"。实现以工业化为基础的现代化是各民族"生命攸关"的大事,工业发达国家向工业不发达的民族显示的"未来的景象"是有限度的,尤其是工业发达国家走过的弯路、付出的代价同样需要引起重视。晚年的马克思把研究重点转向东方社会和古代社会,根据东方社会历史遗留的"优

---

① 《马克思恩格斯文集》第5卷,人民出版社,2009,第8页。

势",提出了跨越资本主义制度"卡夫丁峡谷"的设想,以减少人类社会形态更替"自然分娩"的痛苦。显然,马克思晚年提出的"跨越论"是以"世界历史"思想作为前提的,"跨越论"也是马克思清除欧洲中心主义思维逻辑的最后尝试。马克思革命的一生始终坚持彻底的世界主义救世情怀,正是这种"世界历史"的根本立场,推动马克思不断批判、驱逐、超越欧洲中心主义思维逻辑。驱除西方中心主义方法论在马克思那里是一个"未竟事业",我们不能因为马克思没有完成这个"未竟事业",就把欧洲中心主义或西方中心主义的帽子随意扣在马克思头上。我们应该把马克思的"世界历史"思想纳入连续性与转折性相统一的发展过程中加以考察。我们不能认为马克思坚持了彻底的生产力尺度,就把他归结为西方中心主义者。马克思描述的"东方落后""东方停滞"都只是相对于不断变化、急剧变革、动荡不安的资本主义现代文明而言的,因而,我们不应该把一些具有特定历史语境的事实描述当作价值判断的结论。笔者认为,与其说马克思是方法论上的欧洲中心主义者,不如说马克思在其革命生涯和理论创作中不断驱逐欧洲中心主义的方法论痕迹,努力实现"世界历史"的价值观与方法论的有机统一。马克思"世界历史"思想的根本立场和方法逻辑之间虽然存在一定张力,但马克思一生坚持真正的世界主义救世情怀,同时,马克思一如既往地坚持科学的生产力尺度并致力于清除旧时代遗留给他的欧洲中心主义历史印迹,致力于弥合"世界历史"价值观与方法论之间的张力。我们如果不能准确识别马克思在特定历史语境中关于东方社会的事实性描述,就很容易断章取义,将"西方中心主义"的帽子扣在马克思头上,这对我们全面推进中国式现代化、构建中国自主知识体系来说,只会制造思想混乱和带来行动误导。

三 彰显以工人阶级为中心的世界主义情怀

立场决定态度,态度决定思路。马克思"世界历史"思想存在鲜明的价值立场,这个立场就是无产阶级世界主义情怀。马克思光辉的一生就像普罗米修斯那样孜孜不倦地为全人类的光明而战斗,但马克思的世界主义救世情怀不是一成不变的,它经历着从感性到理性的升华过程。早在中学时代,马克思就表达过"为全人类的幸福而工作"的远大志向,虽然马克思当时的远大志向还是朴素的。大学时代的马克思主修法律专业,但他把主要精力投入到更能为全人类普遍幸福而工作的哲学领域,并获得了哲学博士学位。大学期间,马克思先后接触康德、费希特、谢林、黑格尔等德国古典哲学先驱的思想,逐渐成为一个唯心主义的理性主义者,并决心以理性主义的思想利剑改造现实世界。大学毕业后,怀揣理性主义救世理想的马克思走出象牙塔便碰到了理性国家与市民社会的冲突问题,理性国家并不像黑格尔所说的那样代表世界的普遍利益,它只不过是有产者阶级构建起来的"虚假的共同体"。理性国家这个"虚假的共同体"并不是对资产阶级市民社会的真正扬弃,相反,它时常会降低身段而迎合有产者阶级的利益,德国的"林木盗窃法"就是一个生动有力的例证。资产阶级市民社会的理性人通过缔结契约的形式组建国家,这样的国家只不过是有产者阶级的"代言人"。各个理性国家之间本身存在复杂的利益冲突,它们彼此不可能实现永久和平。理性国家作为一个抽象化的民族整体,它本身也是存在民族偏见的。一些德国哲学家把某一个理性国家当作世界历史发展的最高阶段,这无疑是在宣布理性主义的有产者阶级的统治就是世界历史的终结。显然,黑格尔的"世界历史"理论虽然描绘了一种世界主义的远景,但黑格尔本人的世界主义情怀却存在着"骑墙"的嫌疑,具有不彻底性。一方面,黑格尔将整个世界历史描述成一个从东方向西方转移的生成过程,自由实现的世界历史辩证运动的宏大画卷就以逻辑的形式呈现在世人面前,这是其世界历史理论的革命性一面。另一方面,黑格尔把日耳曼民族确定为最后一个世界历史性的民族,这无疑是把日耳曼民族的基督情怀说成世界主义情怀,进而把日耳曼民族当作"绝对精神"选中和垂青的子民,把其他民族当作"绝对精神"自我实现过程中需要遗弃牺牲的民族。显然,黑格尔的理论虽然存在某种世界主义情怀,但他这种世界主义情怀是以日耳曼民族为中心的,显然带有鲜明的地域局限性和强烈的民族偏见性。恩格斯曾明确指出德国人在处理民族主义与世界主义问题时的悖论,"德国人在民族利益和进步利益相符合的场合,从来也不坚持民族立场;可是在民族的和进步的相对立的时候,他们却总是坚持民族立场的。在应该站在民族立场上的场合,他们扮演起世界主义者的角色;而在没有必要直接站在民族立场上的时候,他们却又坚守民族的立场到荒唐的地步"①。马克思曾对"真正的社会主义"的狭隘民族立场作出尖锐批判,"真正的社会主义"宣布"德意志民族是模范的民族,德国小市民是模范的人。它给这些小市民的每一种丑行都加上奥秘的、高尚的、社会主义的意义,使之变成完全相反的东西。它发展到最后,就直接反对共产主义的'野蛮破坏的'倾向,并且宣布自己是不偏不倚地超乎任何阶级斗争之上的。现今在德国流行的一切所谓社会主义和共产主义的著作,除了极少数的例外,都属于这一类卑鄙龌龊的、令人委靡的文献"②。马克思超越狭隘的民族局限性,从更加普遍的阶级问题出发确立"世界历史"的根本立场,即以工人阶级为中心的世界主义立场。马克思洞察到资产阶级时代有一个显著特点,"它使阶级对立简单化了。整个社会日益分裂为两大敌对的阵营,分裂为两大相互直接对立的阶级:资产阶级和无产阶级"③。在马克思看来,虽然资产阶级曾在开创"世界历史"的过程中发挥"十分革命的作用",但狭隘的私有制不能容纳日益扩大的社会化大生产,这使得资产阶级逐步沦为保守阶级,只有无产阶级才是"大工业本身的产物"。无产阶级作为一种日益生成和壮大的"世界历史性存在""没有祖国"④,代表无产阶级的祖国的"现代的国家政权不过是管理整个资产阶级的共同事务的委员会罢了"⑤。因而,各国工人阶级不应该参与资产阶级操控的民族斗争,不应该卷入资产阶级挑起的民族矛盾旋涡,全世界无产者应该联合起来推翻资产阶级的统治,这样民族间的敌对关系才会随着阶级矛盾的消逝而终结,整个人类社会才能真正开启永久和平的新纪元。显然,马克思世界主义的救世情怀建立在整个无产阶级的坚实立场上,这是马克思"世界历史"思想的根本价值立场。

第三节 内蕴世界普遍交往的实践辩证法

马克思"世界历史"思想是实践的,但这一理论在实践过程中是有张

---

① 《马克思恩格斯全集》第4卷,人民出版社,1958,第531页。
② 《马克思恩格斯文集》第2卷,人民出版社,2009,第60页。
③ 《马克思恩格斯文集》第2卷,人民出版社,2009,第32页。
④ 《马克思恩格斯文集》第2卷,人民出版社,2009,第50页。
⑤ 《马克思恩格斯文集》第2卷,人民出版社,2009,第33页。

力的,这种张力表现为"历史成为世界历史"的"实践辩证法"。我们知道,马克思世界历史理论直接来源于黑格尔的世界历史哲学,黑格尔曾经把"绝对精神"的自我实现看作"世界历史"发展的根本动力,然而,"自我意识"的逻辑辩证法在唯心主义的僵硬外壳中兜了一个大圈子,却没有找到出路,以至于他不得不把日耳曼民族追求的所谓普遍自由预设为"世界历史"发展的终极形式。黑格尔的"世界历史"理论不可避免地充斥着西方中心主义论调,特别是日耳曼民族中心主义的偏见与傲慢。在黑格尔那里,代表人类普遍自由的"世界历史"是绝对精神自我实现的最高形式,世界历史上存在的各民族都只是完成这种"先验性使命"的阶段性工具和材料,"世界历史"发展就呈现出简化主义的线性图式。马克思把黑格尔带有历史进步意蕴的辩证法从唯心主义的僵硬外壳中解放出来,并将之放置于物质生产活动的实践根基之上,再现普遍交往的"世界历史"及其发展过程的现实丰富性,预示普遍交往"世界历史"发展的方向确定性与道路多样性,进而科学揭示历史向"世界历史"转变的辩证图景。

一 传统性与现代性的辩证统一

资本主义的兴起与"历史向世界历史的转变"存在着某种同程共进关系。思想观念变革与生产方式变革相互促进、相得益彰,文艺复兴与启蒙运动都表达了反传统的诉求,这为早期资产阶级摆脱封建传统的羁绊、建立理性世俗社会提供了思想先导和法理支撑。早期资产阶级逐渐冲破禁欲主义的精神牢笼,自由竞争的利己主义原则充斥世俗生活,对上帝的虔诚祷告转化为对现实利益的狂热追求。虽然大张旗鼓的宗教改革运动发生在欧洲大陆,但精明的英国商人却走在大陆商人的前面。英国"工业资本家在着手实现自己的这个伟大目的时,具有坚强的健全的理智,并且蔑视传统的原则,这是他们一向比大陆上沾染庸人习气较深的竞争者出色的地方"[①]。反传统的浪潮随着英国工商业资本家的廉价商品一起扑向欧洲大陆,与欧洲大陆的启蒙思想一起冲击着人们的精神世界,激起人们的物质欲望,共同汇聚成摧毁封建势力的革命动能。新兴的资产阶级先与专制君主一道削弱封建王公的势力,尔后又联合其他社

---

① 《马克思恩格斯文集》第 1 卷,人民出版社,2009,第 373 页。

会阶级把封建君主赶下神坛,以自由、民主、平等为核心的现代精神逐渐深入人心。各种禁欲主义的封建传统在利己主义的算盘中名存实亡,资产阶级看似把一切封建的传统都破坏了,实际上,资产阶级所推翻的只是妨碍自由竞争的旧传统,他们所摒弃的只是封建等级、禁欲主义的旧传统,他们依然需要通过自己的方式确立自由竞争的新传统,或者说,他们只是"在传统的范围以内打破传统"[①]。如果说独占现代生产力是资产阶级推动反传统浪潮的力量之源,那么,资产阶级在取得了现代社会的绝对统治权之后,就会从革命阶级滑向保守阶级。资产阶级狭隘利己主义的固有偏见就会渗透到新的宗教教义、法律条款、哲学范式、价值观念等意识形态中去,形成资产阶级新的传统。任何哲学的、法律的、宗教的传统观念,都是曾经占统治地位的经济关系的话语表达,一旦占统治地位的经济关系发生变革,相应的传统就必然面临解构或重构的命运。传统习俗虽然是社会稳定的调试器,但从历史的角度看,"传统是一种巨大的阻力,是历史的惯性力,但是它是消极的,所以一定要被摧毁"[②]。反传统的现代性浪潮随着欧洲资产阶级的商品流向全球各国,在它所至之地,或多或少冲击着当地的历史传统。日本推行了明治维新,晚清中国发生洋务运动、戊戌变法、义和团运动,甚至太平天国运动的发生都与西方主导的现代性扩张有关联。传统与现代的矛盾和张力,已经超越民族国家界限,逐渐演变成一个全球性、世界性重大问题。在资本主义开启的"世界历史"时代,各国人民都或多或少地背负着传统的包袱,又承受着现实的压迫,如何在世界历史进程中实现重塑传统价值与培育现代精神的有机统一?作为革命家的马克思以深邃的历史眼光敏锐洞察到"传统"与"现代"的"联姻"问题,进而指出无产阶级遭受了"传统"与"现代"带来的双重苦难。他说,"除了现代的灾难而外,压迫着我们的还有许多遗留下来的灾难"[③]。马克思对"死人抓住活人"的历史现状进行了强烈批判和抗议,说明马克思解决传统性与现代性的

---

① 《马克思恩格斯全集》第 21 卷,人民出版社,1965,第 68 页。(这里恩格斯借用了马克思在"路易斯·亨·摩尔根《古代社会》一书摘要"中的观点。同样的论述记载于《马克思恩格斯全集》第 45 卷,人民出版社,1985,第 467 页)
② 《马克思恩格斯文集》第 3 卷,人民出版社,2009,第 521 页。
③ 《马克思恩格斯文集》第 5 卷,人民出版社,2009,第 9 页。

矛盾的总体思路绝不是说回到过去那种"含情脉脉"的旧时代。由于传统性与现代性的矛盾绝不会在资产阶级世界历史时代得到彻底解决,马克思只能将希望寄托于未来的共产主义社会。

马克思的现代性理论体现了批判性与构建性的辩证统一。马克思充分肯定了现代生产力的历史进步性,又揭示在资本操控下的现代生产力表现出的片面性。资本主义私有制带来的异化或劳动异化问题是现代社会挥之不去的噩梦,工人阶级在劳动中创造了异己的美好世界,以至于他们时刻处于被遗弃的悲惨地位。劳动给资本家创造了殿堂,却给工人阶级自己创造了棚舍,但工人阶级已经不能再回到过去那种田园诗意般的乡村,因为他们在乡村已经丧失生存的基础。进入城市的农奴从狭隘的农村等级制中解放出来,这无疑是一个巨大的历史进步,但他们还来不及享受解放带来的喜悦,又被卷入世界市场的竞争洪流之中。当代中国同样存在类似的情况,无数农民工进入发达城市务工,极大地开阔了视野,以至于农村成为故乡的代名词,而故乡却不断成为"远方"。回不去的农村与留不下的城市,这是摆在中国农民工尤其是新生代农民工面前的现实问题。

马克思之后的另一位德国社会学家马克斯·韦伯以理性主义原则阐释现代性问题。他认为现代社会的巨大进步归结为人们的理性觉醒和现代意识的启蒙,尤其是宗教改革运动解开了人们内心世界的"枷锁",人们开始秉持"信念伦理"的实践原则追求物质利益,以至于整个西方在漫长的中世纪积压的强大现代性潜能迸发出来。韦伯不是一个狂热的现代性主义者,他的现代性理论包含着某种反思的韵味。韦伯在《学术与政治》一书中指出,"基督行公正,让上帝管结果"的"信念伦理"没有充分"顾及自己行为的可能后果",它与"责任伦理"范畴之间存在"极其深刻的对立"[①]。虽然韦伯没有表明自己偏向于信念伦理还是责任伦理,但它关于现代性问题的思考蕴含着的反思性精神是富有启发意义的。英国社会学家吉登斯也认为:"现代性的特征并不是为新事物而接受新事物,而是对整个反思性的认定,这当然也包括对反思性自身的反

---

① 参见〔德〕马克斯·韦伯《学术与政治》,冯克利译,生活·读书·新知三联书店,1998,第107页。

思。"① 可见，传统是作为历史存在的传统，现代是作为历史存在的现代，关于现代性与传统性的悖论问题，马克思提供了历史唯物主义的解题思路，这一解题思路不仅是反思性的，而且是前进性的，换句话说，是在前进中反思的。

传统性与现代性的张力不仅是发达国家面临的问题，也是整个世界历史进程中各民族面临的普遍性问题，只是这对矛盾在不同国家的表现形式与激烈程度不同。从欧洲传统中率先解放出来的"现代性"曾作为现代性的主导形态，随着资本主义的世界扩张，作为一种外在力量冲击、侵蚀落后民族的历史传统。在一些人看来，"现代"代表进步，而"传统"则代表落后，仿佛越现代就越进步，越传统就越落后，以至于摒弃传统仿佛成为一些落后民族走向现代化的必然选择。按照这样的思路，现代化就等于西方化，全球化也只是西方化的代名词。美国学者阿里夫·德里克提出"全球现代性"的命题，以期超越西方殖民主义的狭隘现代性。"全球现代性绝不意味着呈现出民族国家或者民族主义的'死亡'。"② 德里克强调全球现代性，但也强调殖民主义在塑造当今的全球现代性过程中发挥的作用，这实际上跟马克思所说的资产阶级在推动世界历史进程中充当了"历史的不自觉的工具"类似。全球现代性这一概念在德里克那里被赋予了丰富的内涵，它不再仅仅是单线式的西方现代性扩张，整个世界范围内都存在现代性的"本土化"趋势，各个国家各个地区都在寻求各自的现代性特色。传统因素不再被视为阻碍现代性的要素，它能够与现代性共生，但不是要回到过去，我们只能不断向前。因而，"把现代性界定为全球化的现代性允许人们承认现代性在其全球化过程中的辩证法"③。当然，德里克夸大了殖民主义在全球现代性生成过程中的作用，他把殖民运动看成构建现代性的根本因素，这就违背辩证法本身的批判性与革命性。实际上，欧美学者过分迷恋他们的现代性模式，通过对全世界的奴役和殖民化来推行欧美版本的现代性，这就在客

---

① 〔英〕安东尼·吉登斯：《现代性的后果》，田禾译，译林出版社，2011，第34页。
② 〔美〕阿里夫·德里克：《对"全球现代性：全球资本主义时代的现代性"的进一步反思》，陈静、王斌译，《马克思主义美学研究》2010年第2期，第223页。
③ 〔美〕阿瑞夫·德里克：《全球化的现代性、文化及普世主义的问题》，沈小波译，《厦门大学学报》（哲学社会科学版）2006年第1期，第5~10页。

观上抑制了其他版本的现代性。德里克的观点是非常深刻的，也是对全球现代性历史辩证法的深刻阐释，揭示了各民族现代性在自然历史进程中中断的根本原因，似乎与马克思"世界历史"思想遥相呼应。

在全球化时代的今天，我们依然面临传统性与现代性的矛盾，我们应该重新发现并发展马克思"世界历史"思想的实践辩证法，以现代话语注解传统精神，以传统精神滋养现代进程，而不能将二者割裂开来、对立起来。漠视现代社会发展的大趋势而拘泥于某种旧传统，必将被现代社会发展的洪流冲击到历史的沙滩上，只有现代性充分发展，"传统"才会获得更大的生存空间。放眼当今世界，没有一个偏执于某种传统而能屹立于世界民族之林的民族，那些屹立于世界民族之林的民族往往将"传统"纳入现代的话语解释体系。只有那些现代性得到充分发展的民族，创立了现代性话语的世界性民族，其历史传统才能在现代社会以新的方式赢得生存空间。

二 前进性与代价性的辩证统一

人类历史是在矛盾运动中为自己开辟前进道路的，甚至看似自然的社会形态更替，也都是以巨大代价换取伟大进步的。随着"历史向世界历史的转变"，人类社会发展的进步性与代价性都是前所未有的。蒙昧时代不存在阶级或阶级斗争，各部落为了争夺生存空间，会通过野蛮战争夺取其他部落的领地，胜利部落会将战败部落灭族，甚至以之为食。恩格斯在《家庭、私有制和国家的起源》一书中关于"食人之风"的记载，印证了这一点。蒙昧时代和野蛮时代的时间跨度是极其漫长的，人类历史每向文明时代迈近一步，其间所付出的代价都是无以计数的。马克思既不像黑格尔那样从人类精神的觉醒去抽象探讨历史的进步与代价问题，也不像费尔巴哈那样从"类"意识去直观考察人类的觉醒问题，他坚持从"生产逻辑"出发辩证考察人类历史发展的进步性与代价性问题。在马克思看来，生产不足曾经是蒙昧时代和野蛮时代面临的主要问题，落后的社会生产力不能提供充足的生活必需品，人们必然为争夺生活必需品而展开殊死斗争，一切陈腐肮脏的东西就会死灰复燃，前进的历史就会出现"倒退"。进入资本主义"世界历史"时代，生产力取得空前发展，生产不足的问题已经不再是影响社会进步的主要问题，那些除了自由之外一无所有的广大工人阶级为什么还要以过度劳动、牺牲自己的生命为代价,换取种族的延续呢?这就是资产阶级时代不同于以往时代的地方,资产阶级在其故乡的原始积累是通过延长工人的劳动时间和增加工人的工作强度实现的,以至于无产阶级的过剩状态与生产力的巨大增长成正比。"工人阶级只有经历一切苦难和贫困,在工业战场上抛下许多尸体,才能作为一个阶级保存下来。"① 可见,"劳动阶级的苦难就是资产阶级福祉的必要条件"②。在殖民地,资产阶级撕下其伪善的面孔,毫无遮掩地压榨和剥削其他民族。资产阶级虽然将现代生产力带到世界各地,加速各民族生产力结构变革,但资产阶级并不像神话里的普罗米修斯那样为全人类带来光明。英国在印度实行的野蛮统治虽然冲击着其固有的种姓制度,给停滞的印度社会注入新的发展活力,然而,这一切都是以吮吸和压榨印度人民的膏血为目标的。英国资产阶级虽然为印度带来了新的生产力,但这个新的生产力并不属于印度人民,它既不会使印度人民得到解放,也不会根本改善他们的社会状况。在资本逻辑主导的世界历史时代,每一个历史进步都包含着自己的反面。机器的广泛应用提高了社会生产效率,却也带来工人阶级的饥饿和过度疲劳。人类利用科学控制自然的能力不断增强,现实的多数人却日益被少数人所奴役。"工人阶级因消费品不足而激怒愤懑,上层阶级则因生产过剩而倾家荡产。"③ 可以说,资产阶级开创的世界历史"是用血和火的文字载入人类编年史的"④。需要指出的是,各个民族在融入"世界历史"的过程中取得的进步和付出的代价是不一样的,英国作为现代大工业的原发地,长期主导世界历史进程,似乎没有遭受民族屈辱就取得了历史巨大进步。实际上,英国资产阶级在18世纪和19世纪的历史荣耀,是以整个英国工人阶级遭受屈辱和奴役为代价的,也是以世界被压迫民族遭受屈辱为代价的。受压迫民族融入"世界历史"所遭受的苦难更具有多重性,它们遭受的剥削也更具有复杂性。

马克思既充分肯定了资本主义世界历史时代的巨大进步性,也透过

---

① 《马克思恩格斯文集》第1卷,人民出版社,2009,第756页。
② 《马克思恩格斯文集》第1卷,人民出版社,2009,第755页。
③ 《马克思恩格斯全集》第7卷,人民出版社,1959,第345页。
④ 《马克思恩格斯文集》第5卷,人民出版社,2009,第822页。

这种历史进步的表象洞察其剥削的本质,科学审视历史进步性与代价性的辩证关系。马克思不像资产阶级理论家那样只看到进步性而无视代价性,也不像保守主义者那样畏惧代价而主张回到原始丛林中去追求人类的原初状态。马克思在处理进步性与代价性的矛盾问题上是坚持批判性构建立场的,只有在世界范围内消灭高度发达的资本主义私有制,人类历史发展的进步性与代价性之间的张力和矛盾才能从根本上得到解决。

二战之后,西方资本主义国家在发展战略上进行了必要调整,在国内广泛推行员工持股制度,建立更加完善的社会保障制度,工人阶级的生存境遇得到了很大改善,这就造成一种假象,仿佛资本家财富的增长不再以工人阶级的贫困积累作为代价。殖民地国家纷纷独立,摆脱了宗主国的政治控制,获得了独立发展的历史权利,仿佛发达资本主义国家在世界范围内采取了战略收缩。实际上,摆脱了政治控制的新兴国家并没有摆脱经济依附,很多新兴国家走上资本主义发展道路,在短期内确实发展较快。当西方发达国家进入滞胀期,这些新兴国家也随之掉进了"中等收入陷阱",长期处于不发达状态。根本原因就在于,这些新兴国家还没有建立独立的经济体系,就过早地被卷入资本主义世界市场,参与到资本主义不平等的全球分工之中,以至于它们在"生产什么"与"怎么生产"方面都被发达国家控制。可见,发达国家的发达是以发展中国家的不发达为代价的,维持不平等的发展是资本主义统治世界的策略。发达国家内部的工人阶级趋向中产阶级化,这实际上是以对不发达国家的超额剥削作为代价的,跨国资产阶级在不发达国家内部培植新的剥削阶级,以至于全球化时代的阶级矛盾往往同民粹主义或民族主义交织在一起。

生态危机已经成为全球化进程中人类面临的共同难题。资本主义生产方式的世界历史扩张,导致价值实现与价值创造相分离,广大发展中国家创造剩余价值,发达国家将剩余价值转化为资本,这个过程导致发展中国家生态恶化与资源枯竭,大量污染物留在创造剩余价值的发展中国家,工业成品则被运往发达国家的消费市场。发达国家的生态文明是以发展中国家的生态恶化为代价的,资本主义生产方式全球扩张造成生态空间分配的不正义问题,价值创造与价值实现出现时空分离,我们不禁要追问,发展中国家如何才能更好地超越资本主义这种具有掠夺性与侵略性的现代性呢？中国社会主义生态文明的理论与实践正在破解这个世界性难题。

三 民族性与世界性的辩证统一

民族问题是马克思"世界历史"思想的重要考察范畴。在马克思关于"历史成为世界历史"的经典界定中，"民族"这个共同体是作为"历史主体"而存在的。各民族的生产状况、分工状况、交往状况是马克思阐述"历史向世界历史的转变"的主要依据和现实参照。进入资本主义时代，民族性问题似乎消融在"世界历史"洪流中，资本主义基本矛盾的全球扩张，导致各民族阶级结构呈现简单化、趋同化的发展走向，以至于马克思的战友恩格斯在《英国工人阶级状况》一文中曾作出这样的判断，即"英国工人已经不再是英国人"，"英国的民族性在工人身上消失了"。[1] 恩格斯为什么会作出如此"激进"的判断呢？因为在大工业和竞争中，"各个人的一切生存条件"都转化为"私有制和劳动"[2] 这两种最简单的形式。我们知道，资产阶级作为英国的统治阶级，他们用自己的阶级个性塑造了英国的民族性，而这种民族性总是在与其他民族的交往中显现出来。现代国家的法律、道德、宗教充满资产阶级偏见，隐藏在它们后面的"全都是资产阶级利益"[3]。英国资产阶级的个性代表了英国的民族性，利己主义的天性充斥在英国资产阶级的头脑之中，他们从小就被进行利己主义教育，以至于英国的民族性集中体现在"追求金钱这一点上"。英国资产阶级从利己主义的个人原则出发追求现实的物质利益，从不像欧洲大陆的统治阶级那样要代表某种普遍原则，恰恰是这些为了单个利益而行动起来的资产阶级以利己主义原则塑造了英国的民族性。当英国完成了资产阶级民族性培育的"社会的历史"，欧洲大陆的法国和德国才逐渐进入塑造资产阶级民族性的"社会的历史"。英国资产阶级塑造民族性的历史，从另一个角度来看，也是无产阶级"去民族性"的历史。

欧洲大陆人民的贫困是封建等级剥削的历史遗留问题，英国工人阶

---

[1] 《马克思恩格斯文集》第 1 卷，人民出版社，2009，第 448~449 页。
[2] 参见《马克思恩格斯文集》第 1 卷，人民出版社，2009，第 579 页。
[3] 《马克思恩格斯文集》第 2 卷，人民出版社，2009，第 42 页。

级的贫困则是由资本主义大工业造成的。当大工业在英国取得主导地位，它的辐射范围就逐步扩大到欧洲大陆，使欧洲大陆成为"工业太阳"的原料产地。当欧洲大陆采用资本主义大工业的生产方式，其社会阶级结构就会像英国那样发生变革，"从而消灭了各民族的特殊性"[1]。各民族的无产阶级日益被剥夺旧社会的生活条件，他们没有财产，他们的家庭同资产阶级的家庭"再没有任何共同之处"。随着资本主义大工业的全球扩张，各民族资产阶级的生活条件日益趋同，世界无产阶级的生活条件同样日益趋同，只是后发民族的无产阶级将遭受更加深重的苦难。现代的资本压迫是世界性的，"使无产者失去了任何民族性"[2]。无产阶级"丧失民族性"并不是从自然关系上来说的，而是从社会关系，尤其是从生产关系上来说的。民族性的丧失不代表民族本身的肉体消亡，丧失民族性的无产阶级作为"世界历史性的存在"而与整个资本家阶级相对立。马克思为"丧失民族性"的现代无产阶级指明了世界革命出路，各国的无产阶级革命必须"维护真正的国际主义精神"[3]，不容许"为了一个民族的幻影而出卖了革命事业"[4]。马克思关于世界革命的国际原则是一贯坚持的，但在具体实践上又是有所保留的，他主张各国的无产阶级"都按照自己直接所处的情势起来反抗"[5] 资产阶级。

当大工业生产波及全球之时，马克思注意到精神生产同样具有世界性。马克思关于"世界的文学"的论述时常被人提起，这仿佛向人们展现出一幅世界文明交融交汇的宏大和谐画卷。然而，各民族的精神产品并没有获得平等的公共性，那些真正成为"世界的文学"的精神产品主要是工业文明发源地的精神产品。"世界的文学"只不过是少数地方性文学的世界化，世界上多数的"地方性文学"则在资产阶级意识形态的冲击中丧失话语权。在经济全球化的今天，我们需要重新审视民族性与世界性的辩证关系，深刻领会经典作家论证这一问题的方法逻辑，而不应该纠缠于马克思恩格斯基于当时的历史条件得出的个别结论。从文化

---

[1] 《马克思恩格斯文集》第1卷，人民出版社，2009，第567页。
[2] 《马克思恩格斯文集》第2卷，人民出版社，2009，第42页。
[3] 《马克思恩格斯文集》第2卷，人民出版社，2009，第219页。
[4] 《马克思恩格斯文集》第2卷，人民出版社，2009，第402页。
[5] 《马克思恩格斯文集》第2卷，人民出版社，2009，第91页。

角度看，在世界文化发展趋同问题日趋严重的背景下，那些具有民族性的、地方性的精神文化产品反而被各国人民所推崇和喜爱，这仿佛在印证"越是民族的，越是世界的"。

我们在经济全球化时代来审视民族性与世界性的问题，情况已经发生了很大变化。世界性指涉以现代性为主要标识的生产方式与交往方式，民族性主要强调各民族在世界普遍交往中具有独特标识意义的历史文化传统。现代性生产方式的世界性与历史文化传统的民族性之间是什么关系呢？有人认为是彼此对立的，也有人认为是可以兼容的。实际上，这背后依然是世界性与民族性的历史辩证法问题。公元16世纪以来，人类开启了以西方工业化为先导的现代生产方式的世界"急行军"，所到之处犹如摧枯拉朽一般，各民族的传统生产方式与生产结构被卷入资本逻辑主导的世界市场中来，各民族再也不能固守自给自足的生产方式，产品生产逐渐被商品生产所替代。西方国家的生产方式和价值理念原本都只是一种地方性的存在，由于西方人率先开辟了环球航行的新航路，长期主导并控制着东方与西方的物质往来和精神交往，以至于西方人的生产方式和价值理念超越了欧洲的地理空间界限而成为一种客观性的世界历史性存在，非西方各民族则竭力保存地方性、民族性的传统生产方式和思维方式。由于西方民族性作为一种世界性力量强势介入非西方各民族的自然历史发展进程，非西方各民族及其民族性在世界历史进程中就暂时失去了"机会均等"的发展权利。西方开启并长期主导着现代性的世界潮流，世界性在较长的历史时期内表现为西方民族性的世界扩展，其他各民族的民族性则遭遇现代性世界潮流的冲击，西方人在这个过程中大肆杜撰并广泛传播关于"世界历史"的西方中心主义话语逻辑，以此编造世界历史终结于西方现代文明的神话，其目的在于从意识形态上弱化并消除非西方各民族的民族意识。世界性并不是停滞的、一成不变的，而是处在不断生成和流变之中，民族性亦然。世界性与民族性之间的矛盾是相互转化的，在早期现代化的"急行军"中，西方文明主导的世界性以其强势的力量摧毁非西方各民族的历史文化传统，非西方各民族只能被动防卫，处于"守势"状态，以至于它们必须背着沉重的历史包袱艰难地进行现代化的道路探索。非西方各民族在建立自己的现代化产业体系过程中，都不时对西方主导的全球化（主要涉及经济、政治、文化等领域)进行局部反思乃至系统反思,如何在顺应世界历史时代潮流的同时保存民族文化的独特标识,已经成为后发民族国家普遍面临的问题。世界性与民族性的辩证法是实践的,也是历史的,二者之间的矛盾只能在前进的世界历史进程中不断解决。总体思路是沿着生产逻辑指引的现代化发展方向前进,脱离或背离现代化的民族性是偏离世界历史大航道的。一个民族在世界历史进程中的作用和贡献越大,其民族性越能引起全世界的普遍关注,也越会成为一种世界历史性的存在。

四 历时性与共时性的辩证统一

"世界历史"发展的方向确定性与道路选择性是辩证统一的。客观进程的"世界历史"所指明的方向就像"铁的必然性",各个民族融入"世界历史"的道路选择却各有殊异,必然表现出现实的丰富性和多样性。历史向"世界历史"转变的必然性寓于偶然性之中,这是辩证唯物主义世界历史观的基本共识。大工业开创了现代意义的"世界历史",古老的民族工业每天都被大工业所排挤,因而,建立大工业"已经成为一切文明民族的生命攸关的问题"。[①] 历史向"世界历史"转变的总体方向具有不可逆性,它开启了人类生产变革的新时代,世界各民族都无法逃避或拒绝大工业主导的"现代化"浪潮。英国经历了资本主义大工业发展的全过程,它在大工业发展中经历的每一个阶段都曾被世界各民族加以研究,它的工业化发展道路与世界殖民体系的建立密切相关。这是否意味着世界各民族都注定要走上英国资产阶级开创的现代工业化道路呢?在世界市场的整个链条上,各民族生产的产品不仅供本国人民消费,同时也供世界各地消费。各民族如果不建立自己的现代工业,就只会沦为现代工业国的原料产地和商品销售市场,建立现代大工业必然成为世界普遍竞争时代的各民族生命攸关的必然选择。

这是否意味着世界各民族都要经历英国大工业发展所经历的一般原始积累过程呢?美国通过独立战争和内战为资本主义发展扫清了道路,欧洲大陆的大量移民为美国建立现代大工业提供了源源不断的智力支持。法国通过资产阶级革命和金融资本的世界运动而与英国大工业接轨,逐

---

① 《马克思恩格斯文集》第2卷,人民出版社,2009,第35页。

步建立起现代大工业；德国和日本则通过国家政权的支持而优先发展大工业；俄国则通过农奴制改革而消灭残余的"农村公社"，投向资本主义制度的怀抱，受铁面无情的资本主义经济规律所支配。东方国家能否寻找"一条不同于西欧走过的道路"呢？保存着大量农村公社的俄国不是脱离现代世界孤立生存的，也不是外国征服者的猎获物，它"能够不经受资本主义生产的可怕的波折而占有它的一切积极的成果"[1]。马克思关于跨越"卡夫丁峡谷"的探索，实际上蕴含着世界历史发展的"共时性"与"历时性"的辩证法。

虽然马克思在《资本论》序言中明确将资本原始积累的"历史必然性"限定在西欧各国范围，但西欧资本主义原始积累的一般过程无疑为世界各民族发展现代大工业提供了经验教训。马克思还指出："一个国家应该而且可以向其他国家学习。"[2] 英国大工业开创世界历史发展"历时性"的自然过程揭示"现代社会的经济运动规律"，同时，世界历史普遍交往或普遍竞争的"共时性"时空格局又为"向其他国家学习"提供了前所未有的契机。在以世界市场为主要载体的"世界历史"时代，资本主义再生产加速整个世界物质流转的频率，世界各民族的物质文化往来更加密切、更加高频、更加稳定、更加即时，日益缩短的交往时间不断拉近各民族的空间距离，"时间消灭空间"日益成为普遍现象。实际上，不仅是"时间消灭空间"，普遍交往的空间格局也会加速各民族的现代化进程，世界历史进程中已经出现"空间压缩时间"的新迹象。只有在普遍交往的"世界历史"时代，很多民族一夜跨越数千年的深刻变革才会发生。"世界历史"时代普遍交往的空间格局必然加速人类社会发展的"自然历史进程"，缩短社会形态自然更替的时间周期，而"时间是人类发展的空间"[3]。

不平衡性是世界历史发展"历时性"与"共时性"辩证统一的表现形式。"世界历史"时空交汇的总体性是不平衡的，维持世界范围内的不平衡发展恰恰是资产阶级榨取剩余价值的秘诀。在世界范围内，生产力越发达，用于消费的剩余产品也会越多，那些生产力落后的民族必然

---

[1] 参见《马克思恩格斯文集》第 3 卷，人民出版社，2009，第 571 页。
[2] 《马克思恩格斯文集》第 5 卷，人民出版社，2009，第 9 页。
[3] 《马克思恩格斯文集》第 3 卷，人民出版社，2009，第 70 页。

会通过压缩消费品的方式扩大社会再生产，因而，那些大工业尚未充分发展的民族，其工人的生活水平往往较低。甚至在同一个国家，"大工业不是在一切地域都达到了同样的发展水平"①。当代中国发展的不平衡问题足以印证马克思的这一判断。马克思指明了世界各民族朝着大工业发展方向前进的确定性，同时预示了走向现代大工业生产道路的多样性选择。马克思既注意到"历史向世界历史的转变"的历时性，又深刻关切世界普遍交往"共时性"的时空格局，在时空交融的世界历史时代，人类社会必将通过缩短时间而赢得更多交往空间。马克思还注意到"世界历史"发展的总体性与不平衡性问题，而这个历史遗留且不断生成的问题在资本逻辑主导的"世界历史"时代是不可能得到根本解决的。

早期资本主义通过空间扩张进行疯狂的原始积累。全球地理空间是有限的，为了争夺有限的殖民地，早期主要资本主义国家曾进行激烈的贸易战争甚至军事战争。二战之后，资本主义占领世界市场的方式发生了重大转变，它们不再像以前那样对殖民地进行直接占有和野蛮掠夺，它们开始从政治上撤离殖民地，但依然控制着殖民地的经济命脉。发达资本主义国家利用世界发展的不平衡性，力图通过转变其在世界范围内的剥削方式而解决资本过度积累与经济危机的问题。资产阶级开始在基础教育、基础设施、社会保障、科技研发等领域进行大量投资，通过延长资本流转时间的方式缓解资本过度积累的问题，在一定范围内解决资本过剩与劳动力过剩的问题，进而争取资本主义生存空间。英国学者大卫·哈维把这一过程称为资本主义的"时空修复"，这一过程表现为时间推移、空间扩张与地理重组。时空修复是"通过时间延迟和地理扩张解决资本主义危机的特殊方法"②，这种方法只是在一定程度上延缓资本主义危机爆发的时间，客观上使资本主义基本矛盾在世界历史运动中表现为结构性矛盾。资本主义表现出的结构性矛盾实际上只是基本矛盾的时间延伸与空间扩张，资本主义社会的基本矛盾在本质上没有改变，它依然没有消亡，只是这个基本矛盾的对抗方式从显性转向隐性。

在经济全球化时代，资本主义生产方式越发渗透到时间与空间的交

---

① 《马克思恩格斯文集》第1卷，人民出版社，2009，第567页。
② 〔英〕大卫·哈维：《新帝国主义》，初立忠、沈晓雷译，社会科学文献出版社，2009，第72页。

错之中，也会产生时间与空间相分离的问题。比如，产品的研发在发达国家进行，生产在劳动力"价格洼地"进行，商品从发展中国家流向发达国家，这个过程服从资本增殖逻辑的支配。资本家坐在办公室，不必到达生产现场，就可以通过互联网规划全球的生产与销售，一张设计方案一经完成，就能跨时空变成现实，这就是世界历史时代的时间与空间分离与重组的过程。吉登斯认为，时间与空间的分离"与所有的发展趋势一样，它也是辩证的，也产生出了一些对立特征。此外，时空分离又为它们与社会活动有关的再结合提供了基础"[①]。对落后国家而言，只有参与到时间与空间相分离的世界现代产业分工格局之中，经历一个效率优先的"时空高度压缩"的历史发展阶段，才能实现先进生产方式与先进生产力的跨时空对接，才能不断赶上人类文明进步的总体步调。

在"一球两制"的当今全球化时代，世界历史发展的共时性与历时性引申出"趋同论"的问题。资、社两种制度长期共存、相互竞争的局面是马克思不曾设想过的。资、社两种制度在世界历史性的普遍交往中相互学习和借鉴，一些人就此认为，两种制度的对抗性减弱，呈现出越来越多的"共性"，必将产生一种新的发展道路，这就是"趋同论"。现实的社会主义制度建立在低起点之上，它要赶上资本主义社会的生产力水平以获得与资本主义并跑的新起点，又要在制度上坚守阵地，防止改旗易帜，进而实现对资本主义的整体超越。不能把两种社会形态的层次差异模糊掉，否则就会被资本主义拉回去。"趋同论"是有价值取向性的，而不是中立的。需要看到的是，资本主义出现某些"社会主义因素"，这并不能说明它在向社会主义自然过渡，而只能说明资本主义在延缓向社会主义过渡的进程，是在缓和矛盾，是在为"两个决不会"扩展空间。社会主义吸取人类文明成果，包括资本主义社会的先进成果，其目的在于使社会主义本身更加完善，而不是为了通过一种缓和的方式退回到资本主义。实际上，关于"趋同论"的争论，没有将趋同的表象与"世界历史"的未来走向联系起来。西方人杜撰的"趋同论"表面上承认社会主义与资本主义存在某些共同的特征，但他们把这种共同的特征归结为资本主义向"左"走、社会主义向"右"走，新自由主义成为

[①] 〔英〕安东尼·吉登斯：《现代性的后果》，田禾译，译林出版社，2011，第17页。

"趋同论"的结合点。"趋同论"本质上是在兜售资本主义"同化"社会主义的阴谋。社会主义应该承认人类社会发展中存在某些共同的东西,处于初级阶段的社会主义国家学习和借鉴发达资本主义国家创造的文明成果,这是发展社会生产力的需要。关于社会主义先进生产关系与资本主义先进生产力跨时空对接的问题,马克思主义执政党对此应该保持理论清醒和战略定力。我们相信,随着世界社会主义运动走出低谷期,各国社会主义制度的优越性同样会倒逼陷入危机的资本主义国家借鉴和学习社会主义的发展方案,彼时我们再谈"趋同论"的问题,恐怕就会有新的意义。

马克思"世界历史"范畴为我们理解马克思主义的整体性提供了重要线索,蕴含着重要的方法论。首先,"世界历史"的方法与视野很早就介入马克思主义的创立过程,它拓展了马克思主义哲学的问题视域和理论空间,为马克思准确选取政治经济学的研究对象提供了前瞻性的风向标,而科学的劳动价值论与剩余价值理论则加速了社会主义从空想到科学的发展。其次,马克思"世界历史"思想立足于以工人阶级为中心的"人类社会"的根本立场,遵循了科学严谨的叙事逻辑,拒斥"西方中心主义"的立场与方法,并从生产力与生产关系的矛盾运动考察资产阶级统治世界的奥秘。最后,马克思"世界历史"思想展示了世界普遍交往中传统性与现代性、前进性与代价性、民族性与世界性、历时性与共时性相统一的辩证图景,我们应该辩证看待"世界历史"深入发展的长期性、复杂性和多样性。在今天这个充满矛盾的"一体化的世界",马克思"世界历史"思想的重要地位越发凸显,它就像一座竖立在远方的灯塔,当它预示的远方不断成为我们眼前的事实,我们都会发自内心地感叹其思想的深邃。我们要坚信,共产主义是"世界历史性的事业",它的世界历史性在实践中生成,它必将取代资本主义历史时代。

第四章 马克思"世界历史"思想本土化时代化

马克思以唯物史观作为方法视野、以政治经济学作为逻辑主线、以实现共产主义作为目标指向，系统阐明历史向"世界历史"转变的总体过程、基本要素、矛盾运动、未来趋势，在理论上构建了以"改变世界"为实践指向的科学"世界历史"思想。马克思对"世界历史"思想的阐发和探索主要表现在理论构建层面，尚未全面进入到真正的革命实践层面。在革命实践中创造性运用和发展马克思"世界历史"思想的使命任务，就落在各国无产阶级实践革命家和理论战略家的肩上。无论是俄国社会主义革命与建设，还是中国社会主义革命、建设和改革，都是在普遍交往的世界历史时代推进的，领导这些伟大变革的马克思主义者展现出宏大的世界历史视野，他们自觉根据直接碰到的迫切问题不断拓展马克思"世界历史"思想的问题视域和理论空间。从思想发展史来看，历史唯物主义"世界历史"思想发展至今的理论样态，经历着从马克思主义创始人（马克思恩格斯）最初的创立深化到不同国别的后继者（马克思主义者）面向新的时代课题而不断丰富拓展的过程。本章探讨马克思"世界历史"思想本土化时代化问题，以历史唯物主义"世界历史"思想的俄国形态与中国形态作为考察对象，概要性梳理列宁、毛泽东、邓小平、江泽民、胡锦涛、习近平等马克思主义者对马克思"世界历史"思想的实践运用和理论拓展，着重阐释新时代中国构建人类命运共同体理念对马克思"世界历史"思想中国化时代化的原创性贡献，旨在阐明马克思"世界历史"思想在世界普遍交往时代所具有的实践指导意义。

第一节 列宁与马克思"世界历史"思想俄国化时代化

列宁作为俄国无产阶级革命的领导人物，他在阐释马克思主义基本观点、运用马克思主义基本方法、拓展马克思主义问题视域等方面都发挥着不可替代的作用。不论是俄国无产阶级革命与社会主义探索，还是东方各国无产阶级革命与社会主义建设，列宁对马克思主义的阐释都成为各国革命理论家理解和运用马克思主义的重要参照。俄国十月革命不仅开了社会主义的实践先河，而且在理论上确立了马克思主义传播的"俄国话语"，列宁对马克思"世界历史"思想的辩证运用与实践发展具有开创性的贡献。

一 科学把握帝国主义的时代特征

马克思"世界历史"思想诞生于自由竞争的资本主义时代，资产阶级及其理论家高呼自由竞争"就是世界历史的终结"①。马克思已经从"昨天的暴发户"鼓吹的自由竞争中洞察到资本集中的趋向，大资本吞并小资本才是资本主义自由竞争的实质。恩格斯晚年已经注意到自由竞争的资本主义表现出的新迹象，比如托拉斯、辛迪加等垄断组织开始涌现，但由于忙于《资本论》后两卷整理出版工作，恩格斯根本没有时间和精力对资本主义发展涌现出的新迹象作出全面系统的理论回应。19世纪末20世纪初，资本主义世界格局发生重大调整，英国不再是唯一的"工业太阳"，整个世界也不再围绕这个曾经的"工业太阳"运转，美国与德国借助第一次工业革命的余波迅速触发第二次工业革命。第二次工业革命的中心不再是英国，而是美国和德国等资本主义国家。美国与德国后来居上，当它们的实力与英国旗鼓相当之时，由于现代资本向世界扩张的本性，它们必然提出重新瓜分世界殖民地的新诉求。此外，随着工业资本与银行资本走向联姻，金融资本日益渗透到工业生产之中，金融寡头日益成为经济活动中的幕后角色，发达资本主义国家在商品输出的同时加紧对殖民地半殖民地进行资本输出，进而控制世界各国的经济命脉。

如何看待垄断资本主义的本质，如何在垄断资本主义时代进行无产

---

① 参见《马克思恩格斯文集》第8卷，人民出版社，2009，第181页。马克思曾说："断言自由竞争等于生产力发展的终极形式，因而也是人类自由的终极形式，这无非是说资产阶级的统治就是世界历史的终结——对前天的暴发户们来说这当然是一个愉快的想法。"

阶级革命，帝国主义时代无产阶级的革命对象是什么，等等，这些都是困扰着世界各国无产阶级革命家的新课题。

曾经作为马克思主义者的考茨基认为，帝国主义是资本主义发展的一种策略，是工业民族排挤、征服、吞并农业民族，是工业区域兼并农业区域，具有历史进步性。考茨基认为帝国主义在政治上具有"兼并功能"，无产阶级应该同帝国主义的"兼并政策"作斗争，而不应该同垄断组织的私有制作斗争，这就转移了无产阶级的斗争矛头。正如列宁所言，考茨基"不是暴露资本主义最新阶段最根本的矛盾的深刻性，而是掩饰、缓和这些矛盾；这样一来，就不是马克思主义，而是资产阶级改良主义"[①]。

列宁在《帝国主义是资本主义的最高阶段》一文中，揭露了考茨基调和主义与机会主义的本质。列宁通过对帝国主义的"经济实质"的深入分析，认为帝国主义并没有改变资本主义的实质，它只是"资本主义的特殊阶段"[②]。因为"帝国主义是作为一般资本主义基本特性的发展和直接继续而生长起来的"[③]。马克思曾说，自由竞争必然导致资本集中，这并不是说资本主义一开始就表现出了帝国主义的基本特征。只有在自由竞争中形成的资本积累达到一定程度，大私有制不断排挤或吞并小私有制，资本主义"自由竞争"的基本特性才会向自己的对立面（垄断）转化。只有当垄断的社会经济结构基本形成和充分展现时，"资本主义才变成了资本帝国主义"[④]。需要指出的是，垄断并没有消除竞争，而是凌驾于竞争之上，其目的在于通过垄断榨取超额剩余价值。正是对帝国主义"经济实质"作出了科学把握，列宁给"帝国主义"下了一个"尽量简短的定义"："帝国主义是资本主义的垄断阶段。"[⑤] 列宁之所以能够给帝国主义下这样一个简短而准确的定义，源于他在辩证唯物主义领域取得的突破性进展。列宁在《唯物主义和经验批判主义》《哲学笔记》等哲学著作中概括、提炼了唯物辩证法的基本范畴，比如对立与统一、现象与本质、原因与结果、一般与特殊、时间与空间、自由与必然等，这

---

① 《列宁专题论文集·论资本主义》，人民出版社，2009，第179页。
② 《列宁专题论文集·论资本主义》，人民出版社，2009，第174页。
③ 《列宁专题论文集·论资本主义》，人民出版社，2009，第175页。
④ 《列宁专题论文集·论资本主义》，人民出版社，2009，第175页。
⑤ 《列宁专题论文集·论资本主义》，人民出版社，2009，第175页。

些唯物辩证法范畴在列宁分析资本帝国主义的基本特征过程中得到具体运用和展开。从唯物辩证法的哲学高度把握帝国主义的"经济实质",这是列宁超越霍布森、考茨基、希法亭等人关于帝国主义理论的关键所在。当资本主义进入帝国主义时代,阶级矛盾不像马克思所说的那样"简单化了"。资产阶级开始培植工人阶级上层和贵族工人,日益深化的世界普遍交往使民族矛盾与阶级矛盾深度交织在一起。如何透过这些彼此交织的复杂现象把握帝国主义的本质呢?列宁指出:"隐藏在这种交织现象底下的,构成这种交织现象的基础的,是正在变化的社会生产关系。"① 列宁正是根据资本主义私有制这种社会关系在实现形式上发生变化而本质上保持不变、不断强化的根本特征,指出"垄断代替自由竞争,是帝国主义的根本经济特征,是帝国主义的实质"②。然而,像考茨基之流虽名为社会主义者,实际上却是帝国主义者,因为他们"'普遍'迷恋于帝国主义的前途,疯狂地捍卫帝国主义,千方百计地美化帝国主义,——这就是当代的标志"③。列宁对帝国主义本质的深刻揭示,戳穿了帝国主义战争中裹挟着的民族主义外衣,再次把世界历史时代的民族压迫归结为阶级压迫,归结为资本主义生产方式的世界历史扩张。帝国主义时代的资本形态相较于过去的工业资本或商业资本而言,出现了金融资本这种资本联合的新迹象。工业资本与银行资本联合形成的金融资本越来越占据统治地位,这使得整个世界普遍交往进一步深化细化,整个世界越来越被编织进资本增殖的逻辑当中。帝国主义时代的世界普遍交往相较于自由竞争时代更为紧密,但这个时代的矛盾同样更加尖锐化。帝国主义时代的"资本主义已成为极少数'先进'国对世界上绝大多数居民实行殖民压迫和金融扼杀的世界体系"④。列宁认为,资本帝国主义这个"大的历史时代"⑤ 不是短暂的,它具有长期性,这个世界历史的时代主题是"帝国主义战争与社会主义革命"。可以说,列宁在帝国主义造成的复杂混乱局面中保持了足够的理论清醒,剥去那些令人眼花缭

---

① 《列宁专题论文集·论资本主义》,人民出版社,2009,第212页。
② 《列宁选集》第2卷,人民出版社,1995,第704页。
③ 《列宁专题论文集·论资本主义》,人民出版社,2009,第195页。
④ 《列宁选集》第2卷,人民出版社,1995,第578~579页。
⑤ 《列宁全集》第26卷,人民出版社,1988,第143页。

乱的理论"烟幕弹",指明世界普遍交往中无产阶级世界革命的对象依然是资本主义私有制。列宁既捍卫了马克思主义的无产阶级世界革命理论,又在实践中为无产阶级世界革命找到了正确的出路。

二 创造性提出"一国胜利论"的革命策略

实现共产主义必须进行无产阶级世界革命,这是马克思主义的一条基本原理。生活在资本主义自由竞争时代的马克思恩格斯为进行无产阶级世界革命确立了"同时胜利"的原则和策略,他们提出"同时革命"的设想是基于资本主义生产方式的世界历史扩展,由于其不断挖掉和摧毁世界范围内工业的"民族根基",各民族都将被迫卷入资本主义的生产体系之中,各民族的阶级结构日益简单化,世界范围内的阶级矛盾逐步上升为全人类的主要矛盾。在马克思恩格斯看来,只有全世界无产者联合起来,同时进行无产阶级革命,至少是各资本主义高度发达的文明国家的无产阶级联合起来同时进行革命,世界历史才会开启迈向共产主义时代的新纪元。当然,我们不应该简单地把马克思恩格斯关于"同时革命"或"同时胜利"的论断当作空想,因为他们提出这一设想还有另一个判断依据,即无产阶级同他们的事业一样,必须成为世界历史性的存在,他们才能完成自己的世界历史使命。马克思恩格斯亲眼看到发达资本主义国家无产阶级悲惨的生存境遇,也洞察到世界各民族人民大众日益无产阶级化的一般趋势,他们内心对惨无人道的资本主义社会深恶痛绝,因而对世界无产阶级革命寄予厚望,期待减少和缩短社会变革过程的"分娩的痛苦"。

然而,立足于英国或者西欧大工业发展现状和趋势的马克思忽略了资本主义生产方式全球扩张的不平衡性问题,以至于对无产阶级世界革命的辩证过程缺乏足够的理论思考。因进行革命活动而被沙皇流放到西伯利亚的列宁,从俄国逃亡欧洲之后,继续自己的革命生涯。列宁认识到西欧与俄国在大工业发展上的巨大差距,俄国与西欧资本主义国家的无产阶级在数量规模和组织程度上都存在巨大差异。因而,列宁指出:"经济和政治发展的不平衡是资本主义的绝对规律。"[①] 列宁将关注点转移到资本主义发展的不平衡问题上,同样受益于他在唯物辩证法领域的

---

① 《列宁选集》第 2 卷,人民出版社,1995,第 554 页。

积累，尤其是对"一般与特殊"或"普遍与个别"这对范畴的深刻理解和灵活运用。列宁深刻指出："世界历史发展的一般规律，不仅丝毫不排斥个别发展阶段在发展的形式或顺序上表现出特殊性，反而是以此为前提的。"① 正是在方法论上坚持和贯彻了"一般与特殊"或"普遍与个别"的辩证逻辑，列宁才能在坚持和捍卫马克思无产阶级世界革命"共同胜利"的基本原则的同时，逐步提出"一国胜利论"的世界革命策略，这就丰富和拓展了无产阶级世界革命的"辩证过程论"。

列宁提出"一国胜利论"的无产阶级世界革命策略经历了一个长期的探索过程。起初，列宁认为，西欧依然是无产阶级革命的策源地和中心，因为西欧各国资本主义大工业高度发达，工人阶级组织化程度最高。无产阶级的世界革命将由西欧延伸到全世界，这个观点与马克思恩格斯是一致的。正如列宁在1905年的《革命的阶段、方向和前途》一文中所说："如果没有欧洲的社会主义无产阶级对俄国无产阶级的支援，那么，这个斗争对于孤军作战的俄国无产阶级，几乎是毫无希望的，而且必然要遭到失败。"② 从当时的世界历史情形来看，不仅仅是俄国，整个世界的社会主义运动都需要得到西欧无产阶级革命的支援，才能引起世界性的波澜。列宁在1915年8月的《论欧洲联邦口号》一文中首次作出"社会主义可能首先在少数甚至在单独一个资本主义国家内获得胜利"③ 的推论，其判断依据主要是各帝国主义国家在经济政治领域的发展不平衡。由于"在资本主义制度下，各个企业、各个托拉斯、各个工业部门、各个国家的发展不可能是平衡的"④，所以，无产阶级世界革命这样的伟大"社会变革不可能是所有国家的无产者的统一行动，理由很简单：地球上的大多数国家和大多数居民，直到今天甚至还没有达到或者刚刚开始达到资本主义的发展阶段"⑤。从当时的世界范围来看，只有率先进行工业革命的西欧和北美各文明国家，其生产力水平和工人阶级组织状况才成熟到可以发动社会主义革命的地步。因此，"社会主义不能在所有国家内

---

① 《列宁全集》第43卷，人民出版社，1987，第370页。
② 《列宁全集》第12卷，人民出版社，1987，第142页。
③ 《列宁全集》第26卷，人民出版社，1988，第367页。
④ 《列宁选集》第2卷，人民出版社，1995，第680页。
⑤ 《列宁全集》第28卷，人民出版社，1990，第151页。

同时获得胜利。它将首先在一个或者几个国家内获得胜利，而其余的国家在一段时间内将仍然是资产阶级的或资产阶级以前的国家"①。在列宁看来，当时的俄国并没有达到能够采取"统一行动实现社会主义"② 的发展阶段，西欧和北美的少数发达资本主义国家依然是率先进行无产阶级革命的"发动机"，这总体上依然没有超出马克思关于"同时革命"的理论判断。随着帝国主义第一次世界大战不断推进，俄国在世界历史发展链条上的特殊性日益显露出来。列宁认为，俄国是介于资本主义文明国家与整个被迫初次卷入文明世界的东方各国之间的国家，它本身处在资本主义世界历史之中而不是在此之外，但又保留了深厚的民粹主义传统，俄国这样的特殊性"符合世界发展的总的路线"③，但又必定会呈现与西欧各国革命不同的新特征，俄国革命的特殊性必定对东方各国革命带来更多的启发意义。1917年3月，列宁抓住俄国二月革命这个必然性中的偶然性事件，在《给瑞士工人的告别信》中首次将俄国纳入能够率先实现社会主义革命的少数国家行列，变帝国主义战争为国内战争。他认为，帝国主义战争客观上必然会引起一系列革命，而这一系列革命的先锋将由俄国无产阶级来担任。列宁不是出于俄国民粹主义或沙文主义立场，他清醒地认识到俄国无产阶级并不是各国工人中间最优秀的革命无产阶级，俄国工人阶级在组织程度、觉悟程度方面都不及西欧工人阶级，只是特殊的历史条件使得俄国无产阶级将"成为全世界革命无产阶级的先锋"④。俄国十月革命的胜利，无疑印证了列宁"一国胜利论"这一无产阶级世界革命方案的正确性与可行性，列宁"一国胜利论"并不是对马克思"同时胜利"论世界革命方案的简单否定，他对无产阶级世界革命"辩证过程论"的探索和运用都是具有开创性贡献的。

三 提出"同世界保持联系"的社会主义建设方案

俄国十月革命产生了深远的世界历史影响，这是毋庸置疑的。俄国在十月革命之后建立了人类历史上第一个社会主义政权，这在人类历史

---

① 《列宁全集》第28卷，人民出版社，1990，第88页。
② 《列宁全集》第28卷，人民出版社，1990，第151页。
③ 《列宁全集》第43卷，人民出版社，1987，第370页。
④ 《列宁全集》第29卷，人民出版社，1985，第90页。

上具有划时代意义。在资产阶级代议制诞生后的二百余年中，自由、民主、平等、博爱的价值理念随着资产阶级统治地位的确立和巩固而被请进资产阶级现代国家的神圣殿堂，然而，徘徊在资产阶级现代国家神圣殿堂之外的现代无产阶级却不能共享这些价值理念带来的实质利益而遭受深重的奴役和压迫。在帝国主义世界统治链条上的薄弱环节爆发的俄国十月革命，开启了具有世界历史意义的时代，资本主义时代与社会主义时代实现"世界性交替"①。列宁曾说："世界历史是个整体，而各个民族是它的'器官'"②。"世界历史"是一个日益生成的有机过程，作为"器官"的各民族不能背离作为"整体"的"世界历史"发展趋势，尽管这个"整体"与"器官"在经济和政治上的发展是不平衡的。"一切民族都将走向社会主义，这是不可避免的，但是一切民族的走法却不会完全一样，在民主的这种或那种形式上，在无产阶级专政的这种或那种形态上，在社会生活各方面的社会主义改造的速度上，每个民族都会有自己的特点。"③ 各民族走向社会主义的"世界历史"时代就像"万千溪流成江河，大川大河归大海"，人们不能事先安排每一条溪流的具体走向和路线行程，也不能预先设定每一条江河的流域面积。各条江河在行进途中可能会在平静的地带形成湖泊，表现出某种停滞的状态，但这种停滞往往只是暂时的，奔向大海大洋则是不可逆转的趋势。即便存在一些内陆型江河湖泊，如果不与外界的"世界历史"海洋进行必要的物质交换，也难免会面临干涸枯竭的历史命运。俄国苏维埃这样的新生社会主义政权应该具备比资产阶级共和国更加开放的世界历史性，才能显示出自己的进步性。列宁指出："社会主义共和国不同世界发生联系是不能生存下去的，在目前情况下应当把自己的生存同资本主义的关系联系起来。"④ 生产力相对落后的俄国社会主义政权"同资本主义的关系联系起来"，一方面就是要学习借鉴资本主义创造的一切文明成果，比如电气化技术、企业管理经验，等等，使社会主义制度的比较优势不断凸显；另一方面就是要积极壮大社会主义力量，尽早结束同帝国主义孤军奋战的

---

① 《列宁全集》第36卷，人民出版社，1985，第208页。
② 《列宁全集》第55卷，人民出版社，1990，第273页。
③ 《列宁全集》第28卷，人民出版社，1990，第163页。
④ 《列宁全集》第41卷，人民出版社，1987，第167页。

被动局面。根据俄国十月革命的实践经验，社会主义革命在一个国家获得胜利是可能的，也是现实的。列宁在此基础上进一步发挥，认为在苏维埃的帮助下，社会主义革命可以在生产力落后的前资本主义国家发生。列宁指出："在先进国家无产阶级的帮助下，落后国家可以不经过资本主义发展阶段而过渡到苏维埃制度，然后经过一定的发展阶段过渡到共产主义。"① 列宁还强调，应该向落后国家或者殖民地广泛宣传苏维埃，帮助这些落后国家成立共产党，"只要是条件允许的地方，都应该立即进行建立劳动人民苏维埃的尝试"②。在先进国家无产阶级的帮助下，"落后国家的发展就能够突破它们目前所处的阶段"③。实际上，列宁在这里所指的"先进国家"不再是西欧发达资本主义国家，而是新生的社会主义俄国。列宁关于"同世界保持联系"以建设社会主义的思想，实际上又回到了马克思关于共产主义是"世界历史性的存在"的总体判断，任何孤立的、地域性、封闭的共产主义都很难依靠"体内循环"发展壮大。列宁在晚年的《政治家札记》中重申："我们向来笃信并一再重申马克思主义的一个起码的真理，即要取得社会主义的胜利，必须有几个先进国家的工人的共同努力。"④ 总之，列宁关于世界社会主义革命的理论创新与实践探索，是对马克思"世界历史"思想的坚持、运用和发挥，在马克思"世界历史"思想的实践拓展中具有开创性的意义。斯大林在1952年的《苏联社会主义经济问题》一书中提出"两个平行市场"理论，认为二战后社会主义阵营的出现打破了资本主义世界市场一统天下的局面，社会主义阵营内部通过建立合作与互助的关系，能够建立一个同资本主义世界市场相对立、彼此隔绝的社会主义世界市场，在社会主义阵营内部建立物质信息交往。斯大林"两个平行市场"理论是以苏联为中心的，服务于苏联操控社会主义阵营的目的。

第二节 毛泽东与马克思"世界历史"思想中国化时代化

毛泽东是马克思主义中国化的主要开创者，这是一个基本共识。正

---

① 《列宁选集》第4卷，人民出版社，2012，第279页。
② 《列宁选集》第4卷，人民出版社，2012，第278页。
③ 《列宁选集》第4卷，人民出版社，2012，第278页。
④ 《列宁全集》第42卷，人民出版社，1987，第450页。

是基于这个基本共识,一些人认为毛泽东只注重"中国化"及中国问题,缺乏世界历史视野,以至于毛泽东对马克思"世界历史"思想中国实践的开创性贡献长期没有得到足够重视。事实上,毛泽东思想的各个侧面都"蕴藏"着世界历史的方法与逻辑,毛泽东关于众多中国问题的分析都没有脱离当时的世界历史条件。毛泽东思想的创立与发展与普遍交往的"世界历史"时代是同行共进的,同样,毛泽东思想与马克思"世界历史"思想中国化时代化是紧密相连的,甚至在某些领域的独创性贡献还表现出"超历史"的特性。

一 辩证看待中国革命与世界革命的关系

世界普遍交往格局下的中国革命与世界革命具有高度联动性。马克思曾在 19 世纪 50 年代关于"中国问题"的系列文章中认为,西方把"秩序"输送到中国,在中国引发一场革命,中国也会把革命的火苗(太平天国运动)引向欧洲这个"鼓鼓的火药桶",马克思已经预见到世界历史时代各国革命的联动性与关联性。列宁深入研究帝国主义的经济实质,找到资产阶级发动世界战争的经济根源,在帝国主义不平衡发展的薄弱环节找到无产阶级世界革命的突破口,在帝国主义战争洪流中开辟出通向社会主义的革命栈道,开启人类历史的新纪元。

俄国十月革命开启了世界历史时代转变的新纪元,社会主义革命的俄国经验与俄国话语曾在世界无产阶级运动中产生深远影响,"以俄为师"曾是许多国家无产阶级革命的共同境遇。俄国十月革命为世界被压迫民族指明了独立和解放的道路,各国先进知识分子纷纷将目光转向俄国,并在不同程度上使本国的民族解放运动与俄国社会主义革命对接,这个过程无疑提升了马克思主义的世界影响力。正如毛泽东所言:"一九一七年俄国十月社会主义革命取得胜利,将世界历史划分为两个时代,马克思主义在全世界流行了。"[①] 俄国十月革命之后,中国各阶级先进分子开始把目光转向马克思列宁主义。将中国革命与俄国革命联系起来,已经成为探索救国救民之路的先进分子的基本共识。毛泽东继承了列宁关于世界历史时代主题的判断,"在资本主义时代,特别是在帝国主义和

---

① 《毛泽东文集》第 3 卷,人民出版社,1996,第 249 页。

无产阶级革命的时代,各国在政治上、经济上和文化上的互相影响和互相激动,是极其巨大的。十月社会主义革命不只是开创了俄国历史的新纪元,而且开创了世界历史的新纪元,影响到世界各国内部的变化,同样地而且还特别深刻地影响到中国内部的变化,但是这种变化是通过了各国内部和中国内部自己的规律性而起的"[1]。进入抗日战争相持阶段,毛泽东在1940年的《团结到底》一文中又指出:"目前的国际形势,是帝国主义战争正向世界范围内扩大,由帝国主义战争所造成的极端严重的政治危机和经济危机,将必然引起许多国家革命的爆发。我们是处在战争和革命的新时代。"[2] 当然,毛泽东在这里并不是首次阐述世界历史的这一时代主题,这一时代主题既是直接来源于列宁的理论判断,又来源于毛泽东对俄国十月革命世界历史意义的深刻把握。毛泽东认为:"第一次帝国主义世界大战和第一次胜利的社会主义十月革命,改变了整个世界历史的方向,划分了整个世界历史的时代。"[3] 新的世界历史时代不再是帝国主义一统天下的时代,而是社会主义力量已经崭露头角,不断发展壮大,"走向胜利的历史时代"[4]。正是基于对世界历史时代主题的深刻把握,以毛泽东为主要代表的中国共产党人才将中国革命的前途命运与世界社会主义运动联系起来,并把中国革命的未来同世界社会主义运动的未来联系起来。毛泽东认为:"中国共产党所领导的人民革命,从来就是十月革命所开始的世界无产阶级社会主义革命的一个组成部分。"[5] 需要指出的是,中国革命并不是世界革命可有可无的一部分,而是"世界革命的伟大的一部分"[6]。十月革命之前,世界革命特指资产阶级推翻封建专制的民主革命,十月革命之后,世界革命的内涵已经从资产阶级民主革命转变为无产阶级的世界革命,但无产阶级仍然需要肩负起资产阶级未完成的民主革命任务。资产阶级民主主义革命在世界范围内产生过深远的进步意义,但资产阶级革命是有产者阶级的革命,广大劳动群众仍然游离于革命之外,资产阶级世界革命的历史局限性日益显

---

[1] 《毛泽东选集》第1卷,人民出版社,1991,第303页。
[2] 《毛泽东选集》第2卷,人民出版社,1991,第761页。
[3] 《毛泽东选集》第2卷,人民出版社,1991,第667页。
[4] 《毛泽东选集》第4卷,人民出版社,1991,第1260页。
[5] 《毛泽东文集》第7卷,人民出版社,1999,第314页。
[6] 《毛泽东选集》第2卷,人民出版社,1991,第671页。

现。"世界历史几千年以来都在发展着,进步着,但只有到了第一次世界大战和十月革命之后,才产生了新的方向。奴隶社会及其以后的封建社会、资本主义社会,都是人剥削人的社会。十月革命后的新的历史方向,就是取消人剥削人的制度。"① 俄国十月革命是劳动者阶级对有产者阶级的胜利,它开启的世界革命风暴已经"属于新的范畴","以俄为师"的中国革命"不再是旧的资产阶级和资本主义的世界革命的一部分,而是新的世界革命的一部分,即无产阶级社会主义世界革命的一部分了"②。由此产生一个新问题,中国革命的性质是什么?这是长期困扰着中国共产党的现实问题,不对这个问题作出科学回答,就搞不清革命对象,找不到革命的依靠力量。毛泽东指出,虽然社会主义才是中国真正"幸福的时代",但当时的中国还不具备实施社会主义革命的条件,根本原因是大工业还没有创造出足够数量的工人阶级,资本家与封建地主的利益纠葛在一起,难舍难分,套在人民群众身上的枷锁具有多重性。因而"中国现在的革命任务是反帝反封建的任务,这个任务没有完成以前,社会主义是谈不到的。中国革命不能不做两步走,第一步是新民主主义,第二步才是社会主义"③。由于中国人民遭受的封建压迫根深蒂固,遭受的帝国主义侵略也异常强大,这使得中国新民主主义革命不可能像俄国十月革命那样在短时间就可以完成,它必须经过中国共产党和中国人民长期的艰苦斗争才能实现。毛泽东还认为,中国革命与世界革命的关系不是一成不变的,中国在世界革命中的地位必将随着中国革命不断推进而跃升,如果说"20世纪初革命中心转到了俄国",那么"20世纪中叶,世界革命中心转移到了中国"。④ 在新中国成立前夕,美国政客艾奇逊发布关于中国革命问题的"反动白皮书",毛泽东借助讨论白皮书的有利时机,为中国革命"正名"。毛泽东说:"现在全世界都在讨论中国革命和美国的白皮书,这件事不是偶然的,它表示了中国革命在整个世界历史上的伟大意义。就中国人来说,我们的革命是基本上胜利了,但是很久以来还没有获得一次机会来详尽地展开讨论这个革命和内外各方面的

---

① 《毛泽东文集》第3卷,人民出版社,1996,第289页。
② 《毛泽东选集》第2卷,人民出版社,1991,第668页。
③ 《毛泽东选集》第2卷,人民出版社,1991,第683~684页。
④ 许全兴:《毛泽东晚年的理论与实践》,中国大百科全书出版社,1993,第246页。

相互关系。"① 毛泽东从帝国主义战争与社会主义革命的世界历史时代主题中把握中国革命的性质和前途,这无疑开启了马克思列宁世界历史理论的中国实践,也创立了马克思列宁主义世界历史理论的中国形态和中国话语。

二 根据世界矛盾运动建立广泛的统一战线

普遍交往的世界历史是在矛盾运动的实践中生成的。有矛盾就有斗争,如何在世界普遍交往的复杂矛盾中广泛结交朋友,打击共同的敌人,是各国无产阶级政党面临的共同任务。第一次世界大战中,西方资产阶级建立起以协约国和同盟国为轴心的帝国主义统一战线,敌对的两条战线疯狂进行军备竞赛,共同剥削和压迫世界劳动人民。如何在这两条对立的、反世界、反人民的帝国主义统一战线的夹缝中开辟一条解放世界人民的革命统一战线呢?俄国十月革命"给世界人民解放事业开辟了广大的可能性和现实的道路,十月革命建立了一条从西方无产者经过俄国革命到东方被压迫民族的新的反对世界帝国主义的革命战线"②。中国革命如何同苏联主导的"反对世界帝国主义的革命战线"实现有效对接呢?早在第一次国内革命时期(国共合作),孙中山就曾提出联俄、联共、扶助农工的新三民主义,中国与俄国(苏联)的联系日益频繁、密切,中国革命与国际反帝国主义的革命战线实现初步对接。第二次世界大战时期,中国加入世界反法西斯阵营,尽可能争取国际援助反抗日本帝国主义的侵略。毛泽东指出,在国际上,"我们要和一切资本主义国家的无产阶级联合起来,要和日本的、英国的、美国的、德国的、意大利的以及一切资本主义国家的无产阶级联合起来,才能打倒帝国主义,解放我们的民族和人民,解放世界的民族和人民"③。得道多助,失道寡助。在毛泽东看来,中国反抗法西斯帝国主义的战争是正义的战争;日本法西斯侵略中国是非正义战争,必将遭到世界人民的反对。只有正义战争才能求得人类和平发展,正义战争是拯救全人类于水火之中的旗帜,

---

① 《毛泽东选集》第 4 卷,人民出版社,1991,第 1499 页。
② 《毛泽东选集》第 4 卷,人民出版社,1991,第 1357 页。
③ 《毛泽东选集》第 2 卷,人民出版社,1991,第 659 页。

第四章　马克思"世界历史"思想本土化时代化

是把普遍交往的世界历史引向永久和平的"新时代的桥梁"①。因此，二战期间，全世界共产党人的任务就是要组织国际统一战线，共同反对法西斯，为"保卫一切民族的自由和独立而斗争"②。建立国际统一战线的可能性在于帝国主义阵营内部的分裂和分化。在马克思生活的时代，资产阶级就在世界范围内形成了联盟，共同对抗工人阶级起义。进入帝国主义阶段，各帝国主义国家发展不平衡问题日益凸显，国际竞争中的阶级矛盾与民族矛盾交织在一起。资产阶级在国内煽动民族主义情绪以发动对外战争、转移国内紧张的阶级矛盾，广大无产阶级则被绑架上了帝国主义征服世界与瓜分世界的战车，充当帝国主义战争"街头的炮灰"。建立世界反法西斯统一战线不仅要团结反法西斯同盟，而且要把法西斯国家的军国主义者同热爱和平的人民群众区分开来，使热爱和平的各国人民充分认识帝国主义战争的非正义性，进而在法西斯国家内部培育反法西斯同盟，共同抵制法西斯主义。世界反法西斯战线与国内抗日民族统一战线是"交相辉映"的。抗日战争时期，民族矛盾取代国内阶级矛盾上升为中国社会主要矛盾，中国共产党顺应这一主要矛盾转化的客观要求，适时推行减租减息的土地政策，团结一切可以团结的力量共同反抗日本帝国主义，为夺取抗日战争的最终胜利奠定组织基础。第二次世界大战结束之后，世界反法西斯战线随之解体，随之而来的是社会主义与资本主义"两大阵营"的竞争与对立。中国共产党根据当时复杂紧张的国际局势提出"一边倒"的政策，加入社会主义阵营，学习借鉴社会主义建设的苏联经验，新中国经过富有中国特色的"三大改造"走向社会主义道路。随着中苏关系日益紧张，中国迫切需要在"两大阵营"相互对立与"美苏争霸"的夹缝中发展外交关系，建立自己的"朋友圈"。1964年，毛泽东在《赫鲁晓夫的日子不好过》一文中曾按照发达程度使用过"第三世界"③ 这一概念：第一世界为美国，第二世界为苏联，第三世界则为美苏之外的国家。在同年的《中法之间有共同点》一文中，毛泽东提出建立和扩大新的"第三世界"的设想，这个"第三世界"不包括美、苏，但包括英国、法国、日本和中国。1965年1月9日，毛泽

---

① 参见《毛泽东选集》第1卷，人民出版社，1991，第174页。
② 《毛泽东选集》第3卷，人民出版社，1991，第806页。
③ 参见《毛泽东文集》第8卷，人民出版社，1999，第357页。

东在同斯诺的谈话中指出,"现在发达国家为一方,不发达国家为一方。所谓发达国家就不那么一致,而且从来没有一致过。例如发达的英、法、德、意、日之间,就发生两次世界大战,这还不是发达国家和发达国家打吗?其目的是争所谓不发达的国家"①。实际上,毛泽东在同斯诺的对话中已经注意到发达国家内部并非铁板一块,它们也存在竞争和博弈,它们中间存在大量可以争取的"中间地带"。1974年2月22日,毛泽东利用会见赞比亚总统卡翁达的有利时机提出三个世界划分的理论,"我看美国、苏联是第一世界。中间派,日本、欧洲、澳大利亚、加拿大,是第二世界。咱们是第三世界"②。"亚洲除了日本,都是第三世界。整个非洲都是第三世界,拉丁美洲也是第三世界。"③ 根据当时的国际局势,中国属于第三世界,中国应该紧密团结第三世界,分化、瓦解第二世界,反对第一世界。毛泽东"第三世界理论"的正式提出晚于"第三世界"的中国实践,新中国重返联合国恢复合法席位,在很大程度上得益于第三世界国家的鼎力支持。以毛泽东为代表的中国共产党人自觉根据世界普遍交往的矛盾运动与转化规律及时调整中国的对外方针政策,这是马克思列宁主义世界历史理论在中国外交领域的实践拓展和运用。

三 拓展"实事求是"的世界视野

毛泽东不仅在具体理论运用中拓展了马克思列宁主义世界历史理论的中国形态,初步创立了世界历史理论的中国话语,而且从"实事求是"思想路线的认识论高度拓展了中国共产党人的世界历史视野。毛泽东特别重视认识论的问题,因为教条主义的认识论曾使中国共产党的革命事业遭受巨大挫折和损失。毛泽东历来重视调查研究,"没有调查就没有发言权",这是毛泽东一生所坚持的认识论原则。早在第一次国共合作时期,毛泽东曾对湖南湘潭、湘乡、衡山、醴陵、长沙五县的农民运动进行了为期32天的实地走访调查④,认为农民阶级是中国革命的主要同盟军。可以说,这次调查为毛泽东后来提出"农村包围城市,武装夺取

---

① 《毛泽东文集》第8卷,人民出版社,1999,第399页。
② 《毛泽东文集》第8卷,人民出版社,1999,第441页。
③ 《毛泽东文集》第8卷,人民出版社,1999,第442页。
④ 参见《毛泽东选集》第1卷,人民出版社,1991,第12页。

政权"的革命路线提供了经验准备。毛泽东强调调查研究的重要性,但从不把个别地方或个别领域的调研结论不加限制地推及其他地方或其他领域。毛泽东在1930年的《反对本本主义》一文中指出:"斗争的发展使我们离开山头跑向平地了,我们的身子早已下山了,但是我们的思想依然还在山上。我们要了解农村,也要了解城市,否则将不能适应革命斗争的需要。"① 当时的中国不像马克思所说的那样"农村从属于城市",而是广袤的农村包围着狭小的城市,农村人口占全国人口的百分之九十以上,城市工人阶级只有几百万人。如果只拿着马克思主义经典作家的"本本"进行革命,不结合中国社会的阶级结构状况,就会把革命中心或重心放在城市。陈独秀的右倾机会主义路线与李立三的"左"倾盲动主义路线虽然在表现形式上有差别,但在方法论上都是教条主义的,是形而上学的,也是脱离中国革命实际的。

中国革命到底是要以马克思主义经典作家的"本本"为中心,还是要以中国革命的实际问题为中心,这个问题长期得不到解决。直到延安时期,毛泽东在《实践论》《矛盾论》《改造我们的学习》等著作中,才对这个问题进行了全面而系统的回答。毛泽东认为,马克思列宁主义的态度就是"实事求是"的态度,"就是应用马克思列宁主义的理论和方法,对周围环境作系统的周密的调查和研究"②。"实事求是"的态度也是"有的放矢"的态度,就是要用马克思列宁主义的观点与方法来分析和解决中国革命问题。马克思列宁主义从不孤立静止地看待任何问题,这就要求中国共产党人必须懂得历史,"不但要懂得外国革命史,还要懂得中国革命史;不但要懂得中国的今天,还要懂得中国的昨天和前天"③。只有着眼于马克思列宁主义的实际运用,才能真正基于马克思列宁主义的立场、观点和方法解决中国革命的理论问题和策略问题,这样才能把"问题"和"主义"统一起来。毛泽东所说的"实事求是"作为我们党的认识路线和思想路线,是具有开放性和原则性的。"实事"是处在内外关联之中的事实,如果管中窥豹,盲人摸象,就容易犯一叶障目不见泰山、只见树木不见森林的错误,就会陷入狭隘经验主义的泥潭。

---

① 《毛泽东选集》第1卷,人民出版社,1991,第114~115页。
② 《毛泽东选集》第3卷,人民出版社,1991,第800~801页。
③ 《毛泽东选集》第3卷,人民出版社,1991,第801页。

因此，毛泽东强调："我们要从国内外、省内外、县内外、区内外的实际情况出发，从其中引出其固有的而不是臆造的规律性，即找出周围事变的内部联系，作为我们行动的向导。"[①]

毛泽东提出的"实事求是"不仅是我们党分析解决中国问题的思想路线，也是我们党分析解决世界问题的思想路线，还是把中国问题纳入世界历史进程中加以思考的思想路线，展现了宽广深邃的"世界历史视野"。毛泽东指出："各国人民之间的互相影响是时常存在的。在资本主义时代，特别是在帝国主义和无产阶级革命的时代，各国在政治上、经济上和文化上的互相影响和互相激动，是极其巨大的。"[②] 毛泽东虽然没有留学海外，也很少出访外国，但他能敏锐地把握世界问题与中国问题"互相影响和互相激动"的时代特征，这使得他创立的思想理论实现"历史分析"与"世界视野"的有机统一。

"实事求是"思想路线的开放性是有主体性和原则性的。毛泽东虽然历来主张中国共产党人要独立探索中国革命道路，要独立自主地进行社会主义建设，但这并不意味着拒绝外国经验。毛泽东曾说："我们决不可拒绝继承和借鉴古人和外国人，哪怕是封建阶级和资产阶级的东西。但是继承和借鉴决不可以变成替代自己的创造，这是决不能替代的。"[③] 继承和借鉴必须服务于新的自我创造，在独立自主、自力更生的基础上借鉴外国优秀成果，才能在保持定力中提高鉴别能力。"对于外国文化，排外主义的方针是错误的，应当尽量吸收进步的外国文化，以为发展中国新文化的借镜；盲目搬用的方针也是错误的，应当以中国人民的实际需要为基础，批判地吸收外国文化。"[④] 我们需要借鉴外国文化和外国经验，但不能跟在别人后面亦步亦趋，放弃自己的独立探索。

"实事求是"是毛泽东思想的精髓，我们需要重视这个精髓中长期被遮蔽和掩盖的"世界历史视野"。今天，我们应该重新审视"实事求是"思想路线中的"世界历史视野"，以更加宽广的眼界来把握"实事求是"。毛泽东曾指出："我们的眼力不够，应该借助于望远镜和显微

---

① 《毛泽东选集》第 3 卷，人民出版社，1991，第 801 页。
② 《毛泽东选集》第 1 卷，人民出版社，1991，第 303 页。
③ 《毛泽东选集》第 3 卷，人民出版社，1991，第 860 页。
④ 《毛泽东选集》第 3 卷，人民出版社，1991，第 1083 页。

镜。马克思主义的方法就是政治上军事上的望远镜和显微镜。"① 当我们"眼力"不够的时候,要真正做到"实事求是"是非常困难的,这就需要我们善于借助马克思提供的"世界历史之镜",拓展我们的问题视域,提高分析问题的眼力,进而增强解决问题的能力。

第三节 改革开放和社会主义现代化建设新时期马克思"世界历史"思想中国化时代化

本土化时代化是马克思"世界历史"思想实践拓展的内在逻辑。改革开放极大拓展了中华民族的世界历史视野,加速中华民族共同体融入普遍交往的世界历史发展进程。改革开放和社会主义现代化建设新时期,几代中国共产党人在新的"伟大社会革命"中接力推进马克思"世界历史"思想的时代化,理论创新与实践创新的良性互动使得作为马克思主义基本原理的"世界历史"思想日益从隐秘的幕后走向显耀的前台。

一 邓小平与马克思"世界历史"思想中国化时代化

邓小平开了马克思"世界历史"思想中国实践转向的先河。众所周知,邓小平开创了中国社会主义改革开放的理论与实践新形态,实现了社会主义发展航向的"拨乱反正"。邓小平理论的创立离不开宽广的世界历史视野,尤其是离不开邓小平对世界历史时代潮流发展涌现出的新迹象和新特征的敏锐洞察。邓小平理论蕴含着深刻的世界历史关怀,这一重大理论成果在经过鲜活的社会实践检验之后表现出历久弥坚的"超历史性"。

第一,准确把握世界历史的时代主题变迁。世界那么大,问题那么多,如何从纷繁复杂的大千世界中找准时代主题,制定科学的发展战略,是"历史向世界历史的转变"给各国政治家提出的重大课题。过去,整个世界两大阵营对立,仿佛没有能够保持独立的"中间地带",复杂的国内外环境使我们更多关注矛盾的对立性,没有足够的时间来审视矛盾的统一性。邓小平纠正了资本主义与社会主义"水火不容"的认识,深

---

① 《毛泽东选集》第 1 卷,人民出版社,1991,第 212 页。

刻阐明"两制共存"世界历史时代建立广泛国际交往的重要性。1984 年 10 月，邓小平在会见缅甸总统吴山友时指出："国际上有两大问题非常突出，一个是和平问题，一个是南北问题。还有其他许多问题，但都不像这两个问题关系全局，带有全球性、战略性的意义。"[①] 在邓小平看来，"北方世界"社会生产力高度发达，越来越富有，"南方世界"则是欠发达或不发达地区，长期积贫积弱。"南方世界"与"北方世界"确实存在矛盾和对立，但二者不能割裂开来。"南方世界"要改变贫困落后的面貌，就必须依靠发展。如果"南方世界"不发展起来，"北方世界"就没有足够的市场，发达的"北方世界"也面临发展速度问题和再发展问题。这样一来，我们不仅要搞南南合作，还要不失时机推动南北合作。1985 年 3 月，邓小平在会见日本商工会议所访华团时重申，"现在世界上真正大的问题，带全球性的战略问题，一个是和平问题，一个是经济问题或者说发展问题。和平问题是东西问题，发展问题是南北问题。概括起来，就是东西南北四个字。南北问题是核心问题"[②]。"东西问题"只能围绕"南北问题"来解决，只能围绕发展问题来解决。东、西方的矛盾绝不是天然的矛盾，而是在世界不平衡的发展中生成的矛盾。过去，资产阶级妄图征服全世界，把全世界其他区域都纳入其殖民地范围，在地球上的很多地方，资产阶级确实在一定程度上实现了自己殖民统治的目的。帝国主义国家无法阻挡世界殖民体系走向解体，再也不能像以前那样直接统治其他民族，它们只能通过"和平"的方式为其过剩的商品寻找市场销路，这就在客观上使发达国家对发展中国家产生"依赖"。同时，发展中国家也需要引进发达国家的资金技术、管理经验，避免走上"一切从零开始"的爬行主义发展道路。邓小平创造性地将"全球性的战略问题"归结为和平与发展，其中蕴含着"以和平守卫发展，以发展滋养和平"的辩证法，这是中国共产党人对两制长期共存、竞争合作的世界格局作出的理论回应，找准了"一球两制"世界历史时代问题的症结点。在西方和平演变阴谋的煽动下，世界社会主义遭遇了东欧剧变和苏联解体的重大历史性挫折，这并没有否定邓小平关于"一球两

---

① 《邓小平文选》第 3 卷，人民出版社，1993，第 96 页。
② 《邓小平文选》第 3 卷，人民出版社，1993，第 105 页。

制"世界历史时代主题的准确判断。相反，那些走向解体或遭遇剧变的社会主义国家，恰恰是没有妥善处理"和平与发展"这两个"现在世界上真正大的问题"，尤其是没有把问题的焦点放在发展之上。世界历史时代主题由"战争与革命"转向"和平与发展"，并不是说这一转变的过程已经彻底完成，"和平与发展"就像一块大蛋糕一样摆在那里，每个国家、每个民族都能"按需分配"。邓小平强调："世界和平与发展这两大问题，至今一个也没有解决。社会主义中国应该用实践向世界表明，中国反对霸权主义、强权政治，永不称霸。中国是维护世界和平的坚定力量。"① 邓小平从错综复杂的国际问题中创造性地提炼出"和平与发展"的世界历史时代主题，这一问题虽然没有解决，但世界各国人民朝着持续发展、永久和平方向努力的脚步从未停歇。问题是时代的声音，找准问题的本质才能找到解决问题的方法，邓小平对全球性的战略问题的提炼和概括具有重大的世界历史意义。

第二，制定"赶上时代"的中国改革开放战略。经济发展与民生改善始终是邓小平高度关注的现实问题。如何实现社会主义先进制度与资本主义发达生产力的跨时空对接？落后的社会主义国家如何才能赶上时代发展潮流？资本主义国家发达的社会生产力确实对社会主义的"优越性"提出了挑战，生产力欠发达的社会主义国家如何应对这种严峻而又现实的挑战？邓小平指出："我们要赶上时代，这是改革要达到的目的。"② 邓小平强调"我们要赶上时代"，说明我们在当时已经落后于时代发展潮流。近代中国落后于世界历史发展时代潮流的关键在于封闭自守，对世界历史发展的前沿问题缺乏敏锐洞察。我们不应该简单地把近代中国闭关锁国的政策归因于前人眼界偏狭，这是由当时落后的生产力结构与封闭的生产关系所决定的。中国近代遭遇的民族苦难在很大程度上可以归咎于"封闭自守"，新中国不应该"再回到过去那种封闭时代"③。新中国成立后遭到帝国主义的经济封锁和武力威胁，在很大程度上不得不自力更生，在战火造成的满目疮痍中建立新的工业体系，这个过程必然是缓慢而艰难的。有的人会提出这样的疑问，新中国成立之初

---

① 《邓小平文选》第3卷，人民出版社，1993，第383页。
② 《邓小平文选》第3卷，人民出版社，1993，第242页。
③ 《邓小平文选》第3卷，人民出版社，1993，第299页。

为什么没有立即实行改革开放？答案在于，新中国成立后迫切需要建立社会主义制度，没有社会主义制度就没有改革的基础和对象；新中国成立后需要建立起自己的工业体系，没有自己独立的工业体系，没有拿得出手的国之重器，在不适当的时机盲目开放就会被外国资本操控国计民生。很多曾经快速发展的拉美国家与东南亚国家如今深陷"中等收入陷阱""塔西佗陷阱"就是极具说服力的反面例证。

邓小平多次强调，"现在的世界是开放的世界"①。过去，我们"关起门来搞建设"，确实实现了政治独立，却长期没有解决物质短缺的"挨饿"问题。关起门来搞建设看似实现了经济独立和政治独立，但这只是低水平的独立，只是封闭性的独立。落后民族只有承认落后才能摆脱落后，学习先进才有可能赶上先进，落后民族尤其需要学习和借鉴发达国家的成功经验。如果落后民族固守狭隘的民族自尊心，不肯向别人学习，就只会落后于时代，被时代发展潮流淹没于世界民族之林。任何一个民族，哪怕它是某个历史阶段发展程度最高的民族，都需要适当学习借鉴其他民族的优点和经验。

很多人认为，社会主义中国进行的改革开放探索是从"摸着石头过河"开始的，就像"脚踩西瓜皮，滑到哪里是哪里"，缺乏顶层设计。这种认识是错误的、片面的。顶层设计就是制定改革开放战略的宏伟蓝图，保障改革发展大局稳定。中国的改革开放战略紧紧围绕社会主义现代化这个"中心任务"，在坚持"四项基本原则"这个"总的原则"②框架下推进，遵循由点到面、先易后难、从前沿到后方、从沿海到内地逐渐过渡的实践辩证法。国家制度的顶层设计不能代替底层"摸着石头过河"的实践探索，顶层设计要为"过河"指明前进方向和提供必要保障，但不能代替人民群众向往美好生活的"过河"实践活动本身。我们可以把邓小平提出的"和平与发展"时代主题理论与改革开放理论看作有机统一的"姊妹篇"，改革开放实践催生"和平与发展"的时代主题理论，"和平与发展"的时代主题理论为中国通过改革开放重新融入世界历史潮流提供了积极的建构性话语支撑。

---

① 《邓小平文选》第 3 卷，人民出版社，1993，第 64 页。
② 参见《邓小平文选》第 3 卷，人民出版社，1993，第 134 页。

第三，开创世界社会主义发展的"中国道路"。中国共产党领导的"伟大社会革命"，是世界社会主义运动的重要组成部分。方向决定道路，道路决定命运，这是人所共知的基本道理。新中国成立初期，我们党缺少社会主义改造和建设的经验积累与理论准备，第一个五年计划不得不"照搬"苏联模式。就像学徒一样，刚开始必须模仿师傅，在不具备一定知识储备和经验积累的情况下，学徒只能参照师傅的方式，这个过程是必需的。当时，中国共产党人已经认识到苏联模式的问题，毛泽东还曾组织一批人认真研读苏联《政治经济学教科书》，对苏联模式进行了批判与反思。我们虽然认识到"照搬"苏联模式的弊病，但复杂的国内外局势没有给毛泽东及其战友留下足够的时间来解决这个问题。邓小平曾说，"照搬"苏联模式带来了很多问题，"我们很早就发现了，但没有解决好"①。

要解决这个问题，首先需要摆脱世界社会主义运动"中心论"的束缚。"国际共产主义运动没有中心，不可能有中心。"②过去，苏联共产党以大党和老党自居，对其他国家的社会主义运动横加干涉，美其名曰"提供指导"，实为妄图"掌控、操控"其他国家的马克思主义政党。邓小平旗帜鲜明地指出，"任何大党或老党都不能以最高发言人自居"③。邓小平关于反对世界社会主义运动"中心论"的重要谈话，包含着强烈的平等权利意识，也预示着中国不充当世界社会主义运动的"中心"，拒绝在世界社会主义运动中培植依附关系。邓小平不但反对世界社会主义"中心论"，而且反对任何形式的东方中心主义或西方中心主义。

其次，邓小平站在世界历史高度把握社会主义的"中国方位"，这对生产力落后的国家进行社会主义建设具有重要的启发意义。中国的社会主义在世界历史进程中处于什么方位，这是一个需要正确回答的问题。"社会主义初级阶段理论"无疑深刻地回答了这一问题。过去，我们偏向于从中国立场来审视社会主义初级阶段的历史方位问题，从中国实际出发，这没有错，但缺乏世界历史性的参照与比较。把"中国实际"纳入世界历史中去考察，很多问题才能看得更清楚。邓小平曾说，中国的

---

① 《邓小平文选》第3卷，人民出版社，1993，第261页。
② 《邓小平文选》第3卷，人民出版社，1993，第191页。
③ 《邓小平文选》第3卷，人民出版社，1993，第27页。

社会主义还处在初级阶段，相对于其他社会主义国家，当时中国经济文化发展水平并不突出，相对于世界上那些发达资本主义国家，中国更显得贫困落后。因而，"社会主义不能建立在贫困的基础上"①。中国立足社会主义初级阶段这个最大的国情和最大的实际，在"一个中心，两个基本点"战略布局和"两个一百年"奋斗目标的引领下，一心一意谋发展，聚精会神搞建设，一步步实现社会生产力的跨越式发展，逐步丢掉历史遗留下来的贫困帽子，日渐彰显出社会主义的比较优势。

最后，中国模式对世界社会主义的实践转向具有深远意义。"中国模式"不是固定不变的，而是在"中国道路"上不断调试和完善的。根据马克思"世界历史"思想蕴含的辩证法，世界上的众多类似问题不可能采用同一种方式来解决，每个民族也不可能沿用一种固定的方法解决前进道路上的所有问题。解决世界发展问题的方法具有多样性，解决各民族发展问题的方法具有历史性。邓小平曾说："世界上的问题不可能都用一个模式解决。"② 中国必须有自己的模式，中国模式必将随着世界历史发展流变而不断生成演进。前进道路上，"我们还要积累新经验，还会遇到新问题，然后提出新办法"③。中国社会主义改革开放在世界历史进程中具有首创意义，但中国不会把这种方案强加于其他任何国家，也不拒斥其他国家借鉴改革开放的中国经验。

我们强调社会主义建设的中国特色、中国模式或中国道路，实际上也预示着世界社会主义运动的其他特色、其他模式或其他道路具有合理性，各种道路探索都是开放性的，都应该是独立自主的。邓小平对马克思"世界历史"思想的实践拓展得益于解放思想的强大魄力，进一步扩展了中国共产党"实事求是"思想路线的世界历史视野。今天，我们依然受益于邓小平创新发展马克思"世界历史"思想的突出贡献，我们不仅坚持从中国实际出发来学习、研究马克思主义，还学会站在世界历史高度审视中国问题和全人类发展面临的共同命运，这极大地拓展了我们的问题视域和理论视野。

---

① 《邓小平文选》第 3 卷，人民出版社，1993，第 213 页。
② 《邓小平文选》第 3 卷，人民出版社，1993，第 261 页。
③ 《邓小平文选》第 3 卷，人民出版社，1993，第 65 页。

二 江泽民与马克思"世界历史"思想中国化时代化

中国特色社会主义伟大事业在国际格局风云突变的 20 世纪 80 年代末 90 年代初面临极其复杂严峻的外部环境考验。西方舆论界借助苏东剧变的余波,大肆渲染"历史终结论",在他们看来,在"冷战对抗"的"意识形态终结"之后,摆在人类面前的将是"文明的冲突"。处在改革开放进程中的社会主义中国承受着极大的外部压力。以美国为首的发达国家推行霸权主义和强权政治,企图按照自己的意志将苏东剧变之后仅存的几个社会主义国家强行纳入资本主义"一统天下"的世界格局与世界秩序之中。按照邓小平"韬光养晦"的战略部署,以江泽民同志为主要代表的中国共产党人在中国特色的外交实践中进一步拓展了马克思"世界历史"思想中国化时代化的问题视域。

第一,顺应经济全球化的时代潮流。经济全球化在苏东剧变之后加速推进,面对这样充满风险挑战的发展机遇,中国该怎么应对呢?是从经济全球化浪潮中退回到岸边,还是到经济全球化浪潮中闯一闯?在推动中国经济与世界经济联动发展方面,以江泽民同志为主要代表的中国共产党人主动顺应经济全球化的时代潮流,主张通过建立社会主义市场经济体制融入世界市场。虽然经济全球化这种客观趋势并没有从根本上改变不公正不合理的国际政治经济旧秩序,但任何大国都不能回避这一客观趋势,任何大国都无法将自己孤立于整个世界之外去发展自己的经济。江泽民同志指出:"经济全球化一个最基本的特征,就是商品、技术、信息、特别是资本在全球范围内自由流动和配置,造成一种包括发达国家和发展中国家在内的各国经济你中有我、我中有你的相互交织的复杂局面。"① 江泽民同志对经济全球化趋势的科学把握,是直接以马克思恩格斯在《德意志意识形态》和《共产党宣言》等著作中关于"大工业开创世界历史""各民族自给自足的状态被相互依赖的普遍交往所代替"等科学论断和预见作为认识参照的。因而,江泽民同志强调:"我们要建立互利互补、共同发展的新型国际经济关系。随着国家之间联系的日益紧密,经济上的相互依存和优势互补也越发明显。任何国家都不

---

① 《江泽民文选》第 2 卷,人民出版社,2006,第 198 页。

能置身于国际社会之外,不能脱离世界大市场。"① 处在改革开放进程中的中国适时建立社会主义市场经济体制,并于 2001 年正式加入世界贸易组织,极大地推动了社会主义国家与世界市场的交往、对接,为开放的社会主义中国更好地走向世界历史舞台提供了重要的现实载体。

第二,提出促进国际关系民主化的主张。冷战结束之后应该建立什么样的国际关系,这是摆在世界各国政治家面前的重大时代课题。在构建新型国际政治关系方面,以江泽民同志为主要代表的中国共产党人针对世界格局多极化背景下的霸权主义和强权政治问题提出"国际关系民主化"与"发展模式多样化"②的论断,主张"建立公正合理的国际政治经济新秩序"③。江泽民同志为什么提出推进国际关系民主化呢?这是因为在冷战结束之后的国际政治经济旧秩序中,冷战思维依旧盛行,以美国为首的发达国家在世界范围内推行霸权主义与强权政治,在处理国际事务与国际关系的过程中缺乏民主。江泽民同志提出推进国际关系民主化,是由世界多极化的客观趋势决定的,实际上是在为中国和其他发展中国家争取代表性、发言权和发展权。西方发达国家凭借"和平演变"取得的成果,在世界范围内输出资本主义民主模式,把资本主义的"暂时胜利"当作"终极胜利",把世界社会主义运动的挫折当作世界社会主义的终结,把资本主义发展模式鼓吹成人类唯一合理的必然选择。西方发达国家不遗余力地在世界范围内兜售资产阶级民主模式,然而在具体的国际事务中却推行霸权主义的强盗逻辑,可见,在民主问题上,发达国家从来坚持的就是双重标准。实际上,西方发达国家的民主与霸权是一对孪生兄弟,以民主作为外衣的霸权才是其内在本质。江泽民旗帜鲜明地指出:"没有多样化,就不成其为世界;没有多样化,也不成其为联合国。不承认、不尊重世界多样性,企图建立清一色的一统天下,是必定要碰壁的。"④ 由此可见,在推进国际关系民主化的同时,必须倡导发展模式多样化,二者是有机统一的。

第三,倡导求同存异的文明交往理念。在苏东剧变之后,西方中心

---

① 《江泽民文选》第 1 卷,人民出版社,2006,第 479~480 页。
② 参见《江泽民文选》第 3 卷,人民出版社,2006,第 567 页。
③ 参见《江泽民文选》第 3 卷,人民出版社,2006,第 107 页。
④ 《江泽民文选》第 1 卷,人民出版社,2006,第 480 页。

主义的文明观沉渣泛起，西方主流舆论大肆渲染西方文明优越论，肆意贬低其他文明。在推动世界文明交往方面，以江泽民同志为主要代表的中国共产党人倡导和而不同的文明观，反对文明优劣论。江泽民同志指出："人类文明的发展，从茹毛饮血发展到现在的生物工程，从刀耕火种发展到现在的信息技术，其中不同民族和不同文明都作出了贡献。不同文明有历史长短之分，无优劣高下之别。文明的差异不是世界冲突的根源，而应是世界交流的起点。"① 普遍交往的世界历史时代确实存在一定范围的民族冲突或地区冲突，但这并不是文明冲突，而是世界各国发展不平衡所造成的利益冲突。世界上的各种文明都应该彼此尊重，在竞争比较中取长补短，在求同存异中共同发展。"每个国家和民族都有自己的特点和长处，大家只有彼此尊重、求同存异、和睦相处、互相促进，才能创造百花争妍、万紫千红的世界。"② 中国是在世界社会主义运动遭遇严重挫折的时代环境下融入经济全球化进程的。江泽民同志对马克思"世界历史"思想的实践拓展聚焦于为社会主义中国和广大发展中国家争取"平等参与国际事务的权利"，旨在为我国的现代化建设营造有利的国际环境特别是周边环境。

三 胡锦涛与马克思"世界历史"思想中国化时代化

新中国成立以来，中国共产党人始终根据世界历史发展的新问题新境遇，适时提出破解世界历史发展难题的中国方案，这说明马克思"世界历史"思想已经作为方法论渗透到中国共产党人治国理政与处理国际事务的内在逻辑之中，已经成为中国共产党人思考人类发展前途命运的重要理论武器。党的十六大之后，以胡锦涛同志为主要代表的中国共产党人针对传统安全威胁与非传统安全威胁交叉、相互渗透所引发的国际冲突与文明冲突而提出"建设和谐世界"的理念，初步表达了人类应该构建一个什么样的世界的中国诉求。胡锦涛同志对马克思"世界历史"思想中国化时代化的实践拓展主要体现在三个方面。

第一，科学制定中国特色的外交布局规划。外交活动与外交事务是

---

① 《江泽民文选》第3卷，人民出版社，2006，第520页。
② 《江泽民文选》第1卷，人民出版社，2006，第480页。

中国共产党人实践和发展马克思"世界历史"思想的重要场域。以胡锦涛同志为主要代表的中国共产党人坚持以辩证唯物主义与历史唯物主义为指导，审视世界历史发展潮流，洞察世界矛盾运动规律，在此基础上科学进行中国特色的外交布局。胡锦涛同志强调："外交工作要做到未雨绸缪、主动应对，必须加强理论思考和战略思维，从理论和实践的结合上进一步加强对全局性、战略性、前瞻性重大问题的研究，加强对新情况新问题的调查研究。尤其要密切关注国际形势发展趋势，密切关注世界政治、经济、文化、科技、军事、安全等领域可能发生的重大变化及其对我国发展的影响等重大课题。"① 改革开放的21世纪社会主义中国应该有什么样的外交布局呢？胡锦涛同志指出："大国是关键、周边是首要、发展中国家是基础的外交布局，是我们从长期外交实践中总结出来的。这三者互为依存、相辅相成、缺一不可。其中也包含着正确处理大国和小国、周边和全局、富国和穷国、强国和弱国等诸方面的关系。坚持这个外交布局，有利于我们全方位加强对外关系，走活整个外交工作这盘棋。"② 胡锦涛同志关于中国特色的外交布局的重要论断是通过分析世界格局多极化深入发展的总体趋势而提炼出来的，由于"单极与多极的矛盾和斗争日趋激烈"，因而"世界多极化将是一个曲折而复杂的过程"。③ 可以说，胡锦涛关于中国特色的外交布局的论述直接针对世界多极化过程中的复杂矛盾问题，其目的在于抓住世界多极化进程中的主要矛盾和基本矛盾，通过驾驭复杂局面开创21世纪中国外交新局面。

第二，提出"建设和谐世界"的理念。世界多极化进程中充满着各种博弈，总体和平的世界格局中存在着激烈的对抗性因素。各国人民应该把这个充满矛盾的世界建设成什么样呢？以胡锦涛同志为主要代表的中国共产党人提出"建设和谐世界"的倡议，初步表达了人类应该建设一个什么样的世界的中国主张。2005年9月15日，胡锦涛同志在联合国成立六十周年首脑会议上的讲话中首次提出"建设和谐世界"的论断。胡锦涛同志指出："历史昭示我们，在机遇和挑战并存的重要历史时期，只有世界所有国家紧密团结起来，共同把握机遇、应对挑战，才能为人

---

① 《胡锦涛文选》第2卷，人民出版社，2016，第99页。
② 《胡锦涛文选》第2卷，人民出版社，2016，第95~96页。
③ 《胡锦涛文选》第2卷，人民出版社，2016，第90页。

类社会发展创造光明的未来,才能真正建设一个持久和平、共同繁荣的和谐世界。"① 因为"推动建设一个什么样的世界,是关系我国实现和平发展的大问题,也是关系世界格局和国际秩序的大问题"②。需要指出的是,和谐并不否定矛盾和斗争,也不是不讲原则。"世界各种矛盾错综复杂,国际社会存在的尖锐斗争不以我们的意志为转移,建设和谐世界决非一日之功。推动建设和谐世界,决不是说在国际上不讲原则、放弃斗争,既需要通过对话和合作来促进,也需要通过必要的斗争来争取。"③胡锦涛同志还提出建设和谐世界的基本要求,即"必须致力于实现各国和谐共处""必须致力于实现全球经济和谐发展""必须致力于实现不同文明和谐进步"。④

第三,塑造中国参与国际事务的新姿态。随着中国参与国际事务不断深入,中国同世界的关系也逐渐发生历史性变化,中国的前途命运同世界的前途命运更加紧密地联系在一起。以胡锦涛同志为主要代表的中国共产党人坚持以更加积极的姿态参与国际事务,自觉将中国人民利益与人类共同利益有机统一起来,"倡导人类命运共同体意识"。党的十八大报告指出:"我们主张,在国际关系中弘扬平等互信、包容互鉴、合作共赢的精神,共同维护国际公平正义。平等互信,就是要遵循联合国宪章宗旨和原则,坚持国家不分大小、强弱、贫富一律平等,推动国际关系民主化,尊重主权,共享安全,维护世界和平稳定。包容互鉴,就是要尊重世界文明多样性、发展道路多样化,尊重和维护各国人民自主选择社会制度和发展道路的权利,相互借鉴,取长补短,推动人类文明进步。合作共赢,就是要倡导人类命运共同体意识,在追求本国利益时兼顾他国合理关切,在谋求本国发展中促进各国共同发展,建立更加平等均衡的新型全球发展伙伴关系,同舟共济,权责共担,增进人类共同利益。"⑤"中国将坚持把中国人民利益同各国人民共同利益结合起来,以更加积极的姿态参与国际事务,发挥负责任大国作用,共同应对全球性

---

① 《胡锦涛文选》第 2 卷,人民出版社,2016,第 352 页。
② 《胡锦涛文选》第 2 卷,人民出版社,2016,第 515 页。
③ 《胡锦涛文选》第 3 卷,人民出版社,2016,第 244~245 页。
④ 《胡锦涛文选》第 2 卷,人民出版社,2016,第 445 页。
⑤ 《胡锦涛文选》第 3 卷,人民出版社,2016,第 651 页。

挑战。"① 可以说，胡锦涛同志在党的十八大报告中提出"倡导人类命运共同体意识"，是新时代中国共产党"构建人类命运共同体"理念的雏形。可见，新时代"构建人类命运共同体"的中国方案是中国特色外交理论与实践长期探索、积累、升华的产物和结晶，它始于胡锦涛同志，而集大成于习近平同志。

第四节 新时代开辟马克思"世界历史"思想中国化时代化新境界

中国特色社会主义进入新时代，中国在世界历史进程中的坐标和方位发生了重大改变。七十多年来，新中国自力更生谋发展，在世界社会主义运动遭遇巨大挫折而陷入低谷的历史时期，中国特色社会主义在改革开放四十余年的实践探索中实现了历史性变革，中国式现代化的世界历史意义日益彰显。发展就是硬道理，我们只有发展起来，才能自觉站在世界历史的高位，很多问题才能看得更清楚。中国共产党人越发自觉地拿起和运用马克思发现的"世界历史之镜"，"站在世界历史的高度审视当今世界发展趋势和面临的重大问题"②。习近平总书记在纪念马克思诞辰 200 周年的讲话中将"世界历史的思想"视为"学习马克思"的九个方面之一，指出"学习马克思，就要学习和实践马克思主义关于世界历史的思想"。③ 这在中国共产党历史上，乃至马克思主义发展史和世界社会主义运动史上尚属首次，马克思主义世界历史思想因中国共产党的领袖人物的概括提炼而获得正式的"名分"。党的十八大以来，以习近平同志为核心的党中央因时而变、顺势而谋，坚持以更加积极有为的姿态参与全球治理实践，站在世界历史高度回答世界之问、中国之问、人民之问、时代之问，针对全球治理赤字、信任赤字、和平赤字、发展赤字等重大问题创造性提出构建人类命运共同体的中国方案，在此基础

---

① 《胡锦涛文选》第 3 卷，人民出版社，2016，第 652 页。
② 习近平:《在纪念马克思诞辰 200 周年大会上的讲话》，《人民日报》2018 年 5 月 5 日，第 2 版。
③ 习近平:《在纪念马克思诞辰 200 周年大会上的讲话》，《人民日报》2018 年 5 月 5 日，第 2 版。

上形成"坚持胸怀天下"的世界观和方法论,开辟了马克思"世界历史"思想中国化时代化的新境界。

随着世界多极化、经济全球化、社会信息化、文化多样化深入发展,人类生活的"地球村"已经进入大发展、大变革、大调整的新时期。世界格局大变革或大调整的时代也是全球治理矛盾多发与治理难题凸显的时代,政治强权、冷战思维、军备竞赛、局部战争等传统安全威胁与恐怖主义、难民危机、跨国犯罪、气候变暖、文明冲突等非传统安全威胁相互渗透、相互转化。后发国家如何在经济全球化浪潮中规避"塔西佗陷阱",保持政局稳定?新兴国家如何跨越现存大国预设的"修昔底德陷阱",维护持久和平?广大发展中国家如何跨越"中等收入陷阱",实现共同发展?这些彼此交织的矛盾或难题将整个世界紧紧地捆绑在一起,任何国家都难以置身事外、独善其身。中国"构建人类命运共同体"的理论与实践为破解全球性治理难题提供了新智慧、新方案,党的十九大将"推动构建人类命运共同体"确立为新时代坚持和发展中国特色社会主义的基本方略之一,这是中国特色社会主义全球治理理念与实践的原创性成果。深刻认识"人类命运共同体"的历史逻辑与理论逻辑,对我们在新时代更好地把握"构建人类命运共同体"的基本原则和价值目标具有重要意义。

一 时代呼唤全球治理的中国方案

国际格局的深刻变革必然呼唤全球治理体系或国际秩序进行相应的调整。现行的全球治理体系依然是西方发达国家主导的,它在全球治理实践中呈现日渐式微或失灵的趋势。西方中心主义的全球治理体系出现式微或失灵的迹象,并不是源于西方发达国家绝对实力已经衰落,而是由于新兴市场国家与广大发展中国家在经济全球化浪潮中逐步崛起,对西方中心主义的全球治理体系或国际秩序提出了越来越多的质疑,也对西方发达国家"单边主义"的行动形成了越来越多的制衡或制约,世界多极化的发展趋势越发明显。在世界多极化发展的格局下,崛起的发展中国家必然要求获得相应的代表性和发言权,但发达国家依然秉持"零和博弈"的固有逻辑。西方中心主义的全球治理体系的偏狭性暴露无遗。习近平指出:"新兴市场国家和发展中国家对全球经济增长的贡献率已经达到80%。过去数十年，国际经济力量对比深刻演变，而全球治理体系未能反映新格局，代表性和包容性很不够。"① 2008年世界金融危机爆发以来，虽然"G20"取代"G8"成为全球经济治理的重要论坛，在一定程度上增加了发展中国家的发言权和代表性，但在G20中，发达国家约占3/4，显然，发达国家在代表性和发言权方面都占据压倒性的优势，广大发展中国家代表性和发言权严重不足，陷入普遍失声或失语的境地，沦为"沉默的大多数"。因而，推动全球治理体制朝着更加公正合理的方向发展，已经成为广大发展中国家的热切期待，新的世界格局也在呼唤全球治理的新理念或新方案。

重大的历史事变是历史必然性与实践自觉性相统一的产物，推动全球治理体制朝着更加公正合理的方向发展，提出全球治理的新理念或新方案都离不开实践的"先行者"。历史必然性会在等待观望中演变成历史宿命论，发展中国家不能奢望西方中心主义的全球治理体制自然而然地朝着公正合理的方向发展，也不能奢望发达国家主动提出惠及全人类的新理念或新方案，这个实践的"先行者"必然是发展中国家自己。

在经济全球化浪潮中迅速发展的中国已经成为世界第二大经济体，2008年以来，中国对世界经济增长的贡献率长期保持在30%左右，足以见得，中国是经济全球化的获益者，更是推动世界经济增长的贡献者。中国的发展离不开世界，世界的发展也更加需要发展中的中国。中国在和平发展的过程中长期遭受各种"莫须有"的非议，西方国家肆意杜撰"中国威胁论"丑化中国，大肆渲染"修昔底德陷阱"钳制中国，大肆鼓吹"中国崩溃论"唱衰中国，中国发展的过程真可谓"戴着镣铐跳舞"。随着发展的体量和质量不断提升，中国破除西方国家强加的各种"镣铐"的现实需要变得越发强烈。党的十八大指出："中国将坚持把中国人民利益同各国人民共同利益结合起来，以更加积极的姿态参与国际事务，发挥负责任大国作用，共同应对全球性挑战。"② 党的十九大进一步强调："我们呼吁，各国人民同心协力，构建人类命运共同体，建设持

---

① 习近平：《共担时代责任 共促全球发展——在世界经济论坛2017年年会开幕式上的主旨演讲》，《人民日报》2017年1月18日，第3版。
② 《胡锦涛文选》第3卷，人民出版社，2016，第652页。

久和平、普遍安全、共同繁荣、开放包容、清洁美丽的世界。"① 从"韬光养晦谋发展"到"以更加积极的姿态参与国际事务"再到"构建人类命运共同体",充分显示了发展中的中国把自身发展与世界进步紧密联系起来的责任担当,也体现了中华民族"穷则独善其身,达则兼济天下"的优良传统。发展中的中国"以更加积极的姿态参与国际事务",提出"构建人类命运共同体"的时代命题,旨在更好地统筹国内国际两个大局,为实现中华民族伟大复兴的"中国梦"以及维护世界持久和平创造更加有利的条件。习近平指出:"世界那么大,问题那么多,国际社会期待听到中国声音、看到中国方案,中国不能缺席。"② 那么,今日中国应该为破解全球治理难题提供一种什么样的行动方案或价值理念呢? 笔者认为,中国方案既要反映中国发展的实际需要,也要顺应世界格局发展的总体趋势,还要反映全人类的"共同价值",在中国发展的实际需要、世界格局发展的总体趋势、全人类的"共同价值"三者之间寻求"最大公约数"。

全人类有没有"共同价值"? 如果有,全人类的"共同价值"是什么? 2015年9月,习近平在联合国的一般辩论中指出,"和平、发展、公平、正义、民主、自由,是全人类的共同价值"③。和平是人类生存的基本前提,发展是人类进步的动力,公平、正义、民主、自由是人类文明进步不断增进的福祉。历史发展到今天,我们可以将全人类的"共同价值"概括为实现持久和平、共同发展、文明进步。随着时代的发展,全人类的"共同价值"的内涵和外延也会逐步扩展。全人类的"共同价值"并非西方国家的"普世价值","共同价值"是以尊重各个文明形态的"个性"作为历史前提的,而"普世价值"则把西方国家的"个性"说成整个人类文明的"共性",它以消灭其他文明形态的"个性"作为目标。

在承认全人类具有"共同价值"的基础上,2017年1月18日,

---

① 《决胜全面建成小康社会 夺取新时代中国特色社会主义伟大胜利——习近平同志代表第十八届中央委员会向大会作的报告摘登》,《人民日报》2017年10月19日,第4版。
② 《国家主席习近平发表二〇一六年新年贺词》,《人民日报》2016年1月1日,第1版。
③ 习近平:《携手构建合作共赢新伙伴 同心打造人类命运共同体——在第七十届联合国大会一般性辩论时的讲话》,《人民日报》2015年9月29日,第2版。

习近平在联合国日内瓦总部的演讲中明确提出了全球治理的中国方案，"让和平的薪火代代相传，让发展的动力源源不断，让文明的光芒熠熠生辉，是各国人民的期待，也是我们这一代政治家应有的担当。中国方案是：构建人类命运共同体，实现共赢共享"[①]。

"构建人类命运共同体"的中国方案在国际社会产生了什么样的反响呢？"构建人类命运共同体"的中国方案是理论与实践的统一体，这一命题的提出与实践都经历了从局部到整体、从区域向全球的发展过程。比如，在理论升华方面，经历了从倡导"人类命运共同体意识"到充实"中巴命运共同体"、从构建"亚洲命运共同体"到"构建人类命运共同体"的内涵扩展。在实践扩展方面，中国提出"一带一路"倡议，发起成立"亚投行"，努力打造"金砖+"的合作模式，由近及远，由点连线，由线到面，逐步将共建国家和地区"串联"或"并联"起来，使共建国家及相关地区结成更加广泛的利益共同体。2017年3月17日，联合国安理会一致通过关于阿富汗问题的第2344号决议，呼吁国际社会凝聚援助阿富汗共识，通过"一带一路"建设等加强区域经济合作；敦促各方为"一带一路"建设提供安全环境保障，呼吁国际社会共同"构建人类命运共同体"。2017年3月23日，"构建人类命运共同体"的中国方案又被载入联合国人权理事会第三十四次会议通过的关于"经济、社会、文化权利"和"粮食权"的两个决议之中。2012年以来，"构建人类命运共同体"的中国理念或中国方案逐渐升级为全球治理的"最大公约数"之一，这是中国参与全球治理具有重大历史意义的成果，也是中国与国际进步力量坚持不懈、共同努力的结果。我们需要清醒地看到，"构建人类命运共同体"的中国方案不是要把现行的全球治理体制"推倒重建"，而是要填补现行全球治理体制的漏洞、空白或弥补缺陷，使之朝着更加公正合理的方向发展。西方中心主义的全球治理体制将从排他性的"清一色"向更具包容性的"混一色"或"混多色"转变，这是国际格局深刻演变的必然趋势。

---

① 习近平：《共同构建人类命运共同体——在联合国日内瓦总部的演讲》，《人民日报》2017年1月20日，第2版。

二 "人类命运共同体"的历史逻辑与理论逻辑

"构建人类命运共同体"是以习近平同志为主要代表的中国共产党人提出的一个新兴时代命题,但它并不是凭空产生的。"人类命运共同体"是人类社会发展到经济全球化时代而诞生的新兴命题,它具有深厚的历史逻辑,也具有深刻的理论逻辑。

(一)"人类命运共同体"的历史逻辑

"人类命运共同体"是"共同体"这一范畴在时空上的延伸和扩展。共同体(community)是以共同利益为纽带而结成的集体,这个集体为了实现共同价值而采取联合行动,进而维护集体的长期存续。共同体不是一成不变的,它会经历诞生、发展、成熟、衰落、消亡抑或重构、再构、融合等过程。以"人"为主体的共同体在演进过程中大致经历了"物种"的自然共同体、"族群"的"虚假的共同体"、"人类"的"命运共同体"三种形态,这三种形态既层层递进,又彼此交织。

"物种"的自然共同体。人类的祖先是群居动物,从猿进化成"人"之后,原始人依然以自然共同体的形式生存繁衍。在原始人朦胧的自我意识里,只有他自己所表征的物种才是整个世界的唯一主宰,原始人不仅要捕杀或围猎其他物种作为食物,而且会把其他部落当作"非人"予以消灭或驱逐,甚至以之为食。因而,以"物种"为表征的自然共同体具有极强的排他性和封闭性。

"族群"的"虚假的共同体"。随着生产力的发展,原始部落逐渐定居下来。部落之间虽然征伐不断,但多数战俘却可以免于杀害,沦为奴隶,幸存下来。强大部落吞并弱小部落或弱小部落臣服于强大部落,如此一来,强大部落内部就包含了若干"族群",这些"族群"通过相互交往、不断融合而形成新的"族群"共同体。"族群"共同体进一步通过宗法关系缔结成国家这种"虚假的共同体"。随着"族群"内部不断分化,以"族群"为表征的"虚假的共同体"呈现出鲜明的等级色彩,在奴隶国家有奴隶主、自由民、奴隶等,在封建国家有农民与地主、君与臣、官与民等。以"族群"为表征的"虚假的共同体"具有鲜明的等级性和地域局限性,但与以"物种"为表征的自然共同体相比,又具有更强的包容性和开放性。

"人类"的"命运共同体"。地理大发现之后，资本主义迅速向全球扩张，推动了民族的地域性历史向世界历史转变。马克思曾说："各个相互影响的活动范围在这个发展进程中越是扩大，各民族的原始封闭状态由于日益完善的生产方式、交往以及因交往而自然形成的不同民族之间的分工消灭得越是彻底，历史也就越是成为世界历史。"[1] 在马克思看来，"历史向世界历史的转变，不是'自我意识'、世界精神或者某个形而上学幽灵的某种纯粹的抽象行动，而是完全物质的、可以通过经验证明的行动，每一个过着实际生活的、需要吃、喝、穿的个人都可以证明这种行动"[2]。资产阶级通过血与火的殖民扩张，争夺商品销售市场和原料产地，使各民族国家卷入世界历史性的普遍交往之中，"资产阶级，由于开拓了世界市场，使一切国家的生产和消费都成为世界性的了"[3]。资本主义在全球的疯狂扩张最终引发了两次世界大战，法西斯主义犯下的"反人类罪"给世界各国人民带来了深重灾难，吸取两次世界大战的沉痛教训，联合国作为调解国际纠纷的国际组织应运而生，它在维护世界和平过程中发挥了重要作用。二战之后，虽然世界发生了数次局部战争，但其终究没有演变成全球性灾难的世界大战，毋庸置疑，人类已经在"反对战争，争取和平"方面达成了越来越多的共识。苏东剧变之后，资本主义开启的新一轮经济全球化浪潮迅速席卷全世界，不同的语言、不同的肤色、不同的价值观、不同的国别、不同的种族、不同的宗教信仰、不同的社会制度，逐步冲破意识形态的阻隔，再一次融入世界历史性的交往之中，世界各国拥有越来越广泛的共同利益，达成越来越多的价值共识，同时，也共同面对世界性难题。正如习近平所言："这个世界，各国相互联系、相互依存的程度空前加深，人类生活在同一个地球村里，生活在历史和现实交汇的同一个时空里，越来越成为你中有我、我中有你的命运共同体。"[4] 由此可见，以"人类"为表征的"命运共同体"是经济全球化深入发展的时代产物，是以"人"为主体的共同体发展的高级阶段。"构建人类命运共同体"作为习近平新时代中国特色社

---

[1] 《马克思恩格斯选集》第1卷，人民出版社，2012，第168页。
[2] 《马克思恩格斯选集》第1卷，人民出版社，2012，第169页。
[3] 《马克思恩格斯选集》第1卷，人民出版社，2012，第404页。
[4] 《习近平谈治国理政》第1卷，外文出版社，2018，第272页。

会主义思想的重要内容，是从中国全球治理实践中提炼出的思想结晶，具有深厚的历史基础和实践基础。

迄今为止，以"人"为主体的共同体在历史嬗变过程中经历了从"物种"到"族群"，再向"人类"演进的三个形态，呈现出由低级向高级发展的总体趋势。当然，"人类命运共同体"并没有取代自然形成的共同体或"虚假的共同体"，而只是表明人类在时空的关联性上达到了前所未有的高度。可见，当代中国提出"构建人类命运共同体"的时代命题是立足于当今世界各国利益融合、相互依存、彼此制衡的客观事实，遵循了共同体发展演变的历史辩证法，体现了历史必然与理论自觉的有机统一。

（二）"人类命运共同体"的主要内涵

"人类命运共同体"表明世界各国在经济全球化浪潮推动下结成相互依存关系，世界各国面对共同的时代难题，采取联合行动，以实现共同利益，增进共同福祉，共享安全空间。"人类命运共同体"的主要内涵可以概括为四个方面：相互依存的利益共同体、和而不同的价值共同体、共建共享的安全共同体、同舟共济的行动联合体。

"人类命运共同体"是相互依存的利益共同体。经济全球化时代，国与国之间依然存在激烈的利益竞争，但与以往不同的是，国与国之间在相互竞争中有了越来越多的共同利益。在经济全球化背景下，产品的研发、生产、原料供给、销售、服务等环节构成一个完整的产业链条，这些不同的环节往往由不同的国家来完成，很多商品的价值需要在全球产业分工中实现。全球产业链已经将世界各国"串联"成一个利益共同体，如果某些环节出了问题，整个利益链条就有可能受到影响，甚至发生中断。世界各国不可能维持"零和博弈"的利益格局，各国之间的竞争更多体现为在全球产业分工链条上对具体位置的角逐。一个国家越发展，它与整个世界结成的利益共同体关系就越紧密，因而，"中国积极发展全球伙伴关系，扩大同各国的利益交汇点，推进大国协调和合作，构建总体稳定、均衡发展的大国关系框架，按照亲诚惠容理念和与邻为善、以邻为伴周边外交方针深化同周边国家关系，秉持正确义利观和真实亲诚理念加强同发展中国家团结合作"[①]。

---

① 《习近平谈治国理政》第3卷，外文出版社，2020，第46~47页。

"人类命运共同体"是和而不同的价值共同体。经济全球化造就的共同利益把不同种族、不同肤色、不同国籍、不同宗教信仰、不同文化传统、不同语言的人更加紧密地联系在一起，人们在世界历史性的普遍交往中逐渐达成越来越多的价值共识，形成了和而不同的价值共同体。和平与发展的价值理念已经成为全人类的共同追求，尽管世界各国在实现和平与发展的具体途径方面尚未达成一致，思维还有殊异，但人类在反对战争向往和平、反对贫穷追求发展方面是不谋而合、殊途同归的。在公平、正义、民主、自由等共同价值方面，各国人民都有自己特有的历史文化传统，每个民族对共同价值的理解都有特定的指向和侧重点，和而不同是各种文明形态结成价值共同体的主旋律。因而，习近平强调，我们"要以文明交流超越文明隔阂、文明互鉴超越文明冲突、文明共存超越文明优越，推动各国相互理解、相互尊重、相互信任"[1]。

"人类命运共同体"是共建共享的安全共同体。获得安全是共同体生存和发展的重要前提。经济全球化浪潮让世界各国的安全状况更加紧密地联系在一起，传统安全威胁与非传统安全威胁相互渗透、相互转化，人类面临的安全问题前所未有，任何国家都不能确保自己绝对安全，任何国家都不可能将所有安全威胁拒之国门之外。习近平指出："在经济全球化时代，各国安全相互关联、彼此影响。没有一个国家能凭一己之力谋求自身绝对安全，也没有一个国家可以从别国的动荡中收获稳定。弱肉强食是丛林法则，不是国与国相处之道。穷兵黩武是霸道做法，只能搬起石头砸自己的脚。"[2] 世界各国都需要安全，但不能把自己的安全建立在对他国的威胁之上。一国如果发生了战争或动乱，大批难民就会涌入周边国家，威胁周边国家的生存空间。世界安全需要各国共同维护，世界安全的成果也应该由各国人民共享。

"人类命运共同体"是同舟共济的行动联合体。任何一个共同体都需要依靠集体行动来达成自己的目的，"构建人类命运共同体"同样离不开以民族国家为主体的全人类共同行动。习近平指出："构建人类命运

---

[1] 习近平：《携手推进"一带一路"建设——在"一带一路"国际合作高峰论坛开幕式上的演讲》，《人民日报》2017年5月15日，第3版。

[2] 习近平：《携手构建合作共赢新伙伴 同心打造人类命运共同体——在第七十届联合国大会一般性辩论时的讲话》，《人民日报》2015年9月29日，第2版。

共同体是一个美好的目标，也是一个需要一代又一代人接力跑才能实现的目标。中国愿同广大成员国、国际组织和机构一道，共同推进构建人类命运共同体的伟大进程。"① 增进全人类的福祉，是世界各国、世界公民或地球村"村民"的共同责任，破解全球性的治理难题需要世界各国、国际组织采取联合行动，单靠某一个国家、某一个国际组织力量远远不够。正如习近平所言："没有哪个国家能够独自应对人类面临的各种挑战，也没有哪个国家能够退回到自我封闭的孤岛。"② 我们需要看到，"构建人类命运共同体"所呼唤的联合行动是"结伴不结盟"的联合行动，不是"结盟拉帮"的联合行动。在国际事务中，"结伴不结盟"有助于做到公道正派，根据事情本身的是非曲直进行评判，"结盟拉帮"容易产生私心偏见，在行动中违背公平正义的价值原则。

（三）"人类命运共同体"的时代特征

"人类命运共同体"是在历史与现实相交汇的时空里诞生的新兴命题。它从人类历史以往的共同体中演变而来，经济全球化的深入发展又赋予了它鲜明的时代特征。

主体多元化。"人类命运共同体"涵盖的主体是全人类，也即作为"类存在"的人。它既包括共同体中作为群体存在的主权国家、特殊地区、国际组织、跨国公司等，也包括社会生活中作为个体存在的"现实的人"。

价值包容性。"人类命运共同体"是由多元主体构成的，不同的主体来自不同的文明，来自不同的国家，来自不同的族群，往往具有不同的文化传统、宗教信仰、风俗习惯、生活偏好，在价值观上也有殊异。"人类命运共同体"在承认人类共同价值的基础上强调包容并蓄，不能把某一种文明形态或某一个国家的价值观说成全人类的"普世价值"，进而排斥或贬低其他文明。各文明主体在承认人类共同价值的基础上各美其美、美美与共。

层次多样性。"人类命运共同体"中最重要的主体是主权国家，主

---

① 习近平：《共同构建人类命运共同体——在联合国日内瓦总部的演讲》，《人民日报》2017年1月20日，第2版。
② 《习近平谈治国理政》第3卷，外文出版社，2020，第46页。

权国家受地理空间或历史传统的影响，往往处在不同层级的命运共同体之中，比如存在中巴（巴基斯坦）命运共同体、中非（洲）命运共同体、亚洲命运共同体、非洲命运共同体、美洲命运共同体、欧洲命运共同体，等等。

关系复杂性。"人类命运共同体"的内部关系是复杂的，每一个主权国家都从维护自己的核心利益出发，来决定自己在国际事务中的态度和行动。一些主权国家之间存在较多的历史遗留问题，这使得各方很难摒弃前嫌、真诚合作。受地缘政治的影响，一些国家舍近求远、以邻为壑。人类虽然处在你中有我、我中有你的命运共同体之中，但依然面临着很多亟待解决的矛盾和问题。

结构变动性。"人类命运共同体"不是一成不变的"既存"集合体，而是运动发展的"变在"集合体。当前，人类虽然已经客观上走向了命运共同体，但它的结构仍然是不平衡、不均衡的。随着经济全球化深入推进，各主权国家经济实力和综合国力也将发生相应变化，进而引起国际格局的变革。"人类命运共同体"在经济全球化运动中趋向均衡发展的总体态势不会变，但这个过程会布满荆棘，充满坎坷，甚至可能出现逆流或回潮现象。

"构建人类命运共同体"作为全球治理的中国方案和中国理念，是习近平新时代中国特色社会主义思想的重要组成部分。这一思想在经济全球化深入发展的时代丰富和发展了马克思"世界历史"思想，超越了"一赢多输"或"此赢彼输"的"零和博弈"思维，彰显了合作共赢的精神实质。如果说邓小平关于"和平与发展"的时代主题的正确战略判断引领中国融入经济全球化的发展潮流，那么，习近平提出"构建人类命运共同体"的战略理论则是在经济全球化浪潮中为推动中国参与构建更加公正合理的全球治理体系、构建一个更加美好的世界而吹响的时代号角。

三 "构建人类命运共同体"的基本原则与价值目标

"构建人类命运共同体"的中国方案是一个新兴命题，被确立为新时代坚持和发展中国特色社会主义的基本方略，在国际社会引起了强烈反响，获得了国际社会的高度肯定，已经被写入联合国安理会的有关决议之中。同时,"构建人类命运共同体"的中国方案也遭受一些国家的质疑或误解,比如,一些"一带一路"共建国家担忧对中国产生过度依赖,一些国家把"构建人类命运共同体"当作"中国责任",一些国家担忧国家主权独立受到威胁,等等。对此,习近平深刻阐明了"构建人类命运共同体"的基本原则与价值目标,以凝聚世界各国的价值共识和行动共识。

第一,坚持协商对话,建设一个持久和平的世界。持久和平是全人类的共同福祉,但和平不会从天而降,需要世界各国共同维护。尊重主权是维护持久和平的前提。习近平强调:"主权平等,是数百年来国与国规范彼此关系最重要的准则,也是联合国及所有机构、组织共同遵循的首要原则。主权平等,真谛在于国家不分大小、强弱、贫富,主权和尊严必须得到尊重,内政不容干涉,都有权自主选择社会制度和发展道路。"① 国与国之间存在利益分歧在所难免,但动辄武力威胁、武力相加绝不是上策,协商对话是妥善解决全球经济发展不平衡问题的重要举措,也是减少国与国之间利益冲突的有效途径。中国一贯主张"沟通协商是化解分歧的有效之策,政治谈判是解决冲突的根本之道"②。

第二,坚持共建共享,建设一个普遍安全的世界。当今世界虽然处于整体和平的状态,但传统安全威胁与非传统安全威胁相互交织,依然威胁着世界各国人民。在全球化时代,安全绝不是某一个国家的私有物品,而是世界各国的公共物品,任何一个国家都不应该也不可能独占独享绝对安全。一国要获得安全,必须顾及他国的安全,只有世界各国携起手来,共同应对人类面临的安全威胁,世界各国才能共享普遍安全的环境。习近平指出:"世上没有绝对安全的世外桃源,一国的安全不能建立在别国的动荡之上,他国的威胁也可能成为本国的挑战。邻居出了问题,不能光想着扎好自家篱笆,而应该去帮一把。"③ 共享又是一门大学问,每个国家在国际事务中的职责不同,付出的努力也有差异,所以,

---

① 习近平:《共同构建人类命运共同体——在联合国日内瓦总部的演讲》,《人民日报》2017年1月20日,第2版。

② 习近平:《共同构建人类命运共同体——在联合国日内瓦总部的演讲》,《人民日报》2017年1月20日,第2版。

③ 习近平:《共同构建人类命运共同体——在联合国日内瓦总部的演讲》,《人民日报》2017年1月20日,第2版。

共享绝不意味着平均主义,而是尊重差异性。共享与共建密不可分,任何一个国家在"构建人类命运共同体"过程中抱着极不负责的"搭便车"心态,为一己之私,不作为或乱作为,扰乱地区安全秩序或随意打破地区战略平衡,都必将受到国际社会的制裁或谴责。

第三,坚持合作共赢,建设一个共同繁荣的世界。随着经济全球化深入发展,人类社会发展的联动效应越发凸显,任何一个国家固守"零和博弈"的思维或策略都很难获得成功。中国在全球治理中倡导合作共赢的理念,旨在破解全球经济发展的不平衡性,为发展中国家争取更多发展空间,促进世界各国共同发展。2017年9月,习近平在金砖国家领导人会晤期间指出:"当今时代,各国是相互依存、彼此融合的利益共同体,开放包容、合作共赢是唯一正确的选择。搞以邻为壑、零和游戏无助于世界经济增长,新兴市场国家和发展中国家将是首当其冲的受害者。"① 如果说一家独占、赢者通吃的"零和博弈"思维逻辑适用于20世纪及以前的经济全球化,那么,21世纪的经济全球化必然越发显现出合作共赢的时代特征。

第四,坚持交流互鉴,建设一个开放包容的世界。在全球化浪潮下,一个国家要谋发展,就应该开怀纳新,主动学习世界先进文明成果。历史已经深刻证明,没有一个国家长期闭关锁国还能经久不衰,也没有一种文明能以封闭的姿态走向世界舞台的中心。习近平指出:"世界经济发展的历史证明,开放带来进步,封闭导致落后。重回以邻为壑的老路,不仅无法摆脱自身危机和衰退,而且会收窄世界经济共同空间,导致'双输'局面。"② 不同的文化形态是对不同的社会存在形式的反映,不同的文化背景能够为解决多样化的世界问题提供更多可选择的方案。因为"每种文明都有其独特魅力和深厚底蕴,都是人类的精神瑰宝。不同文明要取长补短、共同进步,让文明交流互鉴成为推动人类社会进步的动力、维护世界和平的纽带"③。世界文明只有在不断深化交流交往中,

---

① 习近平:《深化互利合作 促进共同发展——在新兴市场国家与发展中国家对话会上的发言》,《人民日报》2017年9月6日,第3版。
② 习近平:《中国发展新起点 全球增长新蓝图——在二十国集团工商峰会开幕式上的主旨演讲》,《人民日报》2016年9月4日,第3版。
③ 习近平:《构建创新、活力、联动、包容的世界经济——在二十国集团领导人杭州峰会上的开幕辞》,《人民日报》2016年9月5日,第3版。

才能增进理解和共识，逐渐形成区域性的文化共同体。只有各文明主体在世界历史性的普遍交往中得到尊重和发展，形成更加进步的文化共同体，人类才有可能迈向世界历史性的、高水准的命运共同体。

第五，坚持绿色低碳，建设一个清洁美丽的世界。"构建人类命运共同体"必然要求保护人类共同的生存空间。全球生态破坏带来的灾难性后果具有极强联动性，世界各国都难以独善其身。比如，全球气候变暖导致海平面上升，许多沿海城市或岛国可能遭受灭顶之灾，一些内陆国也难免受到影响；降水失衡引发饥荒或洪灾，以及一系列次生灾害。在全球经济发展不平衡的条件下，人类对地球的破坏力会越来越大，向自然的索取也会丧失理性。从工业文明时代的"黑色发展"向后工业文明时代的"绿色发展"转变，已经成为全人类实现永续发展的必然要求。气候问题是一个涉及资源、能源、生存权、发展权的系统性问题，也是人类工业化的历史遗留问题。《巴黎协定》是全球气候治理史上的里程碑，世界各国都应该履行这一协定。同时，"应该尊重各国特别是发展中国家在国内政策、能力建设、经济结构方面的差异，不搞一刀切。应对气候变化不应该妨碍发展中国家消除贫困、提高人民生活水平的合理需求。要照顾发展中国家的特殊困难"①。因而，倡导绿色发展理念，实施节能减排，保护自然资源，使用清洁能源，将绿色发展与消除贫困统一起来，"人类命运共同体"才能可持续发展。

"构建人类命运共同体"是习近平新时代中国特色社会主义思想的重要内容，也是新时代坚持和发展中国特色社会主义的基本方略之一。国际格局的深刻变革呼唤全球治理的新方案，"构建人类命运共同体"的中国方案应运而生。"构建人类命运共同体"是在经济全球化浪潮中由发展中的中国提出的一个新兴时代命题，它是历史必然性、实践自觉性、理论创造性有机统一的时代产物。"人类命运共同体"是以"人"为主体的共同体发展到经济全球化时代的表现形态，它包含了相互依存的利益共同体、和而不同的价值共同体、共建共享的安全共同体、同舟共济的行动联合体等基本内涵，具有主体多元化、价值包容性、层次多

---

① 习近平：《携手构建合作共赢、公平合理的气候变化治理机制——在气候变化巴黎大会开幕式上的讲话》，《人民日报》2015年12月1日，第2版。

样性、关系复杂性、结构变动性等时代特征。"构建人类命运共同体"应该坚持协商对话、共建共享、合作共赢、交流互鉴、绿色低碳等基本原则和价值目标。

四 "构建人类命运共同体"理念的原创性贡献

第一,科学回答了世界之问、时代之问。"构建人类命运共同体"理念科学回答了身处"一体化的世界"中的全人类应该"建设一个什么样的更加美好的世界、怎样建设更加美好的世界"的世界之问、时代之问。无论是维柯、伏尔泰、赫尔德、康德、黑格尔的"世界历史"理论,还是马克思的"世界历史"思想,其背后都隐含着一个核心价值目标,即"建立一个什么样的世界"。马克思从"历史向世界历史的转变""交往成为世界交往"的现实境遇中,深刻分析资本主义基本矛盾的世界运动造成的种种社会弊病及其发展趋势,指明了以工人阶级为中心的劳动人民只有联合起来,在世界范围内消灭资本主义私有制,才能建立一个人人平等、自由的永久和平新世界。马克思从资本主义基本矛盾尖锐化的现实出发,提出了解决资本主义社会弊病的根本出路,这种前瞻性的论点无疑已经把握到"问题的本质",他给出的解决方案从根本上而言依然是科学的。随着历史向"世界历史"转变的深入推进,人类共同生活的地球村已经进入"一体化的世界",世界格局呈现出多中心、多主体的发展趋势。然而,"单边思维"与"冷战思维"依然盛行,"一体化的世界"面临治理赤字、信任赤字、和平赤字、发展赤字的危险与挑战,如何才能把这个充满矛盾的"一体化的世界"建设得更加美好,就成为世界各国人民共同面临的世界之问、时代之问。面对世界之问、时代之问,中国共产党人给出了二十一世纪马克思主义的回答,就是"构建人类命运共同体"。党的二十大指出:"中国坚持对话协商,推动建设一个持久和平的世界;坚持共建共享,推动建设一个普遍安全的世界;坚持合作共赢,推动建设一个共同繁荣的世界;坚持交流互鉴,推动建设一个开放包容的世界;坚持绿色低碳,推动建设一个清洁美丽的世界。"[①]

[①] 习近平:《高举中国特色社会主义伟大旗帜 为全面建设社会主义现代化国家而团结奋斗——在中国共产党第二十次全国代表大会上的报告》,《人民日报》2022年10月26日,第1版。

"构建人类命运共同体"理念体现实践方法与建设目标的统一,体现解答世界之问、时代之问的中国原创性贡献。

第二,提出世界交往的新文明理念。西方主导的资本主义现代文明在人类历史上发挥过积极作用,但随着资本主义基本矛盾的扩张与积累,资本主义现代文明在世界范围内获得了暂时的主导地位,以至于文明冲突论、文明优劣论甚嚣尘上。非西方文明在世界历史进程中的贡献被遮蔽掩盖,仿佛西方现代文明成了人类现代文明发展的样板,也成为人类文明的终结。西方一些国家打着传播西方文明的旗号,肆意以文明的名义侵略他国,制造文明冲突,给其他文明造成极大冲击。实际上,西方一些国家在世界交往中坚持的是西方中心主义的文明理念,贬低、排斥世界其他文明,这在方法论上是形而上学的,在价值层面是偏狭傲慢的。在充满矛盾的"一体化的世界",我们需要坚持什么样的文明理念呢?党的二十大指出:"我们真诚呼吁,世界各国弘扬和平、发展、公平、正义、民主、自由的全人类共同价值,促进各国人民相知相亲,尊重世界文明多样性,以文明交流超越文明隔阂、文明互鉴超越文明冲突、文明共存超越文明优越,共同应对各种全球性挑战。""构建人类命运共同体"理念蕴含的和平、发展、合作、共赢的文明观反对文明隔阂论、文明冲突论、文明优劣论,无疑是对西方主导的文明理念的重大超越。"构建人类命运共同体"的中国方案尊重人类文明发展道路的多样性与自主性,洞察人类文明发展的前进性与阶段性,擘画了"一体化的世界"中各种文明形态交流互鉴、共同繁荣的美好前景。

第三,开创了"两个结合"的新视域。"构建人类命运共同体"理念彰显中华优秀传统文化的深厚底蕴,是中华优秀传统文化创造性转化与创新性发展的时代产物。构建人类命运共同体体现坚持胸怀天下的世界观和方法论,体现中华文明突出特征中的包容性与和平性。中华文明的这种包容性与和平性体现在连续性的中华民族发展史中,中华民族多元一体的融合发展史为构建人类命运共同体提供了天下大同、和而不同、以和为贵等价值基因。"构建人类命运共同体"理念是"两个结合"的时代典范,即马克思"世界历史"思想的基本原理同中国实际相结合、同中华优秀传统文化相结合,对世界之问与时代之问的中国回答既体现了对马克思主义立场观点方法的坚持发展,又体现了对中华文明思想精华的传承创新。习近平指出："'第二个结合'是又一次的思想解放，让我们能够在更广阔的文化空间中，充分运用中华优秀传统文化的宝贵资源，探索面向未来的理论和制度创新。"① 可以说，"构建人类命运共同体"理念正是在"第二个结合"带来的思想解放中出场的，如果没有"第二个结合"，我们就很难摆脱非此即彼的排他性思维局限，就很难把中华优秀传统文化中的精髓转化为回答世界之问、时代之问的中国智慧和中国方案。

马克思"世界历史"思想具有鲜明的实践导向性，它为世界无产阶级运动确立科学的国际主义原则，也为各国无产阶级理论家分析复杂的世界格局提供了重要的认识论工具。在马克思恩格斯有生之年，"世界历史"思想在实际运用方面并没有得到广泛展开，这一思想的实践拓展是由世界各国的无产阶级革命导师接力进行的。列宁敏锐洞察到资本主义从自由竞争向垄断集中转变，指明帝国主义的经济实质是资本集中，提出"帝国主义是资本主义发展的最高阶段"的科学论断，并根据帝国主义发展不平衡性提出"一国胜利论"的革命策略，在俄国十月革命之后又提出同外界"保持联系"的社会主义建设思路。毛泽东揭开了马克思"世界历史"思想中国实践的序幕，提出"中国革命是世界无产阶级革命之一部分"的重要论断，根据世界矛盾运动建立广泛的统一战线，极大地拓展了中国共产党人"实事求是"思想路线的实践格局。邓小平敏锐把握世界历史时代主题的变迁，创造性地提出"和平与发展"的时代主题理论，制定中国"赶上时代"的开放发展战略，开辟世界社会主义发展的中国道路，为独立的中国重新走向世界舞台指明了正确方向。习近平站在中国特色社会主义进入新时代的历史方位上，积极拓展中国发展话语的世界视野，提炼人类社会发展的"共同价值"，提出"构建人类命运共同体"的中国方案，形成了马克思"世界历史"思想实践的最新样态。需要指出的是，列宁、毛泽东、邓小平等虽然在实践中拓展了马克思"世界历史"思想的问题视域，但马克思"世界历史"思想本身并没有引起他们的足够重视，马克思"世界历史"思想并没有获得马

---

① 习近平：《担负起新的文化使命 努力建设中华民族现代文明》，《人民日报》2023 年 6 月 3 日，第 1 版。

克思主义基本原理的"名分"。习近平在"政治话语"中确认了作为"学术话语"的马克思"世界历史"思想，充分肯定了马克思"世界历史"思想在中国革命、建设、改革过程中所起的作用，并指明我们要站在"世界历史"的高度把握前进的道路。可以说，习近平对马克思"世界历史"思想的实践拓展与守正创新做出了原创性重大贡献。

第五章　马克思"世界历史"思想的时代意蕴

作为"历史科学"的马克思"世界历史"思想兼具历史哲学与实证科学的双重属性。马克思不像黑格尔那样只从"绝对精神"（思辨的天国）的自我演绎中寻找"历史成为世界历史"的终极解释，而是从"有关时代的经济"这个"坚实的地面"揭示相对封闭的地域历史、民族历史向普遍交往的世界历史转变的基本规律。正是因为走向历史的深处并按照"历史本身的尺度"探寻"历史向世界历史的转变"的深层奥秘，这赋予了马克思"世界历史"思想"超历史性"的鲜明特征。马克思"世界历史"思想诞生至今已经一百七十余年，面对经济全球化浪潮衍生出政治全球化、文化全球化、生态全球化、全球现代性等彼此交错的复杂问题，它依然具有持久旺盛的解释力和生命力。中国特色社会主义进入新时代，今日之中国以更加积极有为的姿态深入参与世界交往秩序构建，因而，我们要更加自觉地"站在世界历史的高度审视当今世界发展趋势和面临的重大问题"[①]。进入新时代，马克思"世界历史"思想已经从一般学术话语上升为治国理政的政治话语，充分彰显中国共产党领导人民以中国式现代化全面推进中华民族伟大复兴的实践格局与思想自觉。我们在新的征程上继续坚持和实践马克思"世界历史"思想，就需要在更加开放的问题视域中深刻把握这一思想的时代意蕴。

第一节　理解中国传统"天下"范畴的重要参照

马克思"世界历史"思想不仅为我们洞察当今"一体化的世界"及其内在矛盾提供了重要的认识武器，而且为我们科学把握"历史何以成为现实"确立了根本尺度。一些深受西方话语逻辑影响的学者可能会提

[①] 习近平：《在纪念马克思诞辰200周年大会上的讲话》，《人民日报》2018年5月5日，第2版。

出这样的问题，即古代中国为什么缺乏像黑格尔所说的那种"向外发展"的内在性呢？这本身就是一种西方中心主义的提问方式，因为它包含着任何"向外发展"都具有天然合理性这个逻辑前提。根据黑格尔唯心主义历史哲学的偏见，中华文明虽然延绵五千多年而从未中断，但古代中国只有周而复始的王朝更迭，没有发生过影响世界历史进程的革命性变革，因而被排除在"世界历史"之外。黑格尔将精神的"向外发展"当作各民族走向世界历史的根本尺度，根据精神交往的距离远近而刻意遮蔽或掩盖中华文明在世界历史进程中的独特贡献，进而杜撰"中华文明封闭论"。实际上，中华先民"精耕细作"的生产方式不仅缔造了相对发达完善的内部交往体系，造就中国古代流变的"天下"格局，孕育中华民族流变的"天下"观念，而且曾在推动离散性的古代社会转向普遍交往的"世界历史"过程中做出独特贡献。尽管马克思关于"中国问题"的某些具体论述或多或少受到当时西方主流舆论的影响，但马克思总体上是按照"历史本身的尺度"分析古代中国何以融入世界交往的。今天，我们依然需要透过马克思主义世界史观这面"大镜子"，如此才能深刻理解中国古代"天下"格局历史演变的内在逻辑和中国古代"天下"观念现代转型的历史必然性，才能更加立足当今时代，借助马克思"世界历史"思想的立场观点方法，重新把握中国传统"天下"观念的历史嬗变及其现代转型，帮助我们更好地理解中华民族在推动"历史成为世界历史"与"交往成为世界交往"过程中的独特贡献与角色定位，进而从容应对形形色色的西方中心主义历史观的冲击与干扰。

一　中国古代"天下"格局的历史嬗变

自古以来，中华文明在交往融合中自成一体，虽然遭遇种种危机与挑战，但从未断流或中断。在中华文明五千多年的发展历程中，中国古代"天下"格局同样经历了一个漫长而复杂的生成流变过程。早在万邦林立的远古时代，各个部落为了争夺生活物资和生存空间而不断征伐，众多彼此隔绝的部落在征伐中兼并重组，以部落联盟为基础的早期国家应运而生。如何规范各部落之间的交往秩序呢？这个问题在商周时期已经得到初步解决。特别是汤武革命之后，周朝采用分封制确立了各诸侯国与周王朝的交往秩序。周朝的分封制带有鲜明的亲缘伦理色彩，按照血缘亲疏远近进行分封，周王宗室处在核心圈，外围则是诸侯封地，各诸侯定期向周王朝贡。周朝的朝贡体系带有鲜明的理想主义色彩，统治者误以为亲缘关系不会随着时间推移而淡化。事实上，时间越久，亲缘就会越来越淡，伦理关系的约束功能就随之衰减。随着各诸侯国人口增长，争夺生存资源的竞争引发彼此间残酷血腥的兼并，势力式微的周王无力干涉各诸侯之间的纷争，以至于成为徒有虚名的"空架子"。通过伦理关系建立起来的"天下格局"经不起时间洗礼，尤其是在现实利益冲突面前，以伦理关系为基础的朝贡体系必然面临崩溃的命运。可见，建立在宗法伦理基础上的天下秩序及其观念都存在很大的局限性。

从春秋争霸到战国兼并，再到"六王毕，四海一"，秦朝开创郡县制，"大一统"的"天下"格局和"天下"观念基本形成，这对后世影响深远。实行郡县制的目的在于避免分封制带来诸侯争霸的局面，整个天下"书同文，车同轨"，中央集权的行政体制取代诸侯列国并立的分散局面，整个天下不再是离散无序的天下，而是中央集权行政架构之中的天下。汉承秦制，但又将分封制嵌入郡县制之中，使得"家天下"的伦理秩序与中央集权的郡县制结合起来，这看似可以避免"速亡"的命运，却不能消除刘姓诸侯王起兵谋反的问题。汉武帝虽然通过"推恩令"削弱了各诸侯王的势力，但此后又衍生出权臣与宦官相继专权的问题。天下合久必分，分久必合，王朝更替的"历史周期率"不断显现。在汉代，人们的身份认同空前强化，"汉人"成为汉朝治下"我者"的共同身份认同。此后，中国古代的"天下"正统，实际上就成为以"汉人"为中心的"天下"正统，"汉人"日益成为"中国"这个地理标识上的"我者"而与周边"他者"相对应，以至于以汉人或中原为中心的"天下"时常遭到周边部落的"觊觎"，周边少数民族在与汉人的长期交往融合中，或多或少地受到汉化，不断融入"汉文化"主导的社会格局之中。在汉朝，各国商人采用"分程护送"的方式开辟了陆上丝绸之路，人类已经通过间断性的商贸往来初步开辟了横跨欧亚大陆的交往通道，足以见得，古代中国早已成为世界历史链条上的重要一环。

盛唐治下的天下格局达到空前境界，迎来万邦来朝的盛景。大唐留给后世太多的想象和遐想，其治理格局辐射到中亚及天山以北的广大地区，所设置的安西都护府与北庭都护府起到维护周边各部落交往秩序的作用。大唐的盛景强化了"自我中心"的天下观念，它虽然没有把自己封闭起来，但它的对外开放政策缺乏长远的战略考量，加上奢靡之风盛行，未能避免盛极而衰的命运。晚唐的藩镇割据局面为周边少数民族政权迅速崛起提供了契机，这直接影响到宋代的天下格局。宋朝在经济文化上取得空前发展，在军事政治上却长期处于被动地位，疲于应对北方各少数民族政权的侵扰。陆游"王师北定中原日，家祭无忘告乃翁"，一语道破宋代无数仁人志士面对山河破碎的积郁。宋朝的陆上空间不再像盛唐那样辽阔，但"走向海洋"则是盛唐不可比拟的。许倬云将宋代归结为"列国体制下的中国"，宋代的中国不再像盛唐那样是"天下"的共主，也丧失了霸权，只能力求独立和自主，辽国、西夏、金国都是足以跟宋廷抗衡的政权。① 可以说，宋代中国的"天下"格局在地理空间上遭到极大的压缩，宋人的"天下"观念已经不再像盛唐那样充满理想主义色彩，而转向谋求自立与自主。

　　蒙古人虽然建立了横跨亚欧大陆的帝国，但中原文化圈并没有将之奉为正统。蒙古人并没有在其所征服地区留下过多的文明标识，反而逐渐消融在其他文化形态之中。蒙古人以征服者的姿态出现在亚欧大陆上，他们通过西征与南征建立的庞大帝国并不是铁板一块，带有"家族分业"的鲜明色彩。蒙古人虽然通过武力建立了庞大的世界性帝国，但这个世界性帝国内部并没有建立起良性的权力运行机制，也没有为所征服地区打上具有进步意义的独特文明标识。按照马克思主义的观点，就是野蛮的征服者的征服行为只能同被征服地区的经济社会结构相适应，只能按照被征服地区的经济文化状况建立相应的统治秩序。如果被征服地区的文明形态发育程度较高，征服者就会面临被同化的命运。此外，蒙古人统治的"天下"虽然在地理空间上横跨亚欧，但在文化涵养上却处于分裂状态，入主中原建立元朝的蒙古人同样没有真正融入中原文化圈，以至于它长期被中原地区视为"他者"。

　　明朝推翻蒙古人在中原地区的统治，重新使"中原天下"变成"汉人天下"。朱棣迁都北京对北方少数民族起到很大的防御作用，使江南地

---

① 参见许倬云《我者与他者：中国历史上的内外分际》，生活·读书·新知三联书店，2010，第73~74页。

区在很长一段时间里免于战乱，经济社会快速从战乱中恢复并取得长足发展。明朝虽然总体上实行重农抑商，但它建立了全国性的商品贸易网络，北部长城边境设有固定的贸易集市，中原地区建立广泛的区域性市场，江南沿海同外国的贸易往来尤多。明朝治下的"汉人天下"强化了政治认同，经济层面的联系更加稳定、频繁。明朝在西南少数民族地区推行"改土归流"的政策，将西南这片边陲之地纳入中央集权的治理体制之中，有效推动了西南边疆地区与中原地区相互融合的历史进程。此外，明朝曾积极拓展海上航线，郑和下西洋早于西方环球探险，他开辟的航线客观上属于全球地理大发现的重要组成部分，然而，这样的重大事件却常常在西方中心主义的叙事逻辑中被忽视。正如许倬云所言："明代的中国已卷入全球的经济大网。"[①] 虽然明代的中国依然自认为是"天下国家"，但客观上跟西方人接触增多，其世界眼光较以往都更加开阔，明代统治者可以从更加稳定的经济事实中接触"我者"之外"他者"的更多信息，认识到整个世界不仅有"中国"，还有作为"他者"的其他列国，只是中国在众多列国中处于中心地位。

  清王朝是另一个相对于汉人而言的"他者"政权，汉人则成为清朝政治秩序中的"他者"。清朝治下的中国疆域是空前的，西藏与蒙古都被纳入清廷的治理范围，这在中国历史上具有开先河的重大意义，它奠定了当代中国的基本疆域。清朝沿用明朝的"改土归流"政策，尤其是在平定"三藩"之后，清廷对中国边疆地区的有效统治进一步加强。当清廷治下的中国进入"康乾盛世"，西方社会经历启蒙运动的思想洗礼而进入上升阶段，新兴资产阶级游走于全球寻找黄金白银。清廷治下的中国曾把从陆上而来的"他者"阻挡在国门之外，然而从海上而来的"他者"却络绎不绝。欧洲商人争相从中国进口茶叶、丝织品、瓷器，贩卖到欧洲谋取暴利。美洲开采出来的白银直接被运往亚洲，中国长期处于"出超"状态，白银大量流入中国市场，进一步促进农业与手工业相结合的"精耕细作"。清王朝的鼎盛时期，本是中国与西方站在同一起跑线甚至占有主动权的时期，但沉迷于"天朝上国"幻境的清朝统治

[①] 许倬云：《我者与他者：中国历史上的内外分际》，生活·读书·新知三联书店，2010，第73~74页。

者并没有把握住现代转型的世界历史潮流,而是将已经处在世界历史进程之中的中国拉了回来。虽然康熙曾命人绘制了"万国舆图",但他却将之藏于宗庙,不予示人,以至于中国人对域外世界了解甚少,而西方对中国了解甚多,这就加重了中国与西方列强之间的信息不对称。当西方人的廉价工业品无法正常撬开中国商业大门之时,他们就开始向中国输入鸦片,导致中国白银大量外流,这就使得中国传统手工业与农业相结合的社会结构不能正常运转。在清廷治下的中国,民间与西方的生意往来从未间断,但清廷有意阻止汉人与西方的过多接触,以防止南方的汉人借助西方力量推翻清廷统治。有学者指出:"清朝中断了中国社会发展的趋向型变化,代之以循环型的变化,使中国社会向近代转型渐变发生断裂,与世界发展大势相背离。"[①] 鸦片战争拉开了中国社会变革的序幕,西方列强的坚船利炮沉重打击了妄自尊大的清廷,使之不得不进行有限度的社会变革,"师夷长技,制夷求富"的洋务运动就是表现之一。

吸取改良无望的惨败教训,孙中山提出"驱除鞑虏,恢复中华,创立民国,平均地权"的革命方案,顺应了近代中华"天下"格局变革的时代呼唤。西方资产阶级开创了"不自觉"的"世界历史",它在客观上将"革命的星火"播向各个古老文明,在那里促成社会变革的"燎原之势",各个古老文明被卷入资本操控的世界普遍交往格局。其实,中华先民在漫长的发展历程中缔造了相对完善而发达的内部交往体系,这种相对发达的内部交往体系蕴含着"向外发展"的积极因素。以数千年大历史观之,中国古代"天下"格局总体处在"变革与开放"的发展态势之中,中华先民亦在数千年的聚合与流变中逐渐结成具有开放性与包容性的共同体,并以"中华民族"这个独特文明标识融入普遍交往的世界历史。中华民族共同体如何在西方列强操控的近现代世界历史进程中实现"振兴中华"的伟大使命?这是"历史向世界历史的转变"给历经磨难的中华民族共同体提出的新课题和新任务。中国古代的"天下"格局经历了一家天下、列国天下、一族天下的流变过程,最终迈向世界历史性普遍交往的"人民天下"。

[①] 万明:《中国融入世界的步履——明与清前期海外政策比较研究》,社会科学文献出版社,2000,第471页。

在中国古代"天下"格局的纵向变迁中，中华民族内部的横向交往逐渐丰富发展完善起来。中华先民在漫长的民族融合发展中逐步构建起相对完善发达的内部交往体系，极大促进了中华优秀传统文化的孕育积淀与传播普及，这不仅为塑造中华文明突出的连续性、创新性、统一性、包容性、和平性奠定了极为有利的历史基础，也对具有高度整体性的中华民族迈向普遍交往的世界历史进程具有重大意义。今天，我们应该重新审视处在历史流变中的中国古代"天下"格局及其独特意义，从中吸取建设中华民族现代文明的历史经验。

二 中国传统"天下"观念的基本特征

中国古代涌动的"天下"格局孕育流变的"天下"观念。随着中国古代"天下"格局的历史嬗变，中国传统"天下"观念同样处在历史演变之中。中国传统"天下"观念的历史演进并不是直线性的，它具有反复杂糅性。通过梳理，可以将中国传统"天下"观念的基本特征概括为以下几个方面。

第一，以朝贡体系为纽带。中国传统的"天下"观念并非只存在于意识形态领域，它有着深厚的现实基础，"朝贡体系"就是维系天下观念的政治因素。中国古代的"天下"概念本身具有国家的意蕴，也具有国际的旨趣。每个王朝都需要对内确立秩序，对外树立天威，"朝贡体系"就成为每个强大的中心政权同周边邦国或属国构建交往秩序的现实载体，它规定了中心王朝与周边政权的权利义务关系。商代伊始，中央政权与周边邦国之间的权利义务关系就逐步确立起来，正如许倬云先生所言："殷商王国的格局竟奠定了中华帝国体制的控制基本模式"[1]。这个基本模式实际上就是朝贡体系，在其后的几千年里，朝贡体系始终发挥作用。"朝贡体系"本身并不是一成不变的，它的实际内涵也随着"中国"空间格局的发展而演变。商朝的朝贡体系是以部落联盟的形式确立起来的，周朝朝贡体系的内涵更加丰富，它试图将宗法伦理血缘关系嵌入国家治理之中，将分封制与部落联盟形式结合起来。秦统一六国，

---

[1] 许倬云：《我者与他者：中国历史上的内外分际》，生活·读书·新知三联书店，2010，第10页。

统一度量衡，在全国范围内实行郡县制，中央对地方的控制力空前加强，"大一统"的"天下"观念就在中国历史文化中扎了根。在此后两千多年中，以"大一统"为核心的朝贡体系虽然遭受历史分分合合的挑战，但这一观念总体上已经深入到中华先民的历史记忆里。当代中国人关于中国古代的美好历史记忆更多是从那些辉煌的"大一统"时代去寻找的，中国古代"大一统"时代给后人留下了很大的想象空间。以古代中国为中心的朝贡体系并不带有掠夺性质，它坚持一种"礼尚往来"的和平原则，这与带有强烈掠夺性的西方殖民体系形成鲜明对比。以古代中国为中心的"朝贡体系"只是在宏观上确立周边的安全秩序，古代中国政权并没有插手或干涉周边各国的内政事务，实际上，这种朝贡体系本身还包含"和而不同"的价值取向。

第二，以捍卫正统为名。汤武革命，顺天应人。每一个王朝夺取天下都需要借助天命才能师出有名，都需要在意识形态上把自身确立为"正统"。周朝建立的分封制天下实际上包含远近亲疏的伦理维度，周王的正统地位通过等级分封的形式确立下来，即使在东周末期的动乱年代，各诸侯依然需要借助周天子的名义"勤王"，挟天子以令诸侯。秦虽以武力征服六国，但六国的臣民并不认可秦的正统地位，以至于陈胜、吴广揭竿而起，天下一呼百应，讨伐暴秦在道义上就成为正统的代表。在中国古人看来，正统作为"仁政"的表征，实行暴政的王朝就会失去民心，天下便可改朝换代，每一个新王朝又通过"仁政"来确立自己的正统地位。宋朝虽然饱受北方游牧民族政权的侵扰，南宋甚至偏安一隅，但赵宋的正统地位却没有动摇。蒙古大军南下，推翻赵宋"正统"政权，但蒙古人却长期不能确立自己的正统地位，虽然天下易主，但民心不归，这是中原人眼中的外来者无法克服的难题。可见，中国传统天下观还包含着深层的民心观念，民之所向，才能天下归心。

第三，以"中原地带"为核心。中国传统天下观具有鲜明的地理标识和文化标识。黄河流域作为孕育中国传统天下观的核心区域，长期被视为中华文明的摇篮，也长期作为古代中国的政治中心。中原地带不仅具有地理标识，而且具有民族标识。一般而言，中原地带是汉人居住，北方地区则是北方游牧民族，南方地区则是蛮夷土著，这就在文化上形成和强化了"汉族中心主义"。当然，中原地带的范围是在不断扩张的，随着经济政治中心不断南移和北移，中原地带在空间上也不断拓展新的边界。"中原"逐渐从一种地理标识转化为一种文化标识，"中原人"不再特指生活在黄河流域的汉人，而是泛指受到中原文化影响和洗礼的整个汉人群体，也包括那些接受中原文化而汉化的少数民族群体。随着"中原"在地理与文化上双重扩展和延伸，凭借"天圆地方"的事实经验，中国古人误以为"中原"位居整个宇宙的中央，中原政权与中原文化则享有唯我独尊的优越感。需要指出的是，这种优越感并不是一成不变的，也是在中原与域外交流交往中不断强化起来的，以至于演化成了某种程度上的中原中心主义或者中国中心主义，尽管我们不愿意承认和接受这一点。实际上，汉族并不是血缘纯正的单一民族，而是华夏族与周围各民族交往融合而成的共同体，这样一来，以汉族为主体的中原文化就不是某个单一民族的文化，而是一种具有共识意义的文化形态。

  第四，以防御为手段。西方学者认为中国不具有"向外发展"的内在性，由此推论中国古代社会是长期停滞不前的，因为它在很早之前就达到了近代的发展水平。其实，这是不严谨的，也是武断的。西方学者认为古代中国封闭自守的依据是多方面的，按照西方人的逻辑，中国古人缺乏探索或探险精神，而西方人所谓的环球探险，实际上就是侵略扩张的"前奏"。古代中国的确是以陆地作为活动中心的，勤劳的中华先民主要在陆地上"精耕细作"，但也只在陆地的表层进行"深耕细作"，因而古代中国并不像近代西方那样进行剧烈的社会变革，而是进行着渐进性的缓慢变革。西方近代激烈的社会变革在很大程度上是借助和依靠殖民扩张来实现的，殖民扩张和海外贸易带来的巨大利益造就了大批新兴贵族阶级，他们的存在挑战和冲击着封建贵族的统治地位。相反，中华先民在农业与家庭手工业相结合的基础上"精耕细作"，由此产生的社会结构和阶级结构相对稳定，我们经常说的"子承父业"实际上就是生产方式的"父传子，子传孙"，代代相传，劳动技艺就是独特的谋生手段。中华先民对父辈遗留下来的劳动土地和生存技艺具有深深的依恋之情，守住父辈留下来的遗产（生产方式与生活方式）就成为多数中国人与生俱来的历史惯性。从国家层面来看，中原政权往往占据农耕发达的富饶地区，统治阶级没有入侵或占领周边的游牧地区的冲动和欲望，更多是在守卫老祖宗留下来的国土，防止游牧民族入侵中原地带。中国政治层面的"天下"概念隐含着防御功能，在军事政治上抵御"他者"，保卫"我者"，这是中华先民及其统治阶级的一项基本共识。可见，并不是中华先民不具备"向外发展"的内在性，而是因为中华先民"精耕细作"的生产方式创造和孕育了璀璨的中华文明，使中原地带长期成为周边各民族及其政权所"觊觎"的对象。历史是有惯性，创造历史的人也存在惰性。与周边游牧民族相比，中华先民拥有相对优越的生产方式与生活条件，面对这种天然的地理空间优势，中华先民没有主动进攻或占领偏远地区的内在冲动，对"他者"主要采取防御和戒备的策略。早期中华先民主要防范陆上而来的"他者"，明朝中后期之后，中华先民主要防范海上而来的"他者"，即使是与海上或陆上的"他者"进行物质文化交往，国家政权层面的防范机制都未曾缺席。

第五，以天下大同为归宿。得民心者得天下，在中国人的眼中，"天下"代表着民心所向、民心所归。在《礼记·礼运》中有关于"大同"的记载："大道之行也，天下为公，选贤与能，讲信修睦，故人不独亲其亲，不独子其子，使老有所终，壮有所用，幼有所长，鳏寡孤独废疾者皆有所养；男有分，女有归，货恶其弃于地也，不必藏于己，力恶其不出于身也，不必为己，是故谋闭而不兴，盗窃乱贼而不作，故外户而不闭，是谓大同。"天下为公、天下大同作为中华民族代代相传的价值理念，对历代王朝统治者治国理政的实践都产生了深远影响。尽管每个王朝的最高统治者都宣称"朕即是天下"，但皇帝本身只是民心在法定程序上的代表，皇帝并不是天下本身，而只是天下人借以实现"大同理想"的载体和工具。在中国历史上，"工具"变主人与"主人"变奴隶的现象比比皆是，由此展开"其兴也勃焉，其亡也忽焉"的历史画卷。追求天下大同的中国历代王朝为什么不能跳出历史周期率呢？在与周边政权的交往中，中国历代王朝都曾秉持以和为贵、亲仁善邻、协和万邦的价值理念，但是，在关乎种族生存发展的地理空间争夺中，每个民族都很难牺牲自己以换取别国安宁，反而会通过掠夺"他者"以保全"我者"。中国古代的"天下大同"价值理念虽然预设了美好的人类前景和社会秩序，但它并没有包含平等的权利诉求。如此一来，中国传统的天下观实际上是以"我者"为中心的，尤其是以"我者"中的统治阶级为中心的。从统治阶级的偏见出发看待世界，世界就不是历史存在的世界，而是天命永恒不变的世界。统治阶级肆意妄为,普通百姓苦不堪言,周边政权虎视眈眈,这样的"天下"本身就潜藏着巨大危机,只待寻找一个有利时机顺势爆发。"天下大同"的理想固然美好,但很难实现费孝通先生所说的那样"各美其美,美人之美,美美与共"。尽管中华先民没能实现"天下大同"的美好理想,但中华民族追寻这一理想的脚步却从未停歇。直至今日,"天下大同"的价值理念依然为我们全面诠释中国形象提供生动注解。我们需要辩证看待中国传统"天下大同"理念及其在历史发展中发挥的实际价值。在经济全球化深入发展的当今时代,中国传统"天下大同"的理念已经融入人类社会发展日益生成的"共同价值"之中,经过创造性转化的中国传统"天下"观念也越发显示出时代魅力。

三 中国传统"天下"观念的解体与重构

随着人类迈进历史向世界历史转变的崭新时代,整个社会发展就像安装了"加速器"一样,生产方式经历了前所未有的颠覆性变革,散居全球的各族群相隔离、孤立的总体局面日益被打破。人们在开阔眼界的同时,内心世界也扩大了很多倍。虽然人们内心世界扩大的程度与现实眼界扩大的程度不一定成正比,但这种扩大的总体趋势是不可抗拒的。这意味着各民族传统的世界观都将受到外在世界的冲击而面临调适或转型。虽然中国传统"天下"观念一直处于流变之中,但总体上没有超出"中原中心主义"的思维范式,并且,这种思维范式同样在古代中国与"他者"的交往中不断得到强化,直至在强化中幻灭。鸦片战争给沉迷于天朝上国的清政府当头一棒,清政府割地赔款,声威扫地。此后,清政府即使长期面对严重的内忧外患,也未曾动摇和放弃"唯我独尊"的偏见与傲慢。洋务运动是清政府"开眼看世界"的探索实践,但清政府依然是带着自身的偏见去审视西方世界及其伟大变革的。洋务派对西方的学习主要体现在器物层面,这种"开眼看世界"犹如管中窥豹。太平天国的领导人洪秀全则走向了另一个极端,照抄照搬西方宗教教义而创立拜上帝教,将西方朴素的宗教理念与中国古代朴素的大同理想进行机械嫁接,妄图通过"政教合一"实现对中国的彻底改造。在西方列强武力干涉下,清政府把外来屈辱转嫁到老百姓身上,丧权辱国,巧立名目,民不聊生,这使得清政府面临更加严重的合法性危机。面对西方列强的侵略(外患)与太平天国运动、义和团运动(内忧)等多重挑战,清朝统治者甚至提出"宁赠友邦,不予家奴"的卖国主张,这足以暴露清政府的私利性与偏狭性。中国传统"天下"观念在清朝走向了封闭化和私利化,清政府"以一族之私心"审视和窥探内部的中国和外部的世界,必然会提出"量中华之物力,结与国之欢心"的妥协方案。清政府以狭隘的"天下"观念主导了近代中国与西方列强打交道的"前半程",中国人民对一战即败、不战而败、不败而败的清政府已经失去信心,反清的革命火种借助西方列强的坚船利炮蔓延开来。

康有为在《大同书》中提出"入世界"与"去九界"①的构想,认为必须将人类遭受的疾苦纳入世界视野之中加以考察。如果说中国古代"天下"观念的核心范畴是维护等级秩序,那么,康有为"大同世界观"的核心价值则是追求众生平等。康有为的"大同世界观"的确超越"从中国看世界"的传统范式,开辟了"从世界看中国"的新路向。康有为的"大同世界观"对中国知识界来说具有"破壁"的功能,在世界范围内同样具有超前意识,正因为过度的超前性,其变成了乌托邦的空想。钱穆先生曾指出:"中国人的理想人生实在并不错,错的只在他的世界主义上。要真实表现出中国人的理想人生,则非真达到世界主义的路程不可。但中国人自始就认为中国已是一个大世界,中国文化在此一点上走过了头,使它和现实的世界脱节,不对接。"②

孙中山作为中国革命的先行者,先后提出新、旧"三民主义",其核心思想是"天下为公"。孙中山所说的"天下为公"不同于《礼记·礼运》中的"天下为公",后者所说的"天下为公"是建立在森严的等级秩序之上的,每个人按照天命安排从事固定的职业,履行天命规定的义务,"权利"关系还没有进入中国古代"天下"观念的议题范围。孙中山的"天下为公"思想吸取了中国古代大同思想的合理因素,但又摒弃了"只讲义务,不讲权利""上层权利,下层义务"的不对等成分,

---

① 参见康有为《大同书》,上海古籍出版社,2014。"入世界"即为"入世界观众苦";"去九界"即为"去国界合大地""去级界平民族""去种界同人类""去形界保独立""去家界为天民""去产界公生业""去乱界治太平""去类界爱众生""去苦界至极乐"。
② 钱穆:《中国文化史导论》,商务印书馆,1994,第251页。

凸显了民有、民享、民治的权利意识与平等意识。孙中山"天下为公"思想中的权利意识来源于他对西方现代价值观念的借鉴，孙中山曾经远赴日本和美国，考察西方的民族政治实践，见证了西方社会严重的贫富分化问题，尤其是周期性的经济危机引发社会动荡，这都使得孙中山的"天下为公"思想展现出更加宽广的视野，也凸显了更加务实的破题意识。孙中山的"天下为公"思想对中国古代"天下"观念具有"伟大变革"的时代意义，推动了中国传统"天下"观念的现代转型，中国传统"天下为公"思想在孙中山那里被赋予了崭新的时代内涵，激励和引领无数仁人志士投身"振兴中华"的革命洪流之中。当然，孙中山"天下为公"思想直击清朝统治者的偏私性要害，在某种程度上，也推动了中华传统"天下为公"价值理念的复兴。

中国共产党作为孙中山革命事业的继承者，毛泽东概括性提炼出"为人民服务"的根本宗旨，这就超越以往"少数人所得而私"的实践逻辑，为走向解体的中国传统"天下"观念获得重构找到了一条具有现实性的实践出路。正所谓"人民，只有人民，才是创造世界历史的动力"①。显然，中国传统"天下"观念的解体与重构与"历史向世界历史的转变"存在着千丝万缕的联系，甚至可以说，中国传统"天下"观念是在世界格局与世界秩序大调整的时代背景下走向解体的，也是在回应西方现代文明的价值冲击中实现创造性转化的，更是在历史唯物主义"世界历史"思想的实践指导中真正实现创新性发展的。

中华先民在漫长的发展历程中通过交往融合不断结成具有开放性与包容性的中华民族共同体，"变革与开放"始终是中华文明发展的总体态势。我们需要看到，"精耕细作"的生产方式虽然孕育了相对发达的内部交往体系，但历代王朝的"变革与开放"都是很有限度的，这直接影响到中国古代"天下"格局与"天下"观念的形成与流变。随着"历史向世界历史的转变"，古代中国相对稳定的"天下"格局与"天下"观念很难迅速适应急剧变革的外部世界。一些有识之士虽然提出"开眼看世界"的主张，但他们时常会遭遇来自"祖宗之法"的强大阻力。世界历史潮流不可阻挡，中华民族必将通过变革开放实现伟大复兴的梦想。

---

① 《毛泽东选集》第3卷，人民出版社，1991，第1031页。

站在新的历史方位上，我们依然面临"开眼看世界"的时代任务，只不过我们找到了正确审视世界历史运动规律的"望远镜"和"显微镜"，这就是马克思主义的世界历史观，我们更应该自觉用好马克思为我们提供的"世界历史之镜"这一科学理论武器。今天，我们依然需要在这条新路上进行新的探索，既要全面表达发展中的中国构建更好的世界的基本主张，又要积极助力构建更加美好的世界。

第二节 洞察全球化进程中"逆全球化"现象的方法论

经济全球化已经成为世界历史深入发展的客观趋势，它为马克思"世界历史"思想的时代出场提供了新的契机。我们知道，马克思"世界历史"思想在相当长的历史时期并没有引起中国马克思主义理论界的足够重视，直到20世纪80年代之后，中国在改革开放实践中逐渐融入世界市场，马克思"世界历史"思想才凸显出前所未有的话语先导功能。全球化浪潮揭开了尘封多年的马克思"世界历史"思想的层层面纱，使得这一思想以崭新的面貌出现在世人面前，同时，马克思"世界历史"思想也为我们深刻认识全球化的客观历史进程及其衍生出的若干问题提供了基本的分析框架，尤其是面对近年来持续升温的逆全球化问题，这一思想同样具有重要的方法论意义。

一 世界交往深入发展的全球化

我们生活在一个地球村，早已对全球化现象习以为常。然而，"全球化"这一概念饱受争议，人们不是就世界经济趋向一体化的客观事实进行争论，而是对全球化的时间范围和内涵边界等具体指涉持有不同看法。德国左翼经济学家弗兰克在《世界体系：500年还是5000年？》中认为，一体化的世界经济不是在500年前的地理大发现之后才形成的，而是在5000年前就已经形成了，因为那时候已经出现连接亚洲文明、非洲文明、欧洲文明的商贸往来。弗兰克的观点带有鲜明的反西方中心主义的色彩，但存在为了反西方中心主义而夸大古代社会跨国交往的世界历史意义的嫌疑。古代社会虽然出现了"国际交往"，但那时候的跨国交往往往是低频性与间断性的，主要表现为政治朝贡或互通文书，尚未表现为民间的普遍交往。英国历史学家 J. M. 罗伯茨认为，新航路的开辟是全球化的开端，因为它使人类社会发展进入"大加速时代"，"表明世界史进入一个新的时代"，"各文明独立或接近独立的时代已经走到了尽头"，散居全球的各民族被"打造成一个整体"①。罗伯茨从西方人的角度看待全球化的历史进程，甚至把全球化看成是西方人单向度的扩张行为，实际上将世界的现代化等同于世界的欧洲化，显然带有强烈的西方中心主义价值取向。

马克思通过对物质生产方式与交往方式大变革的客观事实及其发展过程的深入考察，将历史向"世界历史"转变的时间起点界定在 16 世纪，得出结论："世界史不是过去一直存在的"，"作为世界史的历史是结果"。② 马克思这一带有预测性的结论包含着丰富而深刻的历史辩证法思想，他将普遍交往的世界历史看作一个长期的生成过程，但又在时间上予以明确的界定，体现了量变与质变的有机统一。马克思认为，交通工具的变革为世界普遍交往提供了客观条件，但交通工具是在资本逻辑的驱动下实现巨大变革的。交通工具的变革服从于资本逐利的现实需要，资本逻辑在 16 世纪之后逐步渗透到西欧社会生产和社会交往的各个领域，并日益占据主导地位。马克思曾说："世界贸易和世界市场在 16 世纪揭开了资本的现代生活史。"③ 巧妇难为无米之炊，维系世界贸易和世界市场需要整个社会创造出大量的剩余产品，实际上，资本主义大工业承担了创造世界历史的"不自觉的工具"的职能。"世界贸易"与"世界市场"成为"世界历史"活动的主要载体，追求剩余价值则是资本家奔走于全球的根本目的。

马克思描述的"世界历史"与当代全球化是什么关系呢？笔者认为，马克思描述的"世界历史"虽然只是"全球化"的序幕，但马克思在序幕中已经抓住了问题的本质。在马克思生活的时代，资本家为了给自己的商品寻求出路，除了充分占领国内市场，还需要通过海外殖民的形式占领世界市场。马克思描述的"世界历史"主要是指贸易的世界

---

① 参见〔英〕J. M. 罗伯茨《我们世界的历史》（Ⅲ 大加速时代），陈恒、黄公夏译，东方出版中心，2018，第 547 页。
② 《马克思恩格斯文集》第 8 卷，人民出版社，2009，第 34 页。
③ 《马克思恩格斯文集》第 5 卷，人民出版社，2009，第 171 页。

性,以及在此基础上使民族历史向世界历史转变。马克思关于"民族历史"或"地域历史"向"世界历史"转变的论述,既有实证案例的支撑,也有哲学高度的提炼,因而表现出基于实证分析的预见性和前瞻性。马克思看到了资本运动的世界性,但当时的资本家是存在民族性的。实际上,资本主义大工业开创的"世界历史"就表现为资产阶级的生产方式在全球范围内排挤其他民族生产方式的历史,可以说,资本原始积累的世界历史是极其残酷的,它并不像资产阶级标榜的那样在世界范围内普及"文明",而是以血与火的形式载入人类编年史的。资本主导的世界历史实际上只是西方民族性向世界扩张的历史,只是资本主义基本矛盾世界扩张并在其他民族产生不同表现形态的世界历史(比如在旧中国就产生过官僚资本主义),它不是真正意义上的世界历史。在马克思看来,资本主义的自由竞争并不是世界历史的终结,世界历史将要终结的只是资本主义私有制及其推崇的弱肉强食的自由竞争。

当代全球化是世界历史深入发展的结果。通常认为,当代全球化特指 20 世纪 70 年代以来的世界历史进程,整个人类社会进入集商品生产、劳动分工、生活消费于一体的世界性大网之中,世界交往的深度、广度和频次前所未有,时间与空间按照资本逐利的逻辑被高度整合起来,现代信息技术广泛应用和普及,整个世界的空间距离已经缩小为一个"地球村"。马克思曾说的"时间消灭空间"的现象,在全球化的今天表现得尤为明显。当代全球化是全方位的,但经济因素起到根本性的推动作用。二战后的西方发达国家在 20 世纪 70 年代普遍出现经济停滞与通货膨胀的双重矛盾,在"滞胀"中孕育了化解危机的新科技革命。凯恩斯主义主张的国家干预政策在二战之后的西方资本主义国家推广开来,确实使西方实现了三十多年的平稳增长,但它并没有消除资本主义基本矛盾运动引发的内在危机,反而使这个危机通过长期积累的形式集中爆发。马克思的经济危机理论所揭示的规律就像幽灵一样,成为资产阶级挥之不去的噩梦。为了应对长期积累而集中爆发的"滞胀"危机,鼓吹私有化、市场化、自由化的新自由主义思潮登上西方各国政治舞台,迅速成为诱发苏东剧变的"第三波"民主化浪潮。弗朗西斯·福山曾说:"当今世界上,我们却难以想象出一个从根本上比我们这个世界更好的世界,或一种不以民主主义和资本主义为基础的未来。"① 在福山看来，民主化在世界范围内的成功实践，意味着自由和平等的原则已经"作为人的人性的发现"不断被世界化，因而，世界的民主化就意味着世界历史的终结。福山的"历史终结论"实际上鼓吹的是西方民主模式的全球化，人类将以"自由的发展"作为"历史的中心问题"编写"世界普遍史"，然而，福山所谓的"世界普遍史"恰恰是按照西方中心主义的思维逻辑来编写的。

当代全球化拓展了世界市场的深度与广度。跨国公司成为推动当代全球化的重要载体。马克思描述的资本主义自由竞争的"世界历史"时代还没有出现跨国公司，每个企业的商品往往在本国境内完成全部生产流程，然后销往世界各地。当代全球化最显著的特征就是生产与销售的全球化，跨国公司往往将产品研发和销售环节留在国内，而产品生产则在劳动力价格"洼地"进行，这使得世界各国都不同程度地参与到全球分工之中。需要指出的是，西方发达国家主导着当代全球化的历史进程，直接控制全球产业分工的技术、资金、产品、人员的流向。虽然广大发展中国家在参与全球产业分工的过程中解决了就业问题，但南北差距并没有缩小，反而持续扩大，成为文明冲突的根源，资本主导的当代全球化必然是不平衡、不公正的。

当代全球化表现出鲜明的文化特征，资产阶级的消费主义文化大为盛行，席卷全球。马克思恩格斯曾在《共产党宣言》中指出，随着历史向"世界历史"转变的深入推进，"各民族的精神产品成了公共的财产"。② 这一论断在当代全球化进程中似乎已经成为现实，其实不然。一些西方学者过度引用上面的这句话，并在此基础上杜撰出"文化全球化"的概念。所谓"文化全球化"实际上只是西方文化凭借少数国家强大的综合国力实现世界范围内的传播和扩散，尤其是消费主义文化就像精神鸦片一样具有强大的魅惑性。西方资产阶级文化与商业策划融合在一起，成为马克思所说的"世界的文学"，处于攻势地位，其他民族的文化则遭受不同程度的冲击，处于守势地位。

---

① 〔美〕弗朗西斯·福山：《历史的终结及最后之人》，黄胜强等译，中国社会科学出版社，2003，第52页。
② 《马克思恩格斯选集》第1卷，人民出版社，2012，第404页。

生态问题已经成为当代全球化进程中的世界性问题。资本逻辑主导的全球化具有生态掠夺的特征。很多人非常羡慕发达国家优美的自然环境和人居环境,向往发达国家高品质的生活,实际上,发达国家这样的生活条件在很大程度上是建立在掠夺别国生态资源基础上的。为了保护本国生态环境,发达国家设立较高的环保标准,资本家为了规避环保准入制度,纷纷将高污染企业迁到环保准入门槛较低的发展中国家,掠夺别国生态资源。实际上,西方发达国家通过全球产业布局进行着有利于资本增殖的全球生态空间布局,生态正义问题日益凸显。

总体而言,马克思"世界历史"思想依然是我们科学认识当代全球化若干问题的思想武器,我们需要根据全球化进程中的新迹象不断丰富和发展马克思"世界历史"思想,增强这一思想对新问题、新迹象的解释力。

二 "逆全球化"的现象及本质

全球化是一个充满矛盾的世界历史运动过程,与之长期相伴的是"逆全球化"或"反全球化"。全球化进程并不像西方资产阶级标榜的那样,是在世界普及自由平等原则,是在世界范围内消除贫困,是建立博爱的世界秩序,相反,资本主导的全球化进程成为文明冲突的现代根源。"逆全球化"是2016年以来备受关注并且引起广泛讨论的话题。实际上,"逆全球化"或"反全球化"作为对全球化浪潮的回应,它是与全球化同程共进的。从马克思恩格斯关于中国问题与印度问题的系列文章中,我们可以看到"历史向世界历史的转变"充斥着血与火的战争,中、印两个古老帝国抵制资产阶级世界殖民的英勇抗争,比如印度土兵起义与中国的太平天国运动、义和团运动,都曾在一定程度上钳制了西方列强殖民扩张的步伐。

资本主义大工业在世界扩张的过程中表现出强烈的侵略性,它在所到之处摧毁农业民族传统的社会结构,使农业与手工业相结合的生产方式纷纷解体,成千上万破产的手工业者沦为街头的无产阶级。这对那些奔走于全球进行世界贸易的资产阶级而言,是千载难逢的发财机遇,但对那些非工业文明的民族及其民众而言,无疑是历史性的灾难。自由竞争的胜利者高呼"全球化万岁",失败者则把全球化当作洪水猛兽加以抵制。我们需要看到的是，发达国家的资产阶级并不是一贯支持全球化，他们追求的全球化实际上是单向度的，也即要求别国门户开放，自己实行贸易保护政策。比如，鸦片战争时期，西方列强从清政府那里取得的"片面最惠国待遇"就是不对等的开放关系。正如叶险明所言："在当代全球化中，既没有纯粹的自由贸易，也没有纯粹的贸易保护；在一些场合下，贸易保护与贸易自由还是相互交叉、相互渗透的。"[①] 当资本主义陷入经济危机之时，资产阶级就会煽动民族主义情绪，实行严格的关税政策，试图将外国商品阻挡在国门之外，甚至通过发动战争的方式为本国商品和劳务寻找出路，通过转嫁危机的方式化解危机。两次世界大战可以被看作某些资本主义国家裹挟着民族主义与民粹主义情绪转嫁危机的结果。

当代全球化与历史向世界历史转变的主要动力是一致的，都是资本主义社会基本矛盾的全球扩张。这对基本矛盾在概念表述上依然是生产社会化与生产资料资本主义私人占有之间的矛盾，个别企业生产组织化与整个社会生产无政府状态之间的矛盾。过去的社会是因为生产力不发达而产生贫困，资本主义社会是由于生产过剩而人为制造贫困。马克思认为，工人阶级没有祖国，根本原因就在于资产阶级的现代国家不属于工人阶级，它只是管理资产阶级公共事务的委员会。资本和资本家共同操控国家政权，工人阶级实际上游离于现代国家之外。当代全球化出现了新的迹象，资本家通过跨国公司将资本转移到发展中国家，将劳动密集型生产部门迁移到世界劳动力价格"洼地"，这就导致发达国家内部实体经济部门锐减，失业率居高不下。过去西方国家的工人阶级因为被剥削而处于绝对贫困的境地，当代全球化进程中的西方国家工人阶级因为丧失了被剥削的机会处于相对贫困的状态。过去反对全球化的主要力量是那些生产力不发达的发展中国家或者落后国家，当前的"逆全球化"迹象则主要出现在产业"空心化"的西方发达资本主义国家。特别是2008年金融危机以来，世界经济持续低迷，十余年都没有走出低谷，在一些国家缺少实体经济支撑的金融投资只能造成巨大的经济泡沫，美

[①] 叶险明：《关于"逆全球化"的方法论批判》，《中共中央党校学报》2018年第1期，第25~40页。

国"次贷危机"就是这个巨大泡沫破灭产生的结果。

2016年，高举民粹主义、民族主义大旗的特朗普当选美国总统，他承诺通过减税降费重振美国实体经济，呼吁在外实体企业将工厂搬回美国，为美国选民提供更多就业机会。特朗普上任后奉行"美国优先"的原则，肆意挥舞关税大棒，实行贸易保护政策，频频"退群"（比如退出TPP、联合国人权理事会、巴黎协定等），给世界经济发展带来诸多不确定因素。英国通过"公投"脱离欧盟，旨在摆脱"欧债"和难民的困扰。与过去形成鲜明对比，当今时代一些欧美发达国家成为逆全球化的主要"策源地"，以中国、俄罗斯、印度等"金砖国家"为代表的新兴经济体则成为全球化的主要推动力量，广大发展中国家对世界经济增长的贡献达到80%以上。一些人认为，诸多迹象表明，美国、英国已经成为反全球化的主角，它们将退出经济全球化的海洋，回到自己的内河与湖泊里去。实际上，这种观点只停留在"逆全球化"的现象层面，没有从现象层面深入到本质层面。马克思在《资本论》中曾说，资本产生的历史条件"就包含着一部世界史"①。可见，资本主义生产方式下的"资本"具有冲破"地方性"而成为"世界性"的内在冲动。"逆全球化"现象并没有改变资本主义国家的本质，资本主义国家不可能远离世界市场的汪洋大海而退回到孤岛上去。

一些依附论者认为，只有打破世界市场的神话，发展中国家才能摆脱资本主义剥削所造成的不平等发展境遇，他们提出通过"脱钩"这种"资本主义全球化的替代方案"而实现向社会主义的长期过渡。需要指出的是，"脱钩"并不是全面拒斥全球化，"'脱钩'只能在积极参与全球化并改变其状况的行动中才能找到"②。因为"全球化是现代历史事实，是积极的事实，是进步的事实，不能被自发的文化回应所抹杀"③。

"逆全球化"是西方发达资本主义国家管理和应对危机的常用方案。我们不能因为资本主义国家实行某些"逆全球化"方案，就盲目断定资

---

① 《马克思恩格斯文集》第5卷，人民出版社，2009，第198页。
② 参见〔埃及〕萨米尔·阿明《全球化时代的资本主义》，丁开杰等译，中国人民大学出版社，2016，第67页。
③ 参见〔埃及〕萨米尔·阿明《全球化时代的资本主义》，丁开杰等译，中国人民大学出版社，2016，第65页。

本主义已经表现出"自我否定",相反,"逆全球化"只是资本主义国家在国际竞争中"自我保护"的手段。有论者指出:"逆全球化"思潮的"实践旨趣是要重构对西方有利的'有选择的全球化'。"①

主导全球化的发达资本主义国家为什么会出现"逆全球化"现象呢?马克思曾说:"人们奋斗所争取的一切,都同他们的利益有关。"②资本主义国家在世界市场竞争中采取"逆全球化"方案,同样是为了保护本国利益。西方主导的全球化所贯穿的核心理念是新自由主义,发达国家的过剩资本在自由竞争原则引领下通过跨国流动进行过度积累,不断流向劳动力价格"洼地"寻求超额剩余价值。资本流向发展中国家寻找剩余价值,就必然导致发达国家内部出现不同程度的空心化问题,这是发达资本主义国家失业率居高不下的重要根源。当代全球化进程中产生了一个很奇特的现象,即工人阶级表现出强烈的民族性,资产阶级则表现出鲜明的国际性;仿佛工人阶级找到了"祖国",他们可以通过选票"操控"国家政治,资产阶级则抛弃了自己"祖国",他们只关心哪里可以赚钱。美国选民一度将带有民粹主义、种族主义色彩的特朗普选上台,足以见得,资本主义内部矛盾已经衍生出抵制"政治正确"的阶级力量。

笔者认为,当前"逆全球化"现象的内在根源在于资本主义基本矛盾运动使得周期性危机与结构性危机彼此交织、相互渗透。发达资本主义国家虽然控制全球化的技术流、资金流,将劳动力密集型企业迁移到发展中国家,在全球产业链条上依旧占据上游,但国内预留的高薪就业岗位并不能使普通人受益,大批失业人员或者社会草根阶层对社会救济依赖度很高,这就导致发达国家面临严峻的财政压力,政府只能通过发行国债维持财政开支。西方一些发达国家兴起民粹主义与民族主义浪潮,根本原因就在于资本主义社会的深层矛盾引发结构性危机,即资本联合制造社会撕裂与社会分化,以消解和遮蔽阶级对立问题。

外部压力同样会倒逼西方发达资本主义国家实行"逆全球化"方案。虽然发达国家依然在全球化进程中占据主导地位,但按照西方中心

---

① 袁堂卫、张志泉:《逆全球化、再全球化的马克思主义分析》,《马克思主义研究》2019年第9期,第141~150页。
② 《马克思恩格斯全集》第1卷,人民出版社,1956,第82页。

主义的全球化逻辑,新兴市场国家的崛起无疑会对其形成挑战和压力。发展中国家承接发达国家产业转移,通过引进、消化再创新,在很多生产领域不断接近甚至超过发达国家水平。"问题在于,科技创新源于生产,逐渐流失的实体经济会影响高端技术产业的研发、生产、营销,导致本国高端技术产业创新能力减弱。"① 西方发达国家不是在一般意义上反对全球化,也不承认自己是全球化的最大受益者,而是认为现行全球化让其利益受损,使其感到霸权地位受到威胁,西方舆论界近年来大肆渲染"修昔底德陷阱",其目的在于从道义上打压崛起的新兴市场国家。

总体而言,经济全球化是一把双刃剑,充满机遇和风险。我们应该把"逆全球化"看成是全球化进程中不可避免的问题,因为"逆全球化"的诸多现象暴露出资本逻辑主导的当代全球化发展的不均衡性与不公正性。新自由主义与西方中心主义全球治理逻辑日趋式微,人类已经处在全球化新的十字路口,需要新的全球化替代方案,社会主义的全球化替代方案迎来了新的历史机遇。

三 塑造新型全球化的中国新发展理念

全球化进程中的"逆全球化"现象在本质上是发展问题。发展是解决中国一切问题的关键,也是解决世界问题的"牛鼻子",只有牵住了这个"牛鼻子",世界性的治理难题才能逐个破解,"人类命运共同体"才能建设得更好。中国作为一个发展中的大国,不仅要向世界输出"Made in China",而且要向世界积极传播发展的中国经验,如此,才能真正体现一个大国的担当,彰显大国智慧。相比之下,西方发达国家除了向世界输出资本、"普世价值"和战争之外,鲜有输出惠及全球的发展理念,这背后充分显示了发达国家维护既得利益的狭隘性和局限性。中国共产党十八届五中全会创造性地提出了"创新、协调、绿色、开放、共享"的"五大发展理念",指明了中国"十三五"乃至更长时期的发展思路、发展方式和发展着力点,可以说,五大发展理念是立足于中国国情,全面总结、反思世界范围国家治理的经验教训而得出的科学认识。

---

① 徐艳玲、张琪如:《新一轮"逆全球化"本质的多维反思》,《毛泽东邓小平理论研究》2018 年第 12 期,第 76~83+105 页。

中国提炼出的科学发展理念并不是中国的私有物品，也是世界的公共产品，中国从未封闭这种科学理念，而是积极向世界传播这种科学发展理念，充分显示了发展中的大国开放豁达的胸怀。2015 年 11 月，习近平先后出席土耳其安塔利亚 G20 峰会和联合国气候变化大会，两次大会上，习近平都积极向各国政要宣传五大发展理念，传播全球治理的中国声音和中国方案。习近平在巴黎气候变化大会上说："对气候变化等全球性问题，如果抱着功利主义的思维，希望多占点便宜、少承担点责任，最终将是损人不利己。巴黎大会应该摒弃'零和博弈'狭隘思维，推动各国尤其是发达国家多一点共享、多一点担当，实现互惠共赢。"[1] 全球气候问题在本质上依然是发展权问题，一些发达国家拥有大量的跨国公司，开发发展中国家或欠发达国家的自然资源，攫取了绝大多数利润，留下环境破坏的后遗症，拒绝承担修复自然生态的责任，导致一些地区长期贫困，一些国家长期陷入"中等收入陷阱"，甚至出现周期性的恶性循环。一些发达国家出于维护既得利益的需要，希望维持"掠夺式"的、不平衡的发展现状，维持全球发展的"两极化"，抵制全球发展的多极化，或者说，一些发达国家也形成了僵化固化的发展理念，形成了对既往发展的路径依赖。众多发展中国家长期处于全球产业链分工的末端，发展中国家之间由于存在竞争的客观事实，彼此间的张力不断增大，贸易摩擦不断增加，发达国家可以借机设置各种隐性的、不公平的贸易规则，从中坐收渔翁之利。习近平同志面对世界经济下行压力创造性提出创新、协调、绿色、开放、共享的新时代中国发展观，具有鲜明的目标导向和问题导向，旨在呼吁各国破除对既往发展的路径依赖，创造更加广阔的发展空间和发展领域，这对世界各国特别是对广大发展中国家具有重要的借鉴意义。

"创新"理念顺应世界历史发展动力转换的客观辩证法。纵观当今世界经济，全球结构性的产能过剩成为绝大多数国家共同面临的经济问题，破解这一难题，不能仅从眼前利益入手，必须顾及中长期利益和世界整体利益。正如习近平所言："在全球经济疲弱的背景下，中国也难免

---

[1] 习近平：《携手构建合作共赢、公平合理的气候变化治理机制》，《人民日报》2015 年 12 月 1 日，第 2 版。

受到影响。面对下行压力，我们可以出台大规模刺激措施，短期内完全能够实现更高速度的增长，我们有这个能力。之所以没有这样做，是因为高消耗、高投入的模式对中国而言难以持续，也会给世界经济带来风险。因此，我们强调坚持进行结构性改革，着力解决经济中的深层次和中长期问题，让中国经济走得更好更稳更远。"① 中国如果能够率先摆脱对既往发展的路径依赖，走上创新驱动的发展道路，必将为世界广大发展中国家腾出更大的发展空间，也必将发挥正向外溢功能，为世界经济发展注入新活力，创造更多的机遇。习近平强调："创新是从根本上打开增长之锁的钥匙。"② 因而，倡导创新发展的意义不仅在于占领发展先机，而且能彰显一个大国的应有担当。

"协调"理念是世界历史平衡发展的调试器。在资本和资本主义主导的全球化推动下，全球经济发展的不平衡性越发凸显，最发达国家与最不发达国家之间的差距持续拉大，最不发达国家已经成为全球经济复苏的"短板"，而补齐这些"短板"，就必须协调各方力量，共同帮助最不发达国家赶上时代步伐，比如，由中国等二十多个亚洲国家发起成立的亚洲基础设施投资银行，对改善一些亚洲国家的基础设施状况将发挥重大作用。协调、对话、磋商是妥善解决全球经济发展不平衡的重要手段，单纯依靠人道主义救助不足以使最不发达国家摆脱贫困境地。此外，协调也是减少发展中国家与发达国家、发展中国家之间利益冲突的重要手段，有助于反对武力威胁等霸权主义做派。习近平指出："什么样的国际秩序和全球治理体系对世界好、对世界各国人民好，要由各国人民商量，不能由一家说了算，不能由少数人说了算。"③ 倡导协调的发展理念，发展中国家才能统筹国内国际两个大局，制定出适合本国实际的产业布局规划，全世界也才能在管控矛盾中保持和谐稳定。G20作为引领全世界经济发展的"关键的少数"，有责任也有能力在协调各方发展过程中发挥表率作用。

---

① 习近平：《创新增长路径 共享发展成果——在二十国集团领导人第十次峰会第一阶段会议上关于世界经济形势的发言》，《人民日报》2015年11月16日，第2版。
② 习近平：《中国发展新起点 全球增长新蓝图——在二十国集团工商峰会开幕式上的主旨演讲》，《人民日报》2016年9月4日，第3版。
③ 习近平：《在庆祝中国共产党成立95周年大会上的讲话》，《人民日报》2016年7月2日，第2版。

"绿色"理念是世界历史发展的新诉求。全球生态破坏,任何一个国家都不能独善其身,生态环境破坏带来的负面效应具有联动性,比如全球气候变暖导致海平面上升,许多沿海城市或岛国可能遭受灭顶之灾,一些内陆国也难免会受到影响,再比如降水失衡导致饥荒或洪灾。在全球经济发展不平衡的前提下,人类对地球的破坏力就会越大,向自然的索取就会丧失理性。坚持绿色发展,关键是要准确把握自然生产力与社会生产力之间的辩证关系。习近平用朴素的道理阐明了二者之间的辩证关系,"绿水青山就是金山银山,保护环境就是保护生产力,改善环境就是发展生产力"①。因而,倡导绿色发展的理念,实施节能减排,保护自然资源,使用清洁能源,将绿色发展与消除贫困统一起来,"人类命运共同体"才能可持续发展。

"开放"理念应对"逆全球化"趋势。在经济全球化浪潮下,一个国家要想发展,就应该顺应历史潮流,开怀纳新,主动学习世界优秀文明成果。历史已经深刻证明,没有一个国家长期闭关锁国还能经久不衰,也没有一种文明能以封闭的姿态走向世界舞台的中央。正如习近平所言:"世界经济发展的历史证明,开放带来进步,封闭导致落后。重回以邻为壑的老路,不仅无法摆脱自身危机和衰退,而且会收窄世界经济共同空间,导致'双输'局面。"② 与开放发展理念相对立的是保护主义的发展观,它是一种短视的、偏狭的、片面的思维,是发展高水平世界经济的大敌,因为"保护主义政策如饮鸩止渴,看似短期内能缓解一国内部压力,但从长期看将给自身和世界经济造成难以弥补的伤害"③。习近平主席在达沃斯世界经济论坛2017年年会上强调,经济全球化是人类历史发展的必然趋势。"我们要坚定不移发展全球自由贸易和投资,在开放中推动贸易和投资自由化便利化,旗帜鲜明反对保护主义。搞保护主义如同把自己关进黑屋子,看似躲过了风吹雨打,但也隔绝了阳光和空气。打

---

① 习近平:《中国发展新起点 全球增长新蓝图——在二十国集团工商峰会开幕式上的主旨演讲》,《人民日报》2016年9月4日,第3版。
② 习近平:《中国发展新起点 全球增长新蓝图——在二十国集团工商峰会开幕式上的主旨演讲》,《人民日报》2016年9月4日,第3版。
③ 习近平:《构建创新、活力、联动、包容的世界经济——在二十国集团领导人杭州峰会上的开幕辞》,《人民日报》2016年9月5日,第3版。

贸易战的结果只能是两败俱伤。"① 所以,世界各国应该顺应全球化发展的大势,自觉适时提高对外开放水平,利用全球化的正向溢出效应,推动本国的现代化历史进程。

"共享"理念引领世界历史走向善治逻辑。随着全球化的深入发展,在信息化时代下,人类社会发展的联动效应越发凸显,任何一个国家固守"零和博弈"的思维都不可能获得成功,都终将被世界所抛弃。构建人类命运共同体,共享人类文明进步的成果,也将成为人类历史发展的大势。中国倡导"共享"的全球发展理念,旨在降低全球经济发展的不平衡性,为发展中国家争取更多发展空间。在 G20 杭州峰会开幕辞中,习近平指出:"我们还将通过支持非洲和最不发达国家工业化、提高能源可及性、提高能效、加强清洁能源和可再生能源利用、发展普惠金融、鼓励青年创业等方式,减少全球发展不平等和不平衡,使各国人民共享世界经济增长成果。"② 但是,共享绝不意味着平均主义,共享与共建密不可分,任何一个国家在构建人类命运共同体过程中抱着"搭便车"的心态,为一己之私,不作为或乱作为,扰乱地区安全秩序,都将会受到国际社会的制裁和谴责。

第三节 科学把握"两个大局"内在联动性的方法论

历史向世界历史转变带来的重大变革曾使中华文明遭遇深重的危机,曾经创造灿烂文明的中华民族由此也开启了实现伟大复兴的历史进程。马克思在有关中国问题的论述中预测过中华民族实现伟大复兴的光明前景,预见了"社会主义"共和国在中国的出现。实际上,实现中华民族伟大复兴的历史进程也是中华民族以新的姿态走向世界历史的过程,这就注定了我们必须把实现中华民族伟大复兴纳入世界大变局的宏阔视野当中加以考察。习近平指出:"领导干部要胸怀两个大局,一个是中华民族伟大复兴的战略全局,一个是世界百年未有之大变局,这是我们谋划

---

① 习近平:《共担时代责任 共促全球发展——在世界经济论坛 2017 年年会开幕式上的主旨演讲》,《人民日报》2017 年 1 月 18 日,第 3 版。
② 习近平:《构建创新、活力、联动、包容的世界经济——在二十国集团领导人杭州峰会上的开幕辞》,《人民日报》2016 年 9 月 5 日,第 3 版。

工作的基本出发点。"① 从马克思"世界历史"思想的视角审视"两个大局"及其内在关系，对我们更好地坚持以中国式现代化全面推进中华民族伟大复兴的中心工作大有裨益。

一 "百年未有之大变局"的世界历史审视

我们要站在世界历史高度审视当今充满矛盾的"一体化的世界"及其"百年未有之大变局"，以更加积极有为的姿态"于变局中开新局"。"历史向世界历史的转变"使得东西方各民族之间的平行发展格局被打破，马克思恩格斯在《共产党宣言》中用"三个从属"对此进行了高度概括。资产阶级通过世界殖民扩张，"使未开化和半开化的国家从属于文明的国家，使农民的民族从属于资产阶级的民族，使东方从属于西方"②。如果说五百年前的世界大变局发生于"原始封闭的离散性民族历史向普遍交往的开放性世界历史转变"阶段，当今的"百年未有之大变局"正发生于人类交往空前紧密的"一体化的世界"。当今世界的"百年未有之大变局"是多方力量经过长期发展所形成的动态局势，西方中心主义全球权力结构与治理体系随着后发国家综合国力的整体提升而出现不适应的迹象。广大发展中国家对全球经济增长的贡献率提升至 80% 以上，逐渐成为推动全球治理规则朝着更加公正合理的方向发展的主体力量。面对"百年未有之大变局"，我们需要在认识论上超越"东升下降"或"南升北降"的零和博弈思维方式。如果把发展中国家的综合国力的提升解读为西方发达国家的综合国力的下降，把非西方的崛起解读为"西方的没落"，这必然会造成诸多误导。实际上，在充满矛盾的"一体化的世界"，发展中国家与发达国家总体处于上升状态，只是发展中国家上升的速度更快，发达国家发展速度有所放缓，这并不是此消彼长的零和博弈。如果对当今世界"百年未有之大变局"进行"南升北降""东升西降"的片面解读，必将陷入西方中心主义话语逻辑中的"修昔底德陷阱"。当今世界的"百年未有之大变局"所要变革的应该是传统的"从属关系"和"依附关系"，但决不是重构"从属关系"或

---

① 《习近平谈治国理政》第 3 卷，外文出版社，2020，第 77 页。
② 《马克思恩格斯选集》第 1 卷，人民出版社，2012，第 405 页。

"依附关系",更不是"脱钩"。普遍交往中的"一体化的世界"拥有广阔发展空间,零和博弈交往逻辑必将加剧"一体化的世界"的矛盾冲突,进而压缩世界各国的发展空间,唯有合作共赢的发展理念才能引领这个充满矛盾的"一体化的世界"走向更加美好的未来。在马克思看来,"各民族之间的相互关系取决于每一个民族的生产力、分工和内部交往的发展程度。这个原理是公认的"①。习近平也指出:"当今世界正经历百年未有之大变局,我国发展的外部环境日趋复杂。防范化解各类风险隐患,积极应对外部环境变化带来的冲击挑战,关键在于办好自己的事,提高发展质量,提高国际竞争力,增强国家综合实力和抵御风险能力,有效维护国家安全,实现经济行稳致远、社会和谐安定。经济、社会、文化、生态等各领域都要体现高质量发展的要求。"② 变化是世界普遍交往中的常态,我们需要以变革与开放的姿态面对当今世界"百年未有之大变局",坚持战略定力与底线思维相统一,打造以国内大循环为主体、国内国际双循环相互促进的新发展格局,从容应对百年未有之大变局中的风险与挑战,以更加积极有为的姿态"于变局中开新局"。

二 "中华民族伟大复兴战略全局"的世界历史意蕴

中华民族在世界历史进程中创造了璀璨夺目的中华文明,对人类文明进步做出了卓越贡献。当中华民族专注于构建自身的内部交往之时,欧洲人率先进行环球航行的殖民远征,在资本的现代生活史中构建以西方为中心的世界普遍交往,他们凭借自身具有侵略性的现代化把以中国为代表的东方国家排挤到世界舞台的边缘和外围。中华民族正是在历史向"世界历史"转变带来的内忧外患中开启了自己的复兴之路。变革与开放是中华民族几千年发展的历史常态,疆土变革与民族融合在几千年的民族发展史中相互激荡,中华民族构建了高度发达的内部交往体系,谱写了中华文明独特的发展史。在西方列强的侵略下,中国步入国家蒙辱、人民蒙难、文明蒙尘的半殖民地半封建社会,实现中华民族伟大复兴就成为中华民族最伟大最深沉的梦想。中国共产党成立后,团结带领

---

① 《马克思恩格斯文集》第1卷,人民出版社,2009,第520页。
② 习近平:《关于〈中共中央关于制定国民经济和社会发展第十四个五年规划和二〇三五年远景目标的建议〉的说明》,《人民日报》2020年11月4日,第1版。

人民一以贯之推进伟大社会革命，先后为实现中华民族伟大复兴创造了根本社会条件、奠定了根本政治前提和制度基础、提供了充满新的活力的体制保证和快速发展的物质条件，提供了更为完善的制度保证、更为坚实的物质基础、更为主动的精神力量，经过百余年的持续性艰苦奋斗，中华民族伟大复兴进入不可逆转的历史进程。在西方人"零和博弈"的狭隘思维中，中华民族伟大复兴是不可想象的，尤其是中华民族没有按照西方人预设的固有逻辑探索复兴道路。中华民族伟大复兴不是要重构中国古代"以中原为中心"的天下秩序，而是要在世界历史进程中重构中华民族共同体，建设"中华民族现代文明"。① 习近平指出："我国正处于实现中华民族伟大复兴的关键时期，经济已由高速增长阶段转向高质量发展阶段。我国社会主要矛盾发生变化，人民对美好生活的要求不断提高，经济长期向好，市场空间广阔，发展韧性强大，正在形成以国内大循环为主体、国内国际双循环相互促进的新发展格局。"② 中华民族伟大复兴绝不是轻轻松松、敲锣打鼓就能实现，尤其是在爬坡上坎的关键时期，容易遭到外部的打压和钳制，这就必然要求我们坚持系统观念，从全局高度科学谋划实现中华民族伟大复兴的战略问题。实现中华民族伟大复兴绕不开实现现代化这个根本问题，质言之，能否实现现代化是中华民族"生命攸关"的问题。实践证明，世界现代化进程有其一般规律，但没有固定模式。实现中华民族伟大复兴不能照抄照搬现代化的"他国"模式，只能在遵循世界现代化一般规律中不断探索中国自己的方式，赋予现代化鲜明的中国特色，不断丰富人类对实现现代化的规律性认识。习近平指出："中国式现代化蕴含的独特世界观、价值观、历史观、文明观、民主观、生态观等及其伟大实践，是对世界现代化理论和实践的重大创新。中国式现代化为广大发展中国家独立自主迈向现代化树立了典范，为其提供了全新选择。"③ 中国式现代化蕴含的独特世界观以辩证唯物主义和历史唯物主义世界观为基础，在与"他者"相比较时

---

① 参见习近平《担负起新的文化使命 努力建设中华民族现代文明》，《人民日报》2023年6月3日，第1版。

② 习近平：《在深圳经济特区建立40周年庆祝大会上的讲话》，《人民日报》2020年10月15日，第2版。

③ 习近平：《正确理解和大力推进中国式现代化》，《人民日报》2023年2月8日，第1版。

更多表现出独特的世界历史观，其中蕴含着中华民族重构世界普遍交往秩序的社会主义先进本质。我们坚持以中国式现代化全面推进中华民族伟大复兴，实际上包含以中国式现代化重塑中华民族世界历史观的内在要求。实现中华民族伟大复兴不只是物器层面的振兴，也包含世界历史观层面的重塑和升华，进而为建设中华民族现代文明提供科学的认识论基础。

三 把握"两个大局"的内在关联性

"两个大局"不是彼此孤立的，它们具有紧密的内在关联。后疫情时代，世界百年未有之大变局持续演进，和平与发展依然是当今时代的主题，但经济全球化遭遇逆流，保护主义、单边主义凸显，世界经济低迷，国际贸易和投资大幅萎缩，国际经济、科技、文化、安全、政治等格局都在发生深刻调整，世界进入动荡变革期。实现中华民族伟大复兴的战略全局需要在当今世界百年未有之大变局中持续展开，因而也构成了世界大变局中极为重要的一环。在当今世界百年未有之大变局中，既存在社会主义与资本主义两种制度的较量，又存在发达国家与发展中国家力量的对比。从制度较量上看，社会主义在经历苏东剧变后的低谷期后迎来走向振兴的光明前景，资本主义基本矛盾长期积累加剧结构性的社会危机。从国际力量对比上看，进入缓慢增长期的发达国家虽然主导全球治理秩序，保持较快的发展节奏的广大发展中国家则呼吁更加广泛的代表性和发言权，世界发展的多极化趋势更加明显。正是在这两组关系的对比较量中，世界百年未有之大变局不仅表现为国家力量的博弈，而且表现为不同社会制度的竞争。因而，当今世界百年未有之大变局中的关系复杂性前所未有。中国成为世界大变局中极为重要的因素，不仅在于中国是当今世界上最大的发展中国家，而且在于中国是一个在社会主义道路上践行和平发展理念的国家。因而，实现中华民族伟大复兴不仅是一般意义上的民族崛起，而且预示着社会主义制度这一新形态在世界大变局中发挥越发重要的积极作用。习近平指出："我们要辩证认识和把握国内外大势，统筹中华民族伟大复兴战略全局和世界百年未有之大变局，深刻认识我国社会主要矛盾发展变化带来的新特征新要求，深刻认识错综复杂的国际环境带来的新矛盾新挑战，增强机遇意识和风险意识，准确识变、科学应变、主动求变，勇于开顶风船，善于转危为机，努力实现更高质量、更有效率、更加公平、更可持续、更为安全的发展。"① 中华民族伟大复兴作为世界百年未有之大变局中的积极因素，不可避免会同其中的诸多消极因素发生碰撞，同时中国也肩负着引领世界百年未有之大变局发展走向的历史使命。实现中华民族伟大复兴不仅仅意味着中华民族共同体整体迈向高水平的社会主义现代文明，而且意味着中国能够为破解世界大变局的诸多重大矛盾提供更多行之有效的中国方案、中国智慧。中国式现代化蕴含的独特"六观"（独特世界观、价值观、历史观、文明观、民主观、生态观）及其伟大实践，正在打破"现代化＝西方化"的迷思，力图展现世界现代化的另一番新图景和新未来。世界大变局是实现中华民族伟大复兴的必要条件，中国式现代化的成功推进与拓展，是世界百年未有之大变局中最重要的变量。我们坚持以中国式现代化全面推进中华民族伟大复兴，旨在为充满不确定性的当今世界注入更多确定性的积极因素。我们已经站在"历史正确的一边"，我们更加需要发扬历史主动精神，深刻把握"两个大局"的内在联动性，在统筹"两个大局"中努力建设中华民族现代文明，为人类问题的真正解决提供超越西方中心主义的世界观和方法论。

第四节　内蕴"中国式现代化"的本质要求

　　实现现代化是在相互激荡的世界历史发展潮流中各国人民共同面临的重大时代课题。世界各国纷纷对实现现代化作出探索和解答，彼此取得的成就及产生的世界影响各有殊异。党的十九届六中全会通过《中共中央关于党的百年奋斗重大成就和历史经验的决议》强调："党的百年奋斗深刻影响了世界历史进程……党领导人民成功走出中国式现代化道路，创造了人类文明新形态，拓展了发展中国家走向现代化的途径，给世界上那些既希望加快发展又希望保持自身独立性的国家和民族提供了全新选择。"② 党的二十大指出："中国式现代化的本质要求是：坚持中

---

① 《习近平著作选读》第二卷，人民出版社，2023，第328~329页。
② 《中共中央关于党的百年奋斗重大成就和历史经验的决议》，《人民日报》2021年11月17日，第1版。

国共产党领导,坚持中国特色社会主义,实现高质量发展,发展全过程人民民主,丰富人民精神世界,实现全体人民共同富裕,促进人与自然和谐共生,推动构建人类命运共同体,创造人类文明新形态。"① 中国式现代化是中国共产党带领亿万人民建设社会主义现代化国家与实现中华民族伟大复兴的独特道路,它是在世界历史发展的现实逻辑与整体趋势中展开的,它既遵循各国现代化发展的一般规律,又根据中国在世界历史发展进程中变化的坐标方位而赋予"现代化"新的文明意蕴。中国式现代化的本质要求丰富和发展了马克思"世界历史"思想,"推动构建人类命运共同体"与"创造人类文明新形态"是对马克思"世界历史"思想的创造性运用和创新性发展。随着"新时代的中国"与"一体化的世界"的良性互动变得空前紧密,我们更需要自觉站在世界历史高度科学审视中国式现代化实践生成的百年历程,深刻把握中国式现代化成功实践的方法论意义,坚定不移地以中国式现代化全面推进中华民族伟大复兴。

一 世界历史是理解中国式现代化的基本视角

现代化是工业化引起世界各民族生产方式、生活方式、交往方式、思维方式等诸多领域发生巨大变革的历史过程,是推动传统社会向现代社会转变的历史过程,它标志着人类社会发展进入了聚合与加速的变革时代。现代化的基本特征包括高效的社会生产、便捷的社会交往、多样的社会生活、多元的社会文化、规范的社会秩序等方面,这些是世界各国实现现代化的共同追求。从历史上看,现代化起源于欧洲的工业革命,它随着资本主义的对外殖民扩张而延伸到世界各地,并在世界各国派生出不同的现代化实践样态。实现现代化之所以能成为一个世界历史性的重大时代课题,其中一个重要原因就是以大工业为基础的现代化引起了世界历史时空关系的重大变革。

新航路的开辟客观上打破了各大洲彼此隔绝的状态,揭开了人类从相对封闭的民族历史转向普遍交往的世界历史的序幕,为历史唯物主义

---

① 习近平:《高举中国特色社会主义伟大旗帜 为全面建设社会主义现代化国家而团结奋斗——在中国共产党第二十次全国代表大会上的报告》,《人民日报》2022年10月26日,第1版。

世界历史观的创立提供了现实前提。马克思指出:"各民族的原始封闭状态由于日益完善的生产方式、交往以及因交往而自然形成的不同民族之间的分工消灭得越是彻底,历史也就越是成为世界历史。"① 在马克思看来,民族历史向世界历史转变是人类社会长期发展的必然结果,资本主义大工业的兴起和发展则是经由量变引起质变的标志性事件。新航路的开辟拓展了人类的交往空间,新兴资产阶级纷纷从狭隘的国内市场走向广阔的世界市场,世界市场的巨大需求促使生产方式与交往方式发生快速变革,"于是,蒸汽和机器引起了工业生产的革命"②。资产阶级在巨大物质利益的诱惑下,不断变革生产方式和交往方式,他们凭借大工业创造的巨大社会生产力,不仅在国内排挤其他阶级,而且通过殖民扩张和国际贸易强化世界普遍交往联系。在马克思恩格斯看来,资本主义现代大工业"首次开创了世界历史,因为它使每个文明国家以及这些国家中的每一个人的需要的满足都依赖于整个世界,因为它消灭了各国以往自然形成的闭关自守的状态"③。他们在《共产党宣言》中进一步指出:"资产阶级,由于开拓了世界市场,使一切国家的生产和消费都成为世界性的了。……旧的、靠本国产品来满足的需要,被新的、要靠极其遥远的国家和地带的产品来满足的需要所代替了。过去那种地方的和民族的自给自足和闭关自守状态,被各民族的各方面的互相往来和各方面的互相依赖所代替了。物质的生产是如此,精神的生产也是如此。各民族的精神产品成了公共的财产。"④

资本主义大工业打破各民族自然形成的闭关自守状态,开创各民族相互依赖和普遍交往的"世界历史",其奥秘在于"现代资本"在社会生产过程中逐渐取得主导地位。前资本主义社会虽然早已出现了商品交换和货币流通,但在自给自足的生产模式下,商品生产与商品交换并没有在社会经济结构中占据主导地位,资本尚未在社会生产过程中取得统治地位,各民族的生产和消费都表现出鲜明的地域局限性。在马克思看

---

① 《马克思恩格斯文集》第1卷,人民出版社,2009,第540~541页。
② 《马克思恩格斯文集》第2卷,人民出版社,2009,第32页。
③ 《马克思恩格斯文集》第1卷,人民出版社,2009,第566页。
④ 《马克思恩格斯文集》第2卷,人民出版社,2009,第35页。

来,"世界贸易和世界市场在 16 世纪揭开了资本的现代生活史"①。随着世界市场的普遍竞争加剧,劳动者与生产资料相分离越发成为社会的普遍现象,失去生计的广大劳动者为了养活自己和家人,不得不把自己的劳动力出售给资本家,并为资本家创造剩余价值。现代资本是以追求剩余价值为终极目标的,它一出现,"就标志着社会生产过程的一个新时代"②。从工场手工业到机器大生产,工业资本逐渐取代自然形成的等级资本而成为社会生产过程的决定性力量。资本主义大工业建立的世界交往受控于资本增殖逻辑,资产阶级力图把整个世界的资源都纳入资本无限增殖逻辑之中,并使世界范围内各民族"本土的神"纷纷匍匐在现代资本这个"外来的神"面前。资本主义大工业强行将地域性、离散性的各民族纳入资本逻辑主导的世界交往秩序当中,使其越发受到世界历史发展的整体性趋势的支配。普遍交往与整体联动的"世界历史"一经形成,就会对身处其中的各民族的前途命运和发展趋势产生普遍规定性,并对整个人类历史的进程和走向产生深刻影响。

  旧中国的统治者在历史向世界历史转变的过程中实施闭关锁国的政策,把中国与世界隔绝开来,使闭关自守的旧中国逐渐落后于世界现代化发展潮流。鸦片战争是资本主义现代工业文明与中国封建社会农耕文明的初步较量,旧中国的惨败预示着中国封建社会农耕文明"自然演进"的现代化转型道路被强大的外部力量阻断了。中国在明清之际曾出现资本主义萌芽,如果没有封建统治者的闭关锁国政策和资本主义列强轮番入侵,中国同样会缓慢走向现代化。然而,率先开启现代化进程的西方资本主义列强凭借坚船利炮轰开中国的大门,将中国强行拉入资本主义列强主导的世界体系当中,世界市场的激烈竞争严重冲击中国社会经济结构,使得原本牢固的封建帝国加速进入"解体的过程"。由于资本主义列强的入侵,中国逐渐丧失了经由封建社会基本矛盾自然演变而走上现代化道路的社会历史条件,"现代化"客观上作为一种外部介入的强大力量而使旧中国社会结构发生变革。资本主义列强的侵略不同于古代游牧民族对中华农耕文明的入侵,它是更为先进的工业文明对地域

---

① 《马克思恩格斯文集》第 5 卷,人民出版社,2009,第 171 页。
② 《马克思恩格斯文集》第 5 卷,人民出版社,2009,第 198 页。

交往有限的农耕文明的侵略。古代游牧民族的入侵是为了占有中国农耕文明的生产方式和生活方式，资本主义工业文明的入侵则是要摧毁中国农耕文明传统的农业与手工业相结合的生产方式，使广大劳动者同生产资料相分离而丧失生计，由此发展到顶峰的中国封建社会内部的革命因素迅速增长。资本主义列强将旧中国强行拉入资本逻辑主导的世界普遍交往秩序之中，中国"被裹挟"进世界现代化浪潮，中华文明在这个过程中曾遭遇难以赓续的深重危机。为了挽救民族于危亡和赓续中华文明，中国各阶级先进分子面对历史向世界历史转变的千年大变局，尝试以"变革与开放"的精神苦苦探寻"中国现代化之路"①。地主阶级洋务派"中体西用"与"师夷长技"的现代化方案破产，说明中国固守封建社会的制度框架进行现代化建设是违背世界历史发展潮流的。资产阶级改良派与革命派试图重走资本主义国家实现现代化的老路，同样遭到封建势力的破坏与帝国主义列强的干涉，这说明半殖民地半封建社会的旧中国"通过融入资本主义世界体系而推进现代化建设"的方案同样不可能取得成功。中国在历史向世界历史转变的时空境遇中进行旧民主主义革命，却没能成功开辟现代化道路，根本原因在于"没有找到解决中国前途命运问题的正确道路和领导力量"②。中国共产党成立后，带领人民自强不息艰苦奋斗，成功走出一条既顺应世界历史发展规律又符合中国社会发展历史逻辑的现代化道路，即中国式现代化道路。中国式现代化道路作为"中国现代化之路"的当代发展形态或当代实践样态，同样是在历史向世界历史转变的整体进程中探索和开辟的。我们如果离开了马克思"世界历史"思想提供的科学认识武器，就不能准确理解中华民族在历史向世界历史转变过程中遭受文明难以赓续的深重危机的根源，就不能科学把握以中国式现代化推进中华民族伟大复兴的历史必然性。

二 实现现代化是世界历史发展的普遍规定性

随着"历史成为世界历史""交往成为世界交往"，世界各民族不可

---

① 习近平：《论把握新发展阶段、贯彻新发展理念、构建新发展格局》，中央文献出版社，2021，第6页。
② 习近平：《在纪念辛亥革命110周年大会上的讲话》，《人民日报》2021年10月10日，第2版。

能像以往那样固守自给自足或闭关自守的生存状态，它们都会受到世界现代化浪潮的冲击而或慢或快地出现生产方式、生活方式、交往方式等领域的重大变革。唯物史观认为，社会存在决定社会意识。在资本主义生产方式冲击各民族生存状态的同时，资产阶级思想观念作为"公共的财产"中最具主导性的精神产品同样会对其他民族的地方性精神生产造成巨大冲击。因而，资本主义现代化具有整体性，它既包括生产方式的变革，也包括政治上层建筑与观念上层建筑的变革：在政治上表现为推翻封建等级制度，按照资产阶级民主原则建立现代国家，管理资产阶级的公共事务；在思想观念上广泛传播自由、民主、平等、博爱等资产阶级"普世价值"，在世界范围内大肆宣扬西方中心主义的文化逻辑，肆意将"野蛮"的标签贴在其他文明身上。

  资本主义大工业促进了社会生产力与世界交往的巨大发展，打破了世界各民族原先"平行发展"的时空格局。在世界市场的普遍竞争中，资产阶级的民族率先采用机器生产，按照利润最大化的逻辑进行社会分工，大幅提高社会生产率，凭借价格低廉的大宗商品在世界市场的激烈竞争中占据优势地位，进而迫使其他民族的传统产业走向破产。在相互激荡的世界交往与普遍竞争的时代格局下，世界各国都难以抗拒以工业化为基础的现代化发展潮流。马克思认为："资产阶级，由于一切生产工具的迅速改进，由于交通的极其便利，把一切民族甚至最野蛮的民族都卷到文明中来了。它的商品的低廉价格，是它用来摧毁一切万里长城、征服野蛮人最顽强的仇外心理的重炮……它迫使它们在自己那里推行所谓的文明，即变成资产者。一句话，它按照自己的面貌为自己创造出一个世界。"① 资产阶级创造的世界并不是永久和平的世界，而是一个动荡不安的世界。资产阶级向世界各民族强力推行所谓的资本主义文明，旨在按照资产阶级的利益需要构建一种"依附-从属"的世界秩序，而不是建立一个永久和平的新世界。资产阶级不仅使"农村从属于城市"，而且力图"使未开化和半开化的国家从属于文明的国家，使农民的民族从属于资产阶级的民族，使东方从属于西方"。② 资产阶级率先采用机器

---

① 《马克思恩格斯文集》第 2 卷，人民出版社，2009，第 35~36 页。
② 《马克思恩格斯文集》第 2 卷，人民出版社，2009，第 36 页。

生产，将自然力转化而成的巨大社会生产力占为己有，在此基础上打着自由竞争的旗号疯狂地进行世界殖民扩张，力求在世界范围内建立自身的政治统治、经济统治和思想文化统治，进而全面构建"依附－从属"的资本主义世界秩序。马克思曾说："生产的不断变革，一切社会状况不停的动荡，永远的不安定和变动，这就是资产阶级时代不同于过去一切时代的地方。"① 在前资本主义社会，保持旧的生产方式曾是各阶级"生存的首要条件"，在自由竞争的资本主义社会，"非对生产工具，从而对生产关系，从而对全部社会关系不断地进行革命，否则就不能生存下去"②。资产阶级通过自由竞争的交往秩序将资本主义社会的种种"动荡"和"变革"输送到世界各地，世界各民族由此发生不同程度的变革与动荡。资产阶级"迫使一切民族——如果它们不想灭亡的话——采用资产阶级的生产方式"③。在世界市场的激烈竞争中，资产阶级凭借大工业创造的廉价商品"挖掉了工业脚下的民族基础"，一个民族如果不想灭亡或不愿放弃它在世界历史上的应有作为和地位，就必须对资本主义生产方式及其世界扩张作出积极回应。因而，"新的工业的建立已经成为一切文明民族的生命攸关的问题"④。

资本主义现代化是人类社会发展史上的重大革命，它在推动"历史成为世界历史""交往成为世界交往"的过程中逐渐获得了特定阶段的普遍规定性。马克思在《资本论》序言中曾敏锐地指出："问题本身并不在于资本主义生产的自然规律所引起的社会对抗的发展程度的高低。问题在于这些规律本身，在于这些以铁的必然性发生作用并且正在实现的趋势。工业较发达的国家向工业较不发达的国家所显示的，只是后者未来的景象。"⑤ 在世界市场的普遍竞争中，各民族如果不建立自己的现代工业，就只会沦为英国这个现代化"工业太阳"的原料产地和商品销售市场。马克思曾说："各民族之间的相互关系取决于每一个民族的生产力、分工和内部交往的发展程度。"⑥ 美国通过独立战争和内战逐步为资

---

① 《马克思恩格斯文集》第 2 卷，人民出版社，2009，第 34 页。
② 《马克思恩格斯文集》第 2 卷，人民出版社，2009，第 34 页。
③ 《马克思恩格斯文集》第 2 卷，人民出版社，2009，第 35 页。
④ 《马克思恩格斯文集》第 2 卷，人民出版社，2009，第 35 页。
⑤ 《马克思恩格斯文集》第 5 卷，人民出版社，2009，第 8 页。
⑥ 《马克思恩格斯文集》第 1 卷，人民出版社，2009，第 520 页。

本主义现代化发展扫清道路，大量的欧洲移民为其建立现代大工业与走向现代化提供了源源不断的智力支持；法国通过资产阶级革命实现同英国大工业接轨并轨，加速现代化发展进程；德国和日本则通过国家政权自上而下的政治改革，优先发展现代大工业，赶上现代化发展的时代步伐。马克思科学揭示了世界各国走向现代化的必然性，也预测了各民族走向现代化道路选择的多样性。马克思晚年曾预言，在走向现代化的过程中，生产力相对落后的东方国家有可能找到"一条不同于西欧走过的道路"，例如，保存着大量农村公社的俄国既不是脱离现代世界孤立生存的，也不是外国征服者的猎获物，它如果能跟欧洲无产阶级革命建立联系，就有可能"不经受资本主义生产的可怕的波折而占有它的一切积极的成果"①，而迎来社会劳动生产力普遍发展与每个人全面发展相统一的经济形态。马克思关于跨越"卡夫丁峡谷"的理论设想，蕴含着世界历史发展的"历时性"与"共时性"的辩证法，它预示世界普遍交往实践格局下落后国家实现现代化跨越式发展的新可能。因为"一个国家应该而且可以向其他国家学习"②。英国大工业发展"历时性"的自然过程揭示"现代社会的经济运动规律"，而世界交往与普遍竞争的"共时性"时空格局又为世界各国"向其他国家学习"提供了前所未有的契机。列宁曾说："世界历史是个整体，而各个民族是它的'器官'。"③ 作为整体的"世界历史"一经形成，作为"器官"的各民族的发展便会进一步受到世界历史总体发展趋势的干预，这就必然要求各民族站在世界历史发展趋势的高度审视自身的前途命运问题。因而，在世界交往与普遍竞争的时代境遇下，世界各国走向现代化的历史必然性与道路多样性是辩证统一的。

资本主义现代化虽然创造了前所未有的生产力，在世界历史发展的特定阶段具有进步性和普遍性，但它并不是世界现代化的终结。资本主义现代化是在"对内剥夺"与"对外掠夺"的双向互动中为自己开辟前进道路的，它具有极强的侵略性与剥削性。资本主义时代由于生产过剩和资本集中而产生代际传承的普遍贫困，这个"令人陶醉的"时代存在

---

① 参见《马克思恩格斯文集》第3卷，人民出版社，2009，第571页。
② 《马克思恩格斯文集》第5卷，人民出版社，2009，第9页。
③ 《列宁全集》第55卷，人民出版社，1990，第273页。

着不可调和的内在矛盾和普遍危机。资产阶级的理论家甚至断言,"自由竞争等于生产力发展的终极形式,因而也是人类自由的终极形式"①。马克思则指出:"这个时代在世界历史上留下的标志,就是被称为工商业危机的社会瘟疫日益频繁地重复发生,规模日益扩大,后果日益带有致命性。"② 资产阶级虽然占领了世界市场,建立了以自由竞争为核心的世界秩序,但这并不能从根本上解决资本主义生产方式和占有方式之间的内在矛盾,反而使资本主义的基本矛盾与社会危机在世界交往中变得更加普遍化。资本主义现代化过程中衍生的诸多问题同样具有世界性,但"以资为本"的解题思路和解题方案却不具有普适性。资本主义列强在对外扩张的过程中产生的世界性对抗不可能通过发展资本主义现代化而得到根本解决。只有通过无产阶级的世界革命,消灭资本主义私有制,消灭民族压迫的阶级根源,全人类才能从根本上解决资本主义现代化发展带来的世界性难题,进而在社会主义现代化道路上开创真正永久和平的世界历史新纪元。

俄国十月革命在资本主义世界秩序的薄弱环节打开了人类通向社会主义社会的新通道,开创了世界现代化的社会主义实践样态,打破了资本主义现代化一统天下的世界格局。社会主义社会是扬弃资本主义社会的现代社会,它需要占有资本主义现代化的"一切积极的成果"。二战之后,亚非拉地区的众多殖民地先后获得民族独立,它们无论是走上资本主义道路,还是加入社会主义阵营,无论是实施"出口替代"的外向型现代化发展战略,还是实施"进口替代"的内向型现代化发展战略,实现现代化都是各民族发展壮大的内在规定。实现现代化是时代性的重大命题,是全人类的未竟事业,即使是已经实现现代化的发达国家,同样面临"再工业化"的问题。人类社会发展的未来趋势不会偏离以工业化为基础的现代化方向,只会不断打破现代化的传统,因为现代化本身是不断变革的历史过程。在"一球两制"的"一体化的世界",社会主义与资本主义两种类型的现代化实践样态彼此交融、相互影响,广大发展中国家与新兴市场国家在推进现代化过程中可以从外部世界获得更加

---

① 《马克思恩格斯文集》第 8 卷,人民出版社,2009,第 181 页。
② 《马克思恩格斯文集》第 3 卷,人民出版社,2009,第 10 页。

多元化的参照系。自从社会主义从理论走向实践之后,现代化就不再是资本主义文明的简单世界化,就不再是世界的欧美化。随着历史完全转变为世界历史,资本主义现代化就会因其不可调和的内在矛盾而逐渐丧失普遍规定性,让位于更具有普遍规定性的社会主义现代化,这是历史唯物主义进步论预示的人类社会发展规律。当然,这个远景必定要经历一个长期的斗争过程才能全面实现。现代化作为世界历史发展的普遍规定性并没有终结于资本主义社会,作为世界历史性存在的社会主义现代化必将在新的世界交往中逐步赢得更强更广的普遍规定性。

三 中国式现代化体现世界历史发展的客观规律性与主体选择性

中国式现代化是中国共产党领导中国人民建设社会主义现代化国家、实现中华民族伟大复兴的独特道路。在相互激荡的世界历史时代格局中,中国共产党以自强不息的百年奋斗领导人民成功走出中国式现代化道路,深刻影响了世界历史发展进程。实现社会主义现代化和中华民族伟大复兴都是坚持和发展中国特色社会主义的"总任务"①,在新时代的历史语境下,二者具有"同义语"的意蕴,但又各有侧重。实现社会主义现代化的根本参照系是高度发达的社会生产力,实现中华民族伟大复兴的根本指向是使中华民族以"人类文明新形态"屹立于普遍交往的世界历史舞台。中国式现代化不是封闭固化的,而是随着实现中华民族伟大复兴的不断推进而深化拓展的。中国人对现代化道路的探索与实现中华民族伟大复兴是同程共进的,但历史和实践已经深刻证明,只有坚持中国式现代化,才能成功推进中华民族伟大复兴。我们坚持以中国式现代化推进中华民族伟大复兴,遵循世界各国现代化发展的一般规律,体现世界历史发展的必然性与前瞻性。

(一) 中国共产党在帝国主义战争与无产阶级革命相互激荡的世界历史时代主题下,带领人民大众通过新民主主义革命实现民族独立和人民解放,为开创中国式现代化道路和实现中华民族伟大复兴创造了根本社会条件

纵观世界历史,实现民族独立是世界各国实现现代化的普遍前提。

---

① 《中共中央关于党的百年奋斗重大成就和历史经验的决议》,《人民日报》2021年11月17日,第1版。

鸦片战争后，中国逐渐沦为半殖民地半封建社会，实现民族独立和人民解放既是中国无数仁人志士苦苦追求的共同理想，也是中国实现现代化的根本社会条件。中国工人阶级的先进代表在世界普遍交往的实践格局中进行反复比较与艰辛探索，逐渐将解决中国问题的视野转移到世界社会主义运动的"俄国实践"上。俄国十月革命为世界被压迫民族指明了谋求独立和解放的正确道路，各国先进知识分子不约而同地将目光转向马克思列宁主义。正如毛泽东所言："一九一七年俄国十月社会主义革命取得胜利，将世界历史划分为两个时代，马克思主义在全世界流行了。"① 以毛泽东同志为主要代表的中国共产党人自觉运用马克思列宁主义提供的"望远镜"与"显微镜"，敏锐洞察资本主义世界历史时代的基本矛盾及其运动规律，进而科学预判中国革命的前途命运。毛泽东指出："各国人民之间的互相影响是时常存在的。在资本主义时代，特别是在帝国主义和无产阶级革命的时代，各国在政治上、经济上和文化上的互相影响和互相激动，是极其巨大的。十月社会主义革命不只是开创了俄国历史的新纪元，而且开创了世界历史的新纪元，影响到世界各国内部的变化，同样地而且还特别深刻地影响到中国内部的变化，但是这种变化是通过了各国内部和中国内部自己的规律性而起的。"② 十月革命开启的新的世界历史时代不再是帝国主义一统天下的时代，而是逐渐发展壮大的社会主义力量不断"走向胜利的历史时代"。正是基于对世界历史时代主题及其发展趋势的深刻把握，中国共产党将中国革命的前途命运与世界社会主义运动的发展趋势紧密联系起来。在反对世界帝国主义的革命战线中，中国革命是"世界无产阶级社会主义革命的一个组成部分"③。中国革命有自身的特殊性，不能盲目照搬俄国十月革命的经验，教条主义与本本主义曾使中国革命遭遇严重挫折，几乎使中国革命走向崩溃的边缘。毛泽东提出将马克思列宁主义普遍真理同中国革命具体实际相结合的重大命题，以解决中国革命的实际问题为中心，推动马克思主义中国化，为新民主主义革命走向胜利提供了科学的行动指南。在农民阶级占据全部人口绝大多数的旧中国，不能像俄国那样走城市中心主

---

① 《毛泽东文集》第 3 卷，人民出版社，1996，第 249 页。
② 《毛泽东选集》第 1 卷，人民出版社，1991，第 303 页。
③ 《毛泽东文集》第 7 卷，人民出版社，1999，第 314 页。

义的革命道路，只能走农村包围城市、武装夺取政权的中国式革命道路。从新民主主义革命开始，中国共产党把唯物史观确立为"哲学的根据"，自觉将中国实现现代化的重大问题纳入相互激荡的世界普遍交往实践格局中加以考察，沿着马克思主义"两个必然"的历史进步论指明的发展方向，彻底否定了中国实施资本主义现代化方案的现实可行性。在工人阶级的领导下，中国革命的前途不能是资本主义，只能是社会主义。毛泽东在《新民主主义论》中强调："中国的经济，一定要走'节制资本'和'平均地权'的路，决不能是'少数人所得而私'，决不能让少数资本家少数地主'操纵国民生计'，决不能建立欧美式的资本主义社会，也决不能还是旧的半封建社会。"[①] 在帝国主义、封建主义、官僚资本主义的统治下，中国的经济必定会沿着"少数人所得而私"的方向发展，更不可能走向"大家都有份"的现代化。中国共产党领导中国人民经过28年的艰苦斗争，付出了巨大牺牲，推翻"三座大山"，实现民族独立和人民解放，彻底结束了旧中国一盘散沙的混乱局面，终结了旧中国半殖民地半封建的社会性质，建立了彰显"人民至上"实践精神的中华人民共和国，为新中国独立自主地推进现代化建设创造了根本社会条件。

（二）中国共产党科学把握马克思主义"两个必然"揭示的世界历史发展必然性规律，以打破常规的伟大创举推进社会主义革命，建立社会主义基本制度，使一穷二白、人口众多的东方大国实现了大步迈进社会主义社会的伟大飞跃，为开创中国式现代化道路和实现中华民族伟大复兴奠定了根本政治前提和制度基础

马克思恩格斯运用唯物史观对资本主义基本矛盾及资本主义世界扩张的趋势进行深入分析，认为生产社会化与生产资料资本主义私有制之间的矛盾必然在世界范围内导致严重的两极对立，资本主义的周期性经济危机必将使工人阶级与资产阶级之间的矛盾和斗争发展到顶点，其结果是"资产阶级的灭亡和无产阶级的胜利"不可避免，"两个必然"蕴含了社会主义社会必然取代资本主义社会的历史进步论。俄国十月革命建立了人类历史上第一个社会主义国家，二战之后，亚洲和欧洲许多国

---

① 《毛泽东选集》第 2 卷，人民出版社，1991，第 678~679 页。

家先后加入以苏联为首的社会主义阵营,"形成了强大的社会主义的世界体系"①,预示着社会主义制度取代资本主义制度迎来了光明前景。新中国成立后,中国共产党顺应世界社会主义运动的历史潮流,领导人民在恢复国民经济的基础上进行社会主义革命,这一新的历史任务就是要在"一穷二白"的烂摊子上实现社会形态的历史性跨越,进而举全国之力加速推进中国的现代化建设,彻底改变中国贫穷落后的面貌。1953年12月,我们党提出了过渡时期的总路线和总任务,即"要在一个相当长的时期内,逐步实现国家的社会主义工业化,并逐步实现国家对农业、对手工业和对资本主义工商业的社会主义改造"②。新中国通过"一化三改造"确立社会主义基本制度,大大缩短了社会形态更替中"自然分娩"带来的长期阵痛,顺利完成社会主义革命。中华民族社会形态的跨越性发展并不违反世界历史发展的一般规律,正如列宁所说:"世界历史发展的一般规律,不仅丝毫不排斥个别发展阶段在发展的形式或顺序上表现出特殊性,反而是以此为前提的。"③ 新中国打破常规进行社会主义革命,实现了社会形态的历史性跨越,恰恰是世界历史发展一般规律的实现形式。中国社会形态实现历史性跨越是在世界社会主义运动的"共时性"空间格局中进行的,社会主义建设的苏联经验为中国进行社会主义革命和建设提供了不可或缺的外部参照。建立社会主义基本制度之后,我们党秉持"一万年太久,只争朝夕"的艰苦奋斗精神,在世界历史发展的"共时性"与"历时性"相互交融中开始了中国式现代化道路的独特探索。毛泽东根据中国社会主义现代化建设的实际情况,对苏联现代化建设中农业、轻工业、重工业"发展失衡"的问题进行了建设性反思,强调中国要努力实现重工业与轻工业、农业的统筹协调发展。毛泽东在《关于农业问题》一文中提出工业现代化与农业现代化"同时并举"的思想,"讲到农业与工业的关系,当然,以重工业为中心,优先发展重工业,这一条毫无问题,毫不动摇。但是在这个条件下,必须实行工业与农业同时并举,逐步建立现代化的工业和现代化的农业"④。周

---

① 《毛泽东文集》第7卷,人民出版社,1999,第315页。
② 《毛泽东文集》第6卷,人民出版社,1999,第316页。
③ 《列宁专题论文集·论社会主义》,人民出版社,2009,第357~358页。
④ 《毛泽东文集》第7卷,人民出版社,1999,第310页。

恩来也曾说："我们的四个现代化,要同时并进,相互促进,不能等工业现代化以后再来进行农业现代化、国防现代化和科学技术现代化。"① 我们党在世界社会主义运动"共时性"时空格局中,坚持独立自主推进社会主义现代化建设,学习和借鉴外国经验以服务于新的自我创造,创造性提出"四个现代化"统筹推进的战略构想,取得社会主义革命和建设的诸多独创性理论成果和巨大成就,为开创中国式现代化道路提供了必要的理论准备和历史经验,这充分说明"只有社会主义才能救中国,只有社会主义才能发展中国"②。

（三）中国共产党顺应世界历史时代主题的变迁,作出社会主义改革开放的战略决策,提出"三步走"的战略目标,引领中国"大踏步赶上时代",成功开创中国式现代化道路,为实现中华民族伟大复兴提供充满新的活力的体制保证和快速发展的物质条件

20世纪70年代,二战后迎来经济发展黄金期的资本主义国家先后进行了新科技革命,随着现代信息技术的深度介入,发达国家的产业结构、产业布局、劳动方式和生活方式等领域率先发生变革,这种变化有利于增强世界各国经济发展的向外开放性与依赖性,进而减小爆发新的世界大战的可能性。世界普遍交往实践格局中的发达资本主义国家出现新变化,社会主义国家只有通过改革才能做出积极的回应。恩格斯曾说:"所谓'社会主义社会'不是一种一成不变的东西,而应当和任何其他社会制度一样,把它看成是经常变化和改革的社会。"③ 党的十一届三中全会揭开了中国改革开放的序幕,我们党实现了思想路线和政治路线的拨乱反正,逐步把工作重心转移到社会主义现代化建设上来。

邓小平敏锐把握世界历史的时代主题出现的新变化,认为"现在世界上真正大的问题,带全球性的战略问题,一个是和平问题,一个是经济问题或者说发展问题。和平问题是东西问题,发展问题是南北问题"④。邓小平辩证看待"东西问题"与"南北问题"相互依存的关系,

---

① 《周恩来选集》下卷,人民出版社,1984,第412页。
② 《中共中央关于党的百年奋斗重大成就和历史经验的决议》,《人民日报》2021年11月17日,第1版。
③ 《马克思恩格斯选集》第4卷,人民出版社,2012,第601页。
④ 《邓小平文选》第3卷,人民出版社,1993,第105页。

认为"现在的世界是开放的世界"①。邓小平将"南北问题"看作"全球性的战略问题"的核心，得出"发展才是硬道理"的科学判断。生产力相对落后的社会主义中国如何才能赶上世界历史时代主题变迁中的新科技革命呢？邓小平指出："我们要赶上时代，这是改革要达到的目的。"②改革开放后，我们党坚持以更加开放的视野来审视"开放的世界"，坚持以解决中国社会主义现代化建设的实际问题为中心，通过比较当时中国与发达资本主义国家的收入差距科学调整中国现代化建设的目标任务。邓小平在会见日本首相大平正芳时曾说："我们要实现的四个现代化，是中国式的四个现代化。我们的四个现代化的概念，不是像你们那样的现代化的概念，而是'小康之家'。到本世纪末，中国的四个现代化即使达到了某种目标，我们的国民生产总值人均水平也还是很低的。"③ 1987年，邓小平立足于社会主义初级阶段的历史方位，进一步提出我国现代化发展"三步走"的战略目标，即"我国经济发展分三步走，本世纪走两步，达到温饱和小康，下个世纪用三十年到五十年时间再走一步，达到中等发达国家的水平"④。

建设中国式现代化，必须有一个正确的对外开放政策，关起门来搞建设是走不通的。只有加强国际合作，充分利用发达资本主义国家产业转移的契机，吸引外国的资金，引进外国先进技术，才能加速中国式现代化建设。面对充满矛盾的"开放的世界"，中国如果退回到闭关自守的封闭状态，就很难赶上世界历史发展潮流，就会远远落后于时代。在和平与发展的时代主题下，资本主义仍未放弃对社会主义国家实施和平演变的阴谋，这就要求我们党在激荡的世界历史浪潮中保持足够的战略定力。邓小平强调："中国要搞现代化，绝不能搞自由化，绝不能走西方资本主义道路。"⑤ 中国式现代化建设不能走西方资本主义道路，但在经济全球化时代背景下不可避免同资本主义国家建立交往联系。世界市场是社会主义国家同资本主义国家建立交往联系的重要载体，我们党确立

---

① 《邓小平文选》第3卷，人民出版社，1993，第64页。
② 《邓小平文选》第3卷，人民出版社，1993，第242页。
③ 《邓小平文选》第2卷，人民出版社，1994，第237页。
④ 《邓小平文选》第3卷，人民出版社，1993，第251页。
⑤ 《邓小平文选》第3卷，人民出版社，1993，第123页。

社会主义市场经济的改革方向，把对外开放确立为基本国策，有序推动多层次的对外开放，充分利用国际国内两个市场、两种资源，同时推进"引进来"与"走出去"，逐渐实现同世界市场的有效衔接，逐步实现从封闭半封闭到全方位开放的历史性转变。特别是2001年加入世界贸易组织之后，中国经济发展迎来了战略机遇期，中国凭借劳动力资源优势大力发展对外贸易，吸引大量外资，融入国际大循环，深度参与国际分工，借助经济全球化顺风而行的重大历史机遇快速解决国内产能不足的问题，在快速提升国家经济实力的同时大幅改善人民群众生活。改革开放不仅为推进我国社会主义现代化事业提供了充满活力的体制保证，而且拓展了中国共产党和中国人民的世界历史视野，引领中华民族沿着中国式现代化道路赶上世界历史发展的时代潮流。实践证明，改革开放是中国共产党领导人民大踏步赶上时代的重要法宝，是决定当代中国前途命运的关键一招，是实现中华民族伟大复兴的关键一招。

（四）中国共产党在新时代的历史方位上统筹把握中华民族伟大复兴战略全局和世界百年未有之大变局，全面优化升级中国社会主义现代化的总体布局、战略布局和发展理念，在构建新发展格局中深化拓展中国式现代化，为我们在新发展阶段开启全面建设社会主义现代化国家新征程提供了更为完善的制度保证、更为坚实的物质基础、更为主动的精神力量

经过长期努力，中国特色社会主义进入新时代，中华民族在中国式现代化道路上迎来了从站起来、富起来到强起来的伟大飞跃，社会主义中国日益走近世界舞台中央，拓展了发展中国家走向现代化的途径，中国式现代化越发显示出强大的世界影响力。以习近平同志为核心的党中央在新的历史方位上对"建设什么样的社会主义现代化强国、怎样建设社会主义现代化强国"[①]的重大时代课题进行了系统性和原创性的深刻回答，开辟了当代中国马克思主义现代化观的新境界。站在世界历史高度科学把握"百年未有之大变局"及其发展趋势，制定促进中国式现代化行稳致远的"五位一体"总体布局和"四个全面"战略布局，以提高

---

① 《中共中央关于党的百年奋斗重大成就和历史经验的决议》，《人民日报》2021年11月17日，第1版。

发展质量和效益为中心落实创新、协调、绿色、开放、共享的新发展理念，制定新时代中国"两步走"的现代化发展战略目标，在新发展阶段的历史坐标上通过构建新发展格局重塑国际合作和竞争新优势，全面阐释中国式现代化的文明逻辑，这些是习近平新时代中国特色社会主义现代化观的重要内容。随着中国经济发展水平不断提高，中国发展的外部环境已经发生深刻变化，中国逐渐从全球价值链的中低端向中高端迈进，过去"两头在外"（资源和市场在外）的现代化发展格局在世界百年未有之大变局下面临严峻考验。早在2014年，习近平就作出"我国经济发展进入新常态"的重大战略判断，指明我国经济开始进入转变发展方式、优化经济结构、转换发展动力的攻坚期。随着经济全球化遭遇逆流，保护主义、单边主义与排外主义盛行，我国需要在一个更加不稳定不确定的"一体化的世界"中谋求发展。习近平指出："人类社会最终将从各民族的历史走向世界历史。现在，我国同世界的联系空前紧密，我国经济对世界经济的影响、世界经济对我国经济的影响都是前所未有的。"[①] 在经济全球化深入推进的"一体化的世界"，我国的社会主义现代化建设不可能关起门来退回到"孤岛"上去。我们必须顺应我国经济深度融入世界经济的客观趋势，善于统筹国内国际两个大局，利用好国际国内两个市场、两种资源，推动"一带一路"建设，发展更高层次的开放型经济。过去经济全球化顺风而行，我国依靠"两头在外"的发展模式赢得国际竞争优势，随着主张脱钩断链的保护主义蔓延，构建完整的内需体系越发成为关系我国长远发展的战略抉择。大国经济的优势是内部可循环，我们国家需要立足扩大内需这个战略基点，使生产、分配、流通、消费等各个环节更多依托国内市场实现良性循环，如此才能构建更高水平的开放型经济。习近平强调："扩大内需和扩大开放并不矛盾。国内循环越顺畅，越能形成对全球资源要素的引力场，越有利于构建以国内大循环为主体、国内国际双循环相互促进的新发展格局，越有利于形成参与国际竞争和合作新优势。"[②] 构建新发展格局不是搞封闭的体内单循

---

① 习近平：《论把握新发展阶段、贯彻新发展理念、构建新发展格局》，中央文献出版社，2021，第64页。
② 习近平：《论把握新发展阶段、贯彻新发展理念、构建新发展格局》，中央文献出版社，2021，第343页。

环,而是通过挖掘中国内需潜力,使内市场和国际市场更好联通,以更加完整的内需体系吸引全球优质的资源要素,进而提高我国配置全球资源的能力,提升我国现代化发展的安全系数。中国已经进入全面建设社会主义现代化国家的新发展阶段,以中国式现代化推进中华民族伟大复兴迎来光明前景,在中国式现代化道路上内生出的人类文明新形态深刻诠释了科学社会主义的真理力量。

四 "世界历史"视野下中国式现代化的基本经验

中国共产党带领中国人民在相互激荡的世界历史发展格局中历尽艰辛、克服万难,经过长期接力探索成功走出一条中国式现代化道路,这是世界现代化发展史上的一个伟大创举。随着经济全球化在相互激荡的世界潮流中不断深化,"新时代的中国"与"一体化的世界"的良性互动已经达到前所未有的程度。社会主义现代化建设是世界历史性的事业,普遍交往的世界历史已经从中国式现代化的"外在诱因"转化成"内在规定",同时,中国式现代化又在新的世界历史坐标上开创了"人类文明新形态"。中国式现代化的成功实践,拓展了发展中国家走向现代化的途径,预示着解决人类现代化发展问题的中国智慧和中国方案,越发显示出重要的世界意义,我们需要站在世界历史高度把握其中的方法论意蕴。

(一) 中国式现代化坚持"领导主体"与"人民主体"相结合,体现事实主体与价值主体相统一

人类社会的发展道路不是上帝事先安排的程序,而是由"现实的人"通过自主活动开拓出来的。唯物史观认为,"历史活动是群众的活动,随着历史活动的深入,必将是群众队伍的扩大"[1]。人民群众是历史的实践主体,是决定历史发展走向的根本力量。以唯物史观作为哲学根基的科学社会主义对中国式现代化的实践生成具有"本质规定性",中国式现代化的开创过程是群众队伍扩大的过程,也是"行动着的群众"共创复兴伟业、共享中华民族伟大复兴历史荣光的过程。

---

[1] 《马克思恩格斯文集》第1卷,人民出版社,2009,第287页。

中国式现代化的领导主体是作为工人阶级先锋队的中国共产党,它的开创主体是以工农联盟为基础的"人民主体",实现"领导主体"与"人民主体"的有机结合是成功开创中国式现代化道路的决定性因素。中国式革命道路孕育中国式现代化道路,中国革命的"主体构成"直接决定中国式现代化道路的"主体结构"及其战略选择。中国革命的目的是要解放和发展中国社会生产力,扫清钳制中国现代化发展的种种障碍。革命的首要问题是要搞清楚"谁是我们的敌人"与"谁是我们的朋友",进而联合真正的朋友打击真正的敌人。我们党把唯物史观确立为"哲学的根据",并根据我国特殊的社会阶级结构丰富和发展马克思主义"人民主体"思想的中国理论形态和实践样态。毛泽东曾指出,中国工人阶级虽然人数不多,但它"是中国新的生产力的代表者,是近代中国最进步的阶级","是我们革命的领导力量"。[①] 在欧洲工业发达的国家,工人阶级占全部人口的大多数,在农业占主导的近代中国,农民阶级占全部人口的百分之八十以上。我们党通过对中国社会各阶级的深入分析,逐渐认识到农民问题是"中国革命的基本问题,农民的力量,是中国革命的主要力量"[②]。中国革命要获得胜利,就必须建立工人阶级领导的以农民阶级为主体的革命军队。我们党从中国革命的"首要问题"转向"基本问题",确立了群众史观的中国逻辑与中国话语,实现"领导核心"与"主体力量"的初步结合。就此观之,我们党确立农村包围城市、武装夺取政权的"中国式"革命路线具有科学的认识依据和事实根据。我们党在七届二中全会上将"人民民主专政"确立为新中国的"国体",这个"国体"的领导力量是工人阶级,基础是工农联盟,充分彰显了"人民主体"的实践精神与价值底色。我们党领导人民在"工农联盟"的政治基础上恢复和发展国民经济,有序推进"一化三改造",推进社会主义"四个现代化"建设,逐步建立起独立的比较完整的工业体系和国民经济体系。"剥夺农民"曾是西方资本主义国家实现工业化的必经环节,其结果必然导致"农村从属于城市"的二元对立。我们党经过社会主义改造的过渡期,逐渐将"个体农民的所有制"引向社会主义集体

---

① 《毛泽东选集》第 1 卷,人民出版社,1991,第 8~9 页。
② 《毛泽东选集》第 2 卷,人民出版社,1991,第 692 页。

所有制的发展轨道，开创"农业支援工业"与"工业反哺农业"的现代化融合发展模式。农民阶级在中国社会主义工业化的起步阶段作出了巨大牺牲，但他们没有像西方"被剥夺的农民"那样被无情地抛向城市的街头，遭遇资本主义发展早期激烈自由竞争的"内卷化"命运。"文革"结束后，我们党在农村实行家庭联产承包责任制扩大农民的经营自主权，在城市有序推进各个领域的机制体制改革释放社会活力，广大农民在社会主义市场机制的带动下加入城市产业工人队伍，加快中国的工业化与城市化进程，中国城乡之间的交往流动性显著增强。随着"人民主体"与"市场主体"的融合变得更加深入而广泛，我国社会主义现代化建设中"工农联盟"越发呈现出多元化的发展趋势，这对党的领导工作提出新要求。进入新时代，我们党通过自我革命加强党的全面领导，力图改变管党治党宽、松、软的局面，在革命性锻造中变得更加坚强有力，始终成为中国特色社会主义事业的领导核心。工人阶级队伍扩大是世界现代化发展的必然趋势，我国"工农联盟"结构的内涵不是一成不变的，它随着中国式现代化不断取得新进展而不断调整。随着新时代乡村振兴战略的深入实施与农业现代化的持续推进，中国的工人阶级队伍还将继续壮大，以"工农联盟"为基础的"人民主体"的结构构成还将进一步优化。坚持工人阶级的领导从根本上保证了中国式现代化的社会主义发展方向，坚持以工农联盟为基础的"主体结构"有效确保了中国式现代化进程中的秩序稳定，坚持党的全面领导与"人民主体"力量相结合，彰显中国式现代化建设的方向引领与道路拓展有机统一的"独特优势"。

资产阶级作为世界现代化进程的发起者，他们虽然在反对封建专制的过程中曾高举人本主义的旗帜，将"抽象的人"确立为"至尊的神"，但他们却没有为保障"普遍的人权"提供现实的基础。资产阶级按照"以资本为中心"的价值逻辑将工人阶级组织在"以机器为中心"的生产逻辑中，使工人阶级在生产过程中丧失自主性而沦为"机器的附属物"，遭遇"主体颠倒为客体"的境遇，这就必然导致资本主义现代化过程中工人阶级创造历史的事实性与价值性相异化的悖论：资本家阶级"不劳而获"，工人阶级"劳而不获"或"过劳致死"。马克思认为，工人阶级是社会先进生产力的直接创造者，他们必将随着现代大工业的兴起而壮大，其他阶级则将随着大工业的发展而没落，因而，工人阶级是最具有首创能力和革命前途的阶级。以工人阶级为先进代表的"真正的人民"是无产阶级世界革命的主体力量,他们能够承担起推翻资本主义旧世界与建立共产主义新世界的历史使命。共产党作为工人阶级的先进部队,不仅要自觉站在"历史正确的一边"为工人阶级谋利益,而且要坚信工人阶级"能够自己解放自己"。中国式现代化道路的开创主体在结构上表现为以工农联盟为基础的"人民主体",其中,中国共产党是"人民主体"的核心,她从来不代表任何利益集团、任何权势团体、任何特权阶层的利益,也没有任何自己特殊的利益,而是代表中国最广大人民根本利益,这就决定了"领导核心"同"人民主体"之间的关系是血肉联系,而不是利益交换关系或者委托代理关系。中国式现代化的历史进程与实现国家富强、民族振兴、人民幸福的历史进程是同程共进的。人民群众是中国式现代化的实践主体,激发人民群众创造历史伟业的积极性、创造性、主体性是推进中国式现代化建设的根本动力源泉。人民群众不断从传统落后的生产方式与交往方式中解放出来,借助中国式现代化"并联式"发展过程中催生的诸多新业态而获得人生出彩的机会。中国式现代化是以人民为中心的现代化,人民群众是现代化成果的价值享有主体。中国式现代化力图使物的全面丰富、人的全面发展和社会的全面进步形成良性互动,不断满足人民群众对美好生活的向往,使人民群众创造历史的事实性与价值性在更高水平上实现有机统一。

(二)科学把握世界历史发展"历时性"与"共时性"的关系,坚持以统筹兼顾的科学方法论推进中国式现代化"并联式"发展

现代化是一个不断变革的发展过程,大多数发达国家经历了一个"历时性"与"串联式"的现代化发展过程。习近平指出:"我国现代化同西方发达国家有很大不同。西方发达国家是一个'串联式'的发展过程,工业化、城镇化、农业现代化、信息化顺序发展,发展到目前水平用了二百多年时间。我们要后来居上,把'失去的二百年'找回来,决定了我国发展必然是一个'并联式'的过程,工业化、信息化、城镇化、农业现代化是叠加发展的。"[①] 如果说"串联式"的发展过程体现世

---

① 《习近平关于科技创新论述摘编》,中央文献出版社,2016,第24~25页。

界现代化发展的"历时性",那么,"并联式"的发展过程则体现世界现代化发展的"共时性"。中国要用几十年的时间把现代化进程中"失去的二百年"找回来,这意味着我们国家需要在几十年的时间集中解决发达国家现代化"历时性"发展二百多年依序产生的现代性问题。西方发达国家在推进现代化的过程中曾把"剥夺农民"作为资本原始积累的必经环节,制造城乡二元对立,迫使"农村从属于城市",结果导致城市爆炸与乡村凋零。中国共产党在工农联盟的制度基础上探索中国式现代化发展道路,在农业支援工业与工业反哺农业、乡村支援城市与城市反哺乡村的良性互动中全面建成小康社会,在推进农业现代化过程中实施乡村振兴战略,带领全体人民朝着共同富裕的现代化目标稳步前进。

中国式现代化的"并联式"发展的核心或要诀是坚持统筹兼顾的科学方法论。毛泽东曾指出:"资本主义私有制大大地妨碍统筹兼顾,妨碍国家的富强,因为它是无政府性质的,跟计划经济是抵触的。"① 只有坚持统筹兼顾,中国的现代化建设才能顾及大多数人的利益和福祉,才能顾及眼前利益和长远利益。只有坚持统筹兼顾,才能够妥善解决效率与公平、先发与后发、传统与现代、速度与质量的矛盾问题,做到改革、发展、稳定的有机统一。新中国成立后,我们党领导人民进行社会主义革命,打破"工业集中在沿海"这种"历史上形成的一种不合理的状况",重新进行国家工业发展的布局,大力发展内地工业,使沿海与内地的工业发展差距大幅缩减,这有利于促进区域间经济的平衡发展。改革开放和社会主义现代化建设新时期,我们党把工作重心转移到现代化建设上来,为了激发人民群众"赶上时代"的内生动力,先后提出"让一部分人先富起来""效率优先,兼顾公平"等主张,强调沿海和内地都要顾全实现共同富裕这个大局。中国特色社会主义进入新时代,习近平曾指出:"我国现代化是人口规模巨大的现代化,是全体人民共同富裕的现代化,是物质文明和精神文明相协调的现代化,是人与自然和谐共生的现代化,是走和平发展道路的现代化。"② 习近平关于中国式现代化基本特征的精辟概括,每一个方面都体现了统筹兼顾的辩证法。中国共产

---

① 《毛泽东文集》第6卷,人民出版社,1999,第498页。
② 习近平:《论把握新发展阶段、贯彻新发展理念、构建新发展格局》,中央文献出版社,2021,第474页。

党以自强不息的艰苦奋斗带领中国人民独立自主地进行中国式现代化道路的接力探索，仅用几十年时间就走完发达国家几百年走过的现代化历程，推动社会主义物质文明、政治文明、精神文明、社会文明、生态文明协调发展，创造了人类文明新形态。

我们需要看到，社会主义初级阶段的统筹兼顾依然是有限度的。"并联式"发展的中国式现代化在高度压缩的时空中持续推进，是世界各国现代化"历时性"态势的"共时性"呈现，其中难免出现发展不平衡不充分的问题。我们既需要充分利用世界现代化"共时性"的有利条件来解决中国式现代化"历时性"的发展不平衡不充分问题，也需要认真研究世界现代化发展面临的"共时性"前沿问题及其中国形态，以解决世界现代化发展前沿问题的中国智慧和中国方案助力构建人类命运共同体，与世界各国一道把这个充满矛盾的"一体化的世界"建设得更加美好。

（三）坚持以人民为中心的现代化观，促进人的自由全面发展与社会全面进步相统一

马克思曾说："每一个单个人的解放的程度是与历史完全转变为世界历史的程度一致的。"① 马克思"世界历史"思想科学揭示世界各国走向现代化的必然性，指明了实现现代化的根本目的是实现人的自由全面发展。现代化促进了社会生产力的巨大发展，拓展了人们开展自主活动的空间场域，为人们实现自由全面发展创造了有利条件。资本主义在促进人类从封建社会中解放出来的过程中充当着"历史的不自觉的工具"，它只允许"现实的自由"发展到自由竞争的地步。在自由竞争的资本主义社会中，"资本具有独立性和个性，而活动着的个人却没有独立性和个性"。② 在崇尚自由竞争的资本主义社会，巨大增长的生产力变成"资本的生产力"，社会财富高度集中于少数资本家，贫富两极分化带来的社会撕裂、政治极化、民粹主义泛滥等社会危机在当今发达资本主义国家依然没有得到解决。社会主义社会就是要消灭资本主义私有制，消除"劳动力从属于资本"的社会根源，破解现代化进程中人的全面发展面临的事实性与价值性"二元对立"的世界性难题，进而促进人的全面发展和

---

① 《马克思恩格斯文集》第1卷，人民出版社，2009，第541页。
② 《马克思恩格斯文集》第2卷，人民出版社，2009，第46页。

社会的全面进步。中国共产党很早就认识到不能重走"少数人所得而私"的资本主义现代化老路,自觉带领中国人民持续推进一以贯之的"伟大社会革命",走上共同富裕的社会主义现代化道路。从毛泽东提出"大家都有份"的共同富裕现代化发展理念到邓小平提出"社会主义的目的就是要全国人民共同富裕",这充分说明贫穷不是社会主义,两极分化不是社会主义,在新时代的历史方位上,我们国家已经进入"扎实推动共同富裕"的历史阶段。资本主义现代化遵循以资本为中心的发展逻辑,坚持资本至上与个人至上的价值追求。中国式现代化坚持人民至上的价值追求,坚持以人民为中心的发展思想。习近平强调:"只有坚持以人民为中心的发展思想,坚持发展为了人民、发展依靠人民、发展成果由人民共享,才会有正确的发展观、现代化观。"① 苏联共产党没有坚持正确的现代化观,背离了人民,即使取得了现代化建设的重大成就,也难逃亡党亡国的命运。

　　坚持以人民为中心的现代化观,必须坚持以经济建设为中心正确处理政府与市场的关系。在自由竞争的资本主义社会,资产阶级片面宣扬市场对社会资源配置的决定性作用,反对国家对经济活动的宏观调控,认为政府应该扮演"守夜人"的角色,其结果往往并不是理论预设中的"无为而治",而是出现"无为的政府"与"失灵的市场"并存的混乱局面,这在经济危机与新冠疫情大流行时期表现得尤为明显。中国在推进社会主义现代化建设过程中适时推动国家治理体系和治理能力现代化,既坚持"市场在资源配置中起决定性作用",又要求"更好发挥政府作用",力图做到"有效的市场"与"有为的政府"相统一,有效防止现代化建设中出现无政府主义的混乱局面,有效将新自由主义对中国现代化建设带来的误导和干扰降到最低限度。中国在现代化建设过程中实现社会主义与市场经济的有机结合,在利用资本的同时防止资本无序扩张和野蛮生长,在保障国家经济安全的同时维护人民群众的切身利益,做到坚持以人民为中心与坚持以经济建设为中心相统一。中国式现代化的根本指向是实现人的现代化,全面提高人民群众的综合素养,不断满足

---

① 习近平:《论把握新发展阶段、贯彻新发展理念、构建新发展格局》,中央文献出版社,2021,第479页。

人民群众对美好生活的向往,使人的自由全面发展与社会的全面进步形成良性互动。正是坚持人民至上的正确现代化观和发展观,中国式现代化才能沿着共同富裕的方向稳步前进,中国式现代化的成果才能不断惠及全体人民,才能最大限度激发人民群众的创造热情和创新活力,才能不断为广大人民群众开展实现全面发展的"自主活动"创造新的有利条件。

(四)坚持正确的历史观、大局观、角色观,力求做到发展自身与贡献世界相统一

中国式现代化是在激荡的国际形势中持续推进的,习近平强调:"把握国际形势要树立正确的历史观、大局观、角色观。"① 坚持正确的历史观,就是坚持历史唯物主义的世界历史观。马克思科学揭示人类从地域性的民族历史走向普遍交往的世界历史的客观趋势,社会主义现代化是世界历史性的事业,我们只有坚持以"变革与开放"的思维构建发达的生产体系和完善的交往体系,才能在激荡的世界潮流中求得生存和发展,才能在世界普遍交往中高高举起科学社会主义的旗帜。坚持正确的大局观,就是要坚持辩证唯物主义,在纷繁复杂的国际局势和国际乱象中抓住世界历史发展的主要矛盾,在洞悉"逆全球化"现象的本质(逆全球化在本质上不是反全球化,而是发达资本主义国家面对发展中国家的崛起重构发达国家主导的世界秩序的应急方式)中把握经济全球化的发展大势,推动"一带一路"建设,充分利用国内国际两种资源、两个市场,加速推进中国式现代化建设。坚持正确的角色观,就是要把自身放置于世界格局之中,自觉站在世界历史高度审视中国社会主义现代化建设的实际问题,看清楚我们国家在世界格局演变中的地位和作用,做好世界和平的建设者、全球发展的贡献者和国际秩序的维护者。

只有坚持正确的历史观、大局观和角色观,才能做到发展自身与贡献世界相统一。一些老牌资本主义国家曾通过野蛮的海外殖民扩张实现资本原始积累,通过对外战争转嫁资本主义现代化发展的危机,可以说,资本主义现代化的世界扩张是以血与火的文字载入人类编年史的,也是

---

① 《习近平谈治国理政》第 3 卷,外文出版社,2020,第 427 页。

以其他国家落后作为代价的。资本主义现代化充斥着"零和博弈"的狭隘思维,遵循弱肉强食的丛林法则,一些人按照强国必霸的逻辑大肆渲染"修昔底德陷阱",甚至将"东方的崛起"曲解为"西方的没落",在国际秩序构建中排斥广大发展中国家。中国式现代化坚持合作共赢的理念,致力于弘扬和平、发展、公平、正义、民主、自由的全人类共同价值,用生动的事实打破了"现代化=西方化""现代化=市场化""现代化=资本主义化"的话语霸权与理论预设。在改革开放特别是主动融入经济全球化的过程中,中国经济总量实现快速增长,已经稳居世界第二位,对世界经济增长的贡献率保持在30%左右,为促进世界和平发展作出了重大贡献。党的十九届六中全会指出:"党始终以世界眼光关注人类前途命运,从人类发展大潮流、世界变化大格局、中国发展大历史正确认识和处理同外部世界的关系,坚持开放、不搞封闭,坚持互利共赢、不搞零和博弈,坚持主持公道、伸张正义,站在历史正确的一边,站在人类进步的一边。"[①] 中国妥善处理世界一体化与民族化的关系问题,在顺应世界现代化发展大势中发扬中华民族"变革与开放"的精神,用博大的胸怀借鉴吸收人类创造的一切优秀文明成果,成功走出一条坚持和平发展的现代化道路,展现一种非侵略性的现代化"人类文明新形态",这无疑会增强广大发展中国家走向现代化的信心。现代化道路并没有固定模式,中国不会像某些发达国家那样强行输出自己的现代化模式,中国式现代化道路并没有终结人类走向现代化的道路,而是开创了人类走向现代化的新途径。在全面建设社会主义现代化国家的新征程上,我们仍然需要坚持以正确的历史观、大局观和角色观科学把握加速演变的世界百年未有之大变局及其走势,坚定战略自信,增强战略定力,争取战略主动,努力在世界百年未有之大变局中开创中国式现代化建设的新局面。

  普遍交往的世界历史是理解中国式现代化的重要理论基础。在世界潮流激荡的普遍交往实践格局下,实现现代化是世界历史发展的普遍规定性。中国共产党顺应世界历史发展的必然性,以自强不息的百年奋斗

[①] 《中共中央关于党的百年奋斗重大成就和历史经验的决议》,《人民日报》2021年11月17日,第1版。

带领中国人民成功走出中国式现代化，拓展了发展中国家走向现代化的途径，深刻影响了世界历史进程。社会主义现代化建设是世界历史性的事业，一方面，普遍交往的世界历史已经从中国式现代化的"外在诱因"转化成"内在规定"，另一方面，中国式现代化的成功实践又开创了世界历史发展的"人类文明新形态"。从世界历史发展的角度看，中国式现代化的成功实践具有重要的方法论意蕴：一是坚持"领导主体"与"人民主体"相结合，体现事实主体与价值主体相统一；二是科学把握世界历史发展"历时性"与"共时性"的关系，坚持以统筹兼顾的科学方法论推进中国式现代化"并联式"发展；三是坚持以人民为中心的现代化观，促进人的自由全面发展与社会全面进步相统一；四是坚持正确的历史观、大局观、角色观，力求做到发展自身与贡献世界相统一。

第五节 奠定"世界历史"中国话语的理论基础

如何在世界普遍交往中保持高度自主性？这是世界各民族共同面临的重大课题。这实际上涉及在普遍交往中如何构建自主知识体系和话语体系的问题。历史向世界历史转变，使得各民族的精神产品变成了"世界的公共财产"，但事实上，并不是每个民族的精神产品都获得了同等的公共性。只有那些具有自主知识体系和话语体系的民族性精神产品才能成为世界性公共财产。"世界历史"话语体系是自主知识体系构建的重要方面，它关乎各民族对所处世界的本质及其发展趋势的深刻认识，关乎各民族对建设什么样的世界的基本立场观点，关乎各民族处理自身同周围世界的关系的基本原则。因而，任何一个世界历史性民族都必须构建自身关于"世界历史"的话语体系，马克思"世界历史"思想可以为构建"世界历史"的中国话语体系提供重要的理论基础。无论是在历史哲学层面，还是在实证科学层面，甚至在历史科学层面，马克思"世界历史"思想都蕴含着鲜明的话语解释功能。无论是维柯的"循环复归"世界历史观、伏尔泰的自然神论世界历史观、赫尔德的多元主义世界历史观，还是康德理性契约的永久和平世界历史观、黑格尔绝对精神自我实现的世界历史理论，抑或马克思基于资本主义生产方式与交往关系全球拓展延伸的矛盾运动而形成的"世界历史"思想，都蕴含着"世界历史"话语范式的不同阐释。至于这种话语范式是否具有科学或现实性，则另当别论。在普遍交往持续深化拓展的"一体化的世界"，我们继续学习和实践马克思"世界历史"思想，需要重视其中蕴含的话语构建方法论意蕴。

一 重视"世界历史"范畴的意识形态属性

马克思恩格斯从不隐瞒自己的观点和意图，毫不掩盖历史唯物主义"世界历史"思想所蕴含的革命意识形态。龚自珍曾说："灭人之国，必先去其史。"可见，历史、历史学或者历史观都具有强烈而鲜明的意识形态功能，是构筑社会意识形态的核心或关键部分。维柯捍卫宗教、捍卫上帝、尊重人性的"诗性智慧"世界历史观，带有"循环复归"的悲观主义色彩，代表一种相对保守的意识形态。康德的永久和平世界历史观表达了德国新兴资产阶级建立类似于法国那样的民主共和国的强烈愿望，但德国资产阶级过于软弱，只能寄希望于人们通过理性的头脑缔结社会契约来实现，可见，康德的世界历史观展现了德国小资产阶级的社会意识形态。黑格尔虽然将"世界历史"看作一个不断生成的过程，但这个生成过程带有鲜明的西方中心主义目的论色彩，仿佛前一个历史阶段的存在就是为了实现后一个历史阶段的荣耀。黑格尔的世界历史理论作为德意志民族的国家哲学，旨在为德意志君主专制提供理论支撑。

马克思沿着费尔巴哈的唯物主义路向继续前进，并将辩证法融入对旧唯物主义的改造过程之中，形成"新唯物主义"这种崭新的无产阶级世界观。新唯物主义在本质上是革命的，也是批判的，还是实践的。马克思对"历史向世界历史的转变"这一客观事实给出了不同于黑格尔等前辈的解释路向，他从现实的物质生产与交往方式变革的矛盾关系中确立"历史成为世界历史""交往成为世界交往"的解释逻辑。马克思的"世界历史"思想不是从精神发展史去考察历史向世界历史转变的内在动因，而是从人类劳动发展史，特别是从"有关时代的经济"而不断走向历史的深处。马克思"世界历史"思想不是像康德那样从人们理性的头脑中构建永久和平的世界秩序，也不像黑格尔那样把人类自由实现的世界历史归结为理性国家。马克思不是从工人阶级之外去寻求解放的现实途径，明确提出"工人阶级的解放应当是工人阶级自己的事情"① 的重要论断。在世界普遍交往的时代条件下,资本家之间虽然存在着激烈的竞争,但他们在镇压工人运动与剥削工人阶级等方面始终是保持一致的。在资本这种集体力量趋向联合的形势下,无产阶级面临的劳动异化问题已经不再是一种地域性的个别问题,而是成为一种世界历史性存在的普遍问题。世界市场作为资本主义世界历史时代建立普遍交往的重要载体,它使生产资料资本主义私人占有与生产社会化这对基本矛盾拓展到世界上那些还处于前资本主义社会形态的民族和国家,对那里的社会生产力结构和生产关系造成巨大冲击,并使资本主义社会基本矛盾在那里衍生出不同的形态,比如在旧中国就演化成官僚资本主义。在马克思看来,任何修修补补的折中方案都不能从根本上解决资本主义社会面临的不可调和的内在矛盾,无产阶级必须在世界革命中解放自己。可见,马克思"世界历史"思想展现了世界无产阶级自我解放的革命意识形态,虽然当前不具备世界革命的历史条件,但我们应该重视"世界历史"范畴所蕴含的意识形态功能。

苏东剧变之后,"去意识形态化"思潮在世界范围广为流行。西方发达国家以"普世价值"在世界历史上的暂时胜利而宣告意识形态对立局面的终结,在"去意识形态化"思潮的鼓动下,随之而来的文化全球化与政治全球化等概念同样引起人们广泛讨论。西方话语霸权几乎垄断了关于"世界历史"范畴的解释权,"去意识形态化"背后实际上隐含着西方中心主义的方法与逻辑。"去意识形态化"所要去除的并不是一般意义上的意识形态,而是作为资本主义意识形态对立面的社会主义意识形态。鼓吹政治全球化实际上是大张旗鼓地宣扬资本主义民主政治模式,在全球范围内推广资产阶级的民主自由,以西方民主模式为标准肆意指责他国政治实践,甚至直接以武力在他国推行西方民主政治。鼓吹文化全球化实际上是推动西方资产阶级文化的全球化,资产阶级将其文化理念渗透到商品的生产和消费环节,借助现代传媒技术推广到全球,在世界范围内形成文化霸权。马克思恩格斯在《共产党宣言》中认为,在普遍交往的世界历史情境下,各民族的精神产品必将成为世界的公共财产。一些人就此推论马克思赞同文化全球化,这是极为偏颇的。马克

---

① 《马克思恩格斯文集》第 3 卷,人民出版社,2009,第 484 页。

思只是描述了一种可能出现的事实，而并不是说每个民族的精神产品都能在世界历史舞台上获得同等程度的"公共性"。资产阶级并不只是输出商品，他们同样重视文化输出，以便在用商品征服的地方培育资产阶级的生活方式和思维方式。在一体化的当今世界，对"世界历史"的话语权或解释权的争夺依然是一个十分重要的问题。我们不仅要改造世界，而且要科学解释世界以便更加符合社会发展规律地改造世界。一体化的世界就在那里，社会主义与资本主义，资产阶级与无产阶级，东方与西方，都会积极抢占"世界历史"的话语制高点，争夺"世界历史"的话语解释权，进而在一体化的世界中增强本民族文化的现实公共性。每个民族都力图在一体化的世界中构建自己的意识形态话语权，没有话语权，就只能拾人牙慧，拿着别人的标准来裁决自己，处处受制于别人的话语霸权。当今的美国在世界上到处挥舞双重标准的"人权大棒"，肆意通过某些涉及他国内政的人权法案，实际上就是把美国标准作为评价世界历史进程中各国治理成败得失的唯一尺度。面对中国等发展中国家的壮大，欧美一些国家及其政客有意识地从古希腊历史学家修昔底德的有关记载中寻找抑制他国崛起的"蛛丝马迹"。在古希腊时代，雅典城邦急速崛起，引发老牌强邦斯巴达的极度不安，双方进行了耗时30余年的战争，最终两个城邦都被外族摧毁。这就是"修昔底德陷阱"的由来。它认为一个国家的崛起必然对老牌霸权形成挑战，这样战争就不可避免。"修昔底德陷阱"的杜撰者还援引德国崛起与两次世界大战、日本崛起与对外侵略战争作为生动例证，以此来说明世界历史进程中没有和平崛起的先例，并把挑起战争的罪责完全归咎于后发国家。按照"修昔底德陷阱"的逻辑，这个世界上就只应该存在一个霸权国家，其他国家都不应该崛起，其他民族都不可实现复兴，综合实力更不应该超过霸权国家，否则，就要承担引发战争的一切后果。实际上，"修昔底德陷阱"只是西方中心主义的"世界历史"话语逻辑和实践逻辑的一种表现形式，"历史终结论"与"文明冲突论"同样具有强烈的意识形态色彩。在一体化的当今世界历史时代，我们虽然不主张意识形态尖锐对立，但必须清醒地认识到，意识形态并没有终结，"去意识形态化"只是一厢情愿。我们应该重视"世界历史"概念所蕴含的意识形态功能，遵循马克思阐述"历史向世界历史的转变"的基本方法，积极构建新时代中国马克思主义"世界历史"的话语体系，助力发展壮大的中国在世界历史舞台上占据真理与道义的制高点。

二 挖掘马克思"世界历史"思想的史学价值

马克思的唯物史观与"世界历史"思想为中国史学研究指出了新方向。在人类社会漫长的发展史上，关于历史的记载主要是以编年史的形式呈现出来的，各民族浩如烟海的编年史共同构成历史学家们开展研究的"史料"。彼此隔绝的各民族地域历史在汇入普遍交往的世界历史之前，所谓"世界历史"实质上是各民族编年史的正向叠加。那么，这个像"大杂烩"或"大箩筐"一样的"世界历史"存在发展规律吗？有没有一种内在力量支配着"世界历史"的生成发展呢？"世界历史"未来将走向何方？维柯率先站在哲学高度把握"世界历史"，他认为各民族复兴的过程必定会经历诸神的时代、英雄的时代和人的时代，后一个阶段较前一个阶段看似一种历史进步，实际上只是前一个形态的不同形式的复归。虽然"人"能通过"诗性智慧"创造自己的历史，并表现出某种程度的能动性，但决定整个世界历史进程的终极力量是创造自然界的上帝。黑格尔对编撰历史学不感兴趣，他尝试用哲学思辨的逻辑把各民族的编年史串联成一个生成、运动和发展的过程。各民族都被"绝对精神"安置在世界历史发展的链条上，每个民族都能在世界历史进程中找到自己特定的区间和方位。东方只有经验，精神才属于西方。在黑格尔看来，只有虔诚信仰基督教并意识到上帝"绝对精神"运动的日耳曼民族，才是真正的世界历史性民族，它必将以上帝的名义统治世界上的其他民族。黑格尔试图从杂乱无章的编撰史中找到支配世界历史进程的普遍规律，他沿着"绝对精神"自我实现的逻辑线索阐发了自己的世界历史哲学，向后人呈现包罗万象但又逻辑严谨的历史哲学。相较于缺乏逻辑理路和思想主线的编年史，黑格尔将精神发展确立为历史向"世界历史"转变的根本动力，仿佛向人们宣布，只要沿着人类精神发展史的线索就能探寻历史深处的奥秘。

如果说黑格尔的世界历史观始终在"思辨的天国"里兜圈子，马克思"新唯物主义"的世界历史观则把黑格尔擅长的思辨逻辑带到了"坚实的地面"。历史活动是"现实的人"的活动，人们只有能够生活，才

第五章 马克思"世界历史"思想的时代意蕴

能创造历史。马克思恩格斯从"直接的物质的生活资料生产"追溯现实的人及其发展的过程,这样就将历史还给"现实的多数人"。历史不再是英雄主导的历史,而是群众在物质生产实践中创造的历史。马克思曾说:"我们仅仅知道一门唯一的科学,即历史科学。"① 人类历史在本质上是实践的,实践是联通人类史与自然史的桥梁和中介。马克思所说的实践不是黑格尔的"精神实践",而是物质生产实践与社会交往实践。马克思正是沿着劳动发展史深入"有关时代的经济"探寻人类历史发展规律,这使得他的历史观摆脱了形而上学的纯粹逻辑思辨,成为可以证明的真正"历史科学"。有论者指出,唯物史观"极大地促进了我国的史学研究,今后仍将发挥重要作用"②。笔者认为,唯物史观的史学价值不仅在于它能指导我们沿着劳动发展史的基本路向探索民族历史转向世界历史的内在规律,而且让我们重新发现那些被历史迷雾所掩盖的人民大众,群众史观越发深入人心,"真正的人民"创造历史,为"真正的人民"书写历史,越发成为普遍共识。

意大利哲学家克罗齐对"历史科学"持否定态度,反对"一劳永逸的蓝图",也反对所谓的"终极计划"。他提出"一切历史都是当代史",在史学研究领域引发激烈讨论。克罗齐认为,编年史是死的历史,"当生活的发展逐渐需要时,死历史就会复活,过去史就变成现在的"③。克罗齐还认为,"精神每时每刻都是历史的创造者,也是全部以前历史的结果"④。在克罗齐看来,历史是精神的历史,宗教只是人类的一种习俗,宗教精神并不是创造历史的终极力量,这是他与黑格尔不同的地方。人们探究历史只是由"现在生活的兴趣"所激发,过去的事实只有同现在生活的兴趣挂钩,才会在人们的精神参与下复活。研究历史不是满足过

---

① 《马克思恩格斯文集》第1卷,人民出版社,2009,第516页,页下注2。("我们仅仅知道一门唯一的科学,即历史科学。历史可以从两方面来考察,可以把它划分为自然史和人类史。但这两方面是不可分割的;只要有人存在,自然史和人类史就彼此相互制约") 马克思在原稿中删除了这句话。

② 安启念:《马克思的大唯物史观及其史学价值》,《理论探索》2016年第1期,第22~31+69页。

③ 〔意〕B. 克罗齐:《一切历史都是当代史》,田时纲译,《世界哲学》2002年第6期,第6~22页。

④ 〔意〕B. 克罗齐:《一切历史都是当代史》,田时纲译,《世界哲学》2002年第6期,第6~22页。

去的需要，不是为了研究而研究，而是为了"适应现在的兴趣"。克罗齐的史学观点是有启发性的，但也难免陷入实用主义的悖论。按照克罗齐的观点，历史仿佛成了"任人打扮的小姑娘"，历史本身就不存在客观性，这样，克罗齐所推崇的"历史主义"就在唯心主义的泥潭中找不到真正的出路。

克罗齐提出"一切历史都是当代史"的哲学命题，在史学研究领域产生重要影响，与其差不多同时代的英国哲学家柯林伍德在此基础上进一步发挥，提出"一切历史都是思想史"的命题。柯林伍德认为，思想过程构成历史过程的"内在方面"，思想是超越时空界限的，历史需要反思，思想就在这种历史反思中不断展现出新的生命。先验的想象是历史研究的基础，实证主义的方法在史学研究中是没有意义的，历史证据并不能成为历史真理的判定标准，也不存在"普遍的客观历史真理"。实际上，柯林伍德把思想或者先验的思想当作"本体"，历史过程就变成历史人物及其思想的重演与再续。柯林伍德与克罗齐历史观的哲学基石都是唯心主义，不同的是克罗齐强调现实生活激发人们研究历史的兴趣，柯林伍德则认为先验性思想支配着人们去研究历史。柯林伍德过分强调思想在历史发展中的作用，甚至把思想拔高到本体的层次，实际上把历史人物的思想当作既成事实和理论前提，而不去探求思想形成过程背后的深层动因。笔者认为，历史人物的思想作为一种"遗产"，每个历史人物都希望把美好的一面留给后人去评述，这样一来，历史人物及其思想本身就成为一种经过层层过滤的历史性存在，历史人物及其思想的真实面貌就很难完整地呈现出来。

马克思的唯物史观是对整个人类社会发展一般规律的总体把握，克罗齐与柯林伍德的历史观强调的是研究者的主体旨趣，二者根本不是同一层面的东西。历史与现实是相通的，如果史学研究只讲个人本位，不追求社会价值，就不可能做到学以致用，就不可能成为一个民族、一个国家解决现实问题的参照。我们今天面对形形色色的历史观，应该在战略层面毫不动摇地坚持唯物主义世界历史观，在战术层面充分借鉴其他历史分析方法的合理成分，在理论对话中增强唯物史观的适应性与开创性。唯物主义世界历史观不能把自己封闭在"本质"里，也要对外界层出不穷的历史现象保持应有的敏感度，及时作出理论回应，这样才能使

第五章 马克思"世界历史"思想的时代意蕴

"本质"在开怀纳新中不断获得更加丰富的呈现形式。

"世界历史"思想作为唯物史观中极为重要的范畴,同样对史学研究具有重要的方法论意义。马克思"世界历史"思想与史学有着千丝万缕的联系。有论者认为,马克思"世界历史"思想属于历史哲学范畴,它与编撰世界历史学没有关联。这种观点将历史哲学与历史学简单割裂开来,历史哲学需要以历史学作为基础,历史学研究同样需要历史哲学来提升层次或境界。在马克思那里,"世界历史"这一概念经历着从无实质意义到有一般意义,再到有特定意义的转变,也经历了从"僵死的历史"到"流动的历史",再到"现实的历史"的转向,作为思想形态的"世界历史"概念主要是在历史哲学范畴和普遍交往的意义上来被考察的。在现实的基础上,以流动的思维逻辑去处理僵死的史料,马克思晚年按照唯物史观的理论逻辑撰写大量世界史笔记和人类学笔记,使得古代社会向世界历史转变的过程和规律得以呈现,这无疑是马克思"世界历史"思想史学价值的生动体现。

马克思"世界历史"思想极大地促进了中国世界历史学研究的发展。从时间线索上看,反而是世界历史学的新理论在中国的兴起揭开了学界研究马克思"世界历史"思想的序幕。早在1964年,吴于廑先生就曾批判世界历史学研究中的"欧洲中心主义"倾向,并运用历史唯物主义观点去揭示世界历史活动的"中心"与"中心主义"的本质区别。"世界历史的整体性不是当人类一进入历史舞台就已出现的,它是历史长期发展的产物。世界历史发展的整体性和世界历史规律的一致性并非同一的概念。"[①] 实际上,吴于廑先生关于"世界历史"的整体性及其生成发展的观点与马克思"历史向世界历史的转变"的思想在本质上是内在相通的,并且前者是受马克思启发的。作为新中国世界历史学新理论的奠基人,吴于廑先生认为:"世界历史是历史学的一门分支学科,内容为对人类历史自原始、孤立、分散的人群发展为全世界成一密切联系整体的过程进行系统探讨和阐述。"[②] 吴于廑先生实际上已经将马克思"世界

[①] 吴于廑:《时代和世界历史——试论不同时代关于世界历史中心的不同观点》,《江汉学报》1964年第7期,第41~52+18页。

[②] 吴于廑:《世界史学科前景杂说》,《内蒙古大学学报》(哲学社会科学版)1985年第4期,第1~10页。

历史"思想作为方法论运用于世界历史学的研究之中，倡导"世界观点"，从纵向演进与横向扩展相结合中把握世界历史的生成逻辑，无论是对我们继续开展世界历史学研究，还是对我们进一步探索和挖掘马克思"世界历史"思想的理论富矿都具有重要的启示价值。我们关于马克思"世界历史"思想的研究是从世界历史学的话语转向开始的。传统世界历史学深深地打上了欧洲中心主义的烙印，中国世界历史学家为了破除这种狭隘的地域中心主义偏见与傲慢，自觉以马克思"世界历史"思想提供的方法论构建中国气派的世界历史学。如果中国马克思主义理论界片面声称马克思"世界历史"思想不是世界历史学，忽视了这一思想的史学价值，就无疑是画地为牢，自我窄化，进而压缩了理论空间和问题视域。马克思"世界历史"思想不是凭空产生的，离开了世界历史学的积淀，"世界历史"概念就无法从历史学意义上升到历史哲学的高度。即使我们今天更多强调马克思"世界历史"思想的哲学方法论功能，但也要充分肯定马克思本人的历史学积淀在促成这种哲学思维跃升过程中的贡献。笔者认为，马克思"世界历史"思想是源于世界历史学而又超越世界历史学的"历史科学"，这种"历史科学"反过来对世界历史学科研究产生深远而重大的影响。"新时代的中国"处在"一体化的世界"之中，我们既要站在世界历史高度把握全人类发展的前途命运，也要以更加积极有为的姿态构建"世界历史"的中国话语体系，在史学研究中坚持和贯彻马克思"世界历史"思想。

三 强化"世界历史"的问题意识

问题是时代的声音，每一套科学理论都试图从不同层面回答时代发展提出的新问题。马克思终其一生对时代发展的前沿问题保持着敏锐洞察，这使得马克思的思想就像竖立在时代前沿的灯塔一样，给谋求解放的无产阶级及其政党指明前进的方向和道路。笔者认为，强烈的问题意识在很大程度上成就了马克思及其"世界历史"思想。

纵观马克思的光辉一生，他始终在与各种理论问题或现实问题打交道。大学期间的马克思主要在黑格尔辩证法的思辨逻辑中游弋，虽然没有过多涉足现实问题，但已经注意到哲学世界化与世界哲学化相统一的实践问题。走出象牙塔的马克思遇到"理性国家"与市民社会的冲突和矛盾,"理性国家"并不像黑格尔所说的那样作为公正的代表从善的层面调适市民社会的关系。相反,"理性国家"及其法律体系并不代表普遍利益,它们只是私人利益在政治上层建筑层面的集中表达,贫困大众实际上被排斥在理性国家之外。《关于林木盗窃法的辩论》和《摩塞尔记者的辩护》等相关文章很好地反映了马克思理论研究的问题转向,即从哲学问题转向"极其重要的真正的现实生活问题"①。贫民捡拾朽木枯枝用于生计,本来是一项自然法权,但普鲁士政府却出台法律,将贫民捡拾枯枝的自然法权界定成林木盗窃的"违法行为"。马克思通过为贫民利益的辩护,越发认识到"理性国家"及其法律制度的虚假性,有产者阶级的私人物质利益问题才是国家性质的决定性因素。

  在接触到大量有关物质利益的经济事实之后,马克思开始清算自己唯心主义的哲学立场。马克思试图沿着费尔巴哈直观唯物主义和抽象人本主义的逻辑思路去揭示资本主义私有制下劳动异化的普遍问题,但很快又发现"人的本质不是单个人所固有的抽象物,在其现实性上,它是一切社会关系的总和"②。可以说,马克思在《关于费尔巴哈的提纲》中的每一条,都是批判费尔巴哈"感性直观"的唯物主义而提出来的,同时确立了科学的实践观点,这就为马克思迈向"新唯物主义"铺平了道路。马克思恩格斯虽然在《德意志意识形态》中首次完整地阐发了唯物史观与"世界历史"思想,但总体来看,他们依然是从迄今为止的"普遍历史"展开宏大叙事,他们尚未对资本主义社会基本矛盾及其运作机制进行深入分析,甚至还没有掌握政治经济学相关的前沿性专业术语。如果不对资本主义现实的"世界历史"及其运行规律进行深入剖析,就不能为"新唯物主义"提供具有说服力的实证。在《德意志意识形态》与《共产党宣言》之后,马克思不再以专门的篇幅来阐发"世界历史"思想,但"世界历史"思想的方法与逻辑却渗透到《资本论》及其手稿的写作中,甚至在马克思晚年的《人类学笔记》与《历史学笔记》中都有体现。马克思一生的理论研究体现了鲜明的问题意识,宽广的世界视野极大地拓展了马克思理论研究的问题视域。马克思一生孜孜不倦地进

---

① 《马克思恩格斯全集》第1卷,人民出版社,1956,第135页。
② 《马克思恩格斯选集》第1卷,人民出版社,2012,第135页。

行理论研究工作，除了个人的学术旨趣，更重要的是，马克思通过对这些理论问题的研究探寻无产阶级世界革命的条件和任务。

回顾马克思一生所研究的理论问题，我们不难发现，马克思始终是走在"世界历史"时代问题前沿的。马克思即使是探讨一些老问题，也能站在"新唯物主义"的立场上给予科学的分析。在马克思那里，问题与主义是统一的。马克思以宽广的世界视野揭示资本主义生产方式的全球扩张及其后果，在此基础上富有洞见地提出"新的工业的建立已经成为一切文明民族的生命攸关的问题"[①]，这一重要论断至今依然闪耀着真理光芒，并被世界各国现代化实践所证实。马克思的著作不仅显示出宽广的"世界历史视野"，他对各种问题及其本质的把握更是富有远见的。马克思站在"新唯物主义"的哲学立场上深刻回应了时代提出而黑格尔没有彻底解决的问题，即"历史向世界历史的转变"与"历史成为世界历史"的问题，并指明资本主义自由竞争并不是"世界历史的终结"，它必然被"大写的人"的共产主义世界历史时代所取代。

马克思虽然不能参与经济全球化时代各种重大理论与实践问题的论争，但马克思及其"世界历史"思想却从未缺席。这说明，马克思所揭示的世界普遍交往中的资本逻辑及其若干延伸问题在今天依然没有解决，我们所处的时代面临的若干重大问题与马克思所研究的问题在本质上是一致的。在马克思逝世140余年后的今天，他的思想依然引起当世学者广泛讨论，这足以证明马克思的思想具有持久的生命力和深远的影响力。笔者认为，马克思的思想之所以能够产生这样持久而深远的影响，是因为马克思所研究的对象本身就是世界历史性存在的前沿重大问题，或者是在世界历史进程中实践生成的普遍问题。马克思对世界历史时代的诸多问题的解答都遵循"历史事实"与"发展过程"相结合的基本方法，从"坚实的地面"走向历史的深处，从深处的问题阐发深刻的思想，这是马克思及其"世界历史"思想能够保持持久生命力的关键所在。

马克思之后的理论家不见得都知道马克思"世界历史"思想，在实践中也鲜有下意识地发展马克思"世界历史"思想，但他们的理论都有鲜明的"世界历史感"，原因就在于他们同处在一个"大的历史时代"，

---

① 参见《马克思恩格斯选集》第1卷，人民出版社，2012，第404页。

这是他们直接碰到的客观事实。世界历史时代的诸多问题具有普遍关联性，对于世界各国无产阶级的革命领袖而言，只有自觉站在世界历史的高度分析世情国情，才能厘清本国在世界局势中的坐标或方位，进而提出符合本国实际的革命策略或建设方案。

我们时常会面临这样一个尴尬的境遇，马克思的思想在当今关于各种世界性问题的讨论中常常被广泛引用（无论赞同，还是反对），但以马克思主义为指导的社会主义国家面对诸多世界性问题却经常出现话语缺失。很多理论在国外没有市场，一经推介到我们国家，就像发现新大陆一样，引起学术界激烈讨论。有的学者经常发出感慨，为什么我们国家培养不出像外国那样具有独立思考精神的学者或大师？抑或说，为什么我们国家的理论家很少能提出引起外国理论界广泛讨论的思想观点或理论问题？一些不怀好意、别有企图的人刻意将这些问题的矛头引向否定社会主义制度的优越性，这是需要警惕的。

人类社会进入"世界历史"时代，就像安装了"加速器"一样，发展速度超乎寻常。其中，生产方式和交往方式的现代化是现代社会最显著的标志。虽然"历史向世界历史的转变"所引发的社会问题是多方面的，但这些问题的核心是实现现代化。西方作为现代化的原发地，发达资本主义国家用二百多年的"串联发展"取得了今天的成就，它们同样完整地经历了现代化进程中的社会矛盾与社会问题，这为西方学者提供了鲜活的理论创作素材。西方学者生活在发达的现代化国家，他们面对的问题往往是现代化进程中的前沿问题，以至于西方学者在探讨劳动异化、大众文化、生态危机、空间正义、代际公平等现代化进程中的前沿问题时，我们国家的现代化水平还没达到产生这些问题的高度，我们的理论家对这些前沿问题还缺乏可供接触的经验事实，自然很难与西方学者就同一问题在同一时段进行有效对话。各民族在实现现代化的进程中面临的诸多问题具有相似性，但不会完全相同，因而，各国人民对现代化的理解和评价同样会各有殊异。西方马克思主义者运用某些方法提出的某些观点，我们不一定非要明确表示赞同或反对，但我们应该对他们提出的问题予以足够重视。在过去很长一段时间，我们不仅是在学术观点和研究方法上学习、模仿西方，而且在"问题意识"方面也跟在西方后面亦步亦趋。我们要研究人类现代化进程中面临的普遍问题及其中国形态，更要深入研究中国现代化进程中的特殊问题。当前，中国的新型工业化、城市化、信息化、农业现代化等"新四化"在并联与串联中融合发展，释放出前所未有的发展动能，这为中国在现代化进程中实现换道超车、后发先至提供了契机。"新四化"融合发展的新模式是西方发达国家不曾遇到的发展新境遇，也是人类现代化进程中的前沿问题，这为我们哲学社会科学界提供了新课题。

当前，我们迫切需要摆脱对西方亦步亦趋的"学徒心态"，以更自信、更具批判精神的姿态向世界先进国家学习。正如习近平所言："如果用国外的方法得出与国外同样的结论，那也就没有独创性可言了。"① 我们国家目前还缺少站在世界历史高峰的学术大师，根本原因在于，我们国家在现代化进程中是通过急行军的方式追回"失去的二百年"，我们理论界乃至整个民族都对实现现代化抱有强烈的祈盼，很难从容地进行现代性反思。随着中国式现代化的成就不断展现，中国必然会走在世界现代化的前列，届时，现代性问题或后现代问题的中国形态将成为世界历史性的前沿问题。当今世界的主要学术议题总体上是围绕全球化与现代性而展开的，一个国家在国际舞台上的话语权，在很大程度上取决于这个国家参与全球化的程度和现代化发展程度，而一个国家参与全球化的程度又主要取决于其现代化发展程度。可以说，一个国家在全球化时代的国际话语权与其现代化发展程度呈正相关的态势，尽管步调不会完全一致。同样，每个大国都力图在世界历史进程中构建具有独特标识的现代性话语体系，向外界传播现代化的理念和全球治理的基本主张，以扩大本国话语的世界影响。

我们需要围绕现代化的中国道路构建"世界历史"的中国话语体系，关键在于树立"世界历史"的问题意识，强化"世界历史"的问题导向。"只有聆听时代的声音，回应时代的呼唤，认真研究解决重大而紧迫的问题，才能真正把握住历史脉络、找到发展规律，推动理论创新。"② 随着中国深入参与全球治理与世界文明交往秩序构建，我们既要

---

① 习近平：《在哲学社会科学工作座谈会上的讲话》，《人民日报》2016 年 5 月 19 日，第 2 版。
② 习近平：《在哲学社会科学工作座谈会上的讲话》，《人民日报》2016 年 5 月 19 日，第 2 版。

坚定站在中国立场把握世界发展潮流，又要自觉站在"世界历史"高度审视中国方位和中国坐标。只有深扎根，站得高，站得正，我们对世界发展问题的把握才会更加准确，基于强烈问题意识的理论创新成果才会显示出持久的生命力。在新时代，我们既需要始终如一地坚持马克思主义的立场、观点和方法，也需要站在世界历史高度拓展问题视域，瞄准世界历史发展的前沿问题和重大问题推动理论创新和话语创新，以中国理论诠释"经济一体化"世界历史时代的中国话语，凸显21世纪中国马克思主义的世界关怀，以一体化时代不断增进的"共同价值"凝聚构建人类命运共同体的世界共识。

四 展现"变革与开放"的中国逻辑

随着"历史向世界历史的转变"的深入进行，人类社会客观上迈进快速变革与广泛开放的发展时代。在资本逻辑主导的世界历史时代，资产阶级自由竞争所要求的开放性是不对等的，也是不彻底的。资产阶级的国家单方面要求别国开放，自己却出台相关贸易保护主义政策，抵制外国商品涌入本国，以保护资产阶级的民族工业。资产阶级只允许"有限范围内"的竞争，如果一个国家的资本主义工商业处于强势地位，它就会以坚船利炮逼迫其他国家打开商业大门。一旦这个国家的工商业在国际竞争中处于劣势，它就会实行保护关税制度，将其他国家的商品阻挡在国门之外。今天的美国在全球范围内挥舞"关税大棒"，说明老牌发达资本主义国家一旦遇到新兴市场国家的商业冲击，所谓的自由竞争就只是一个幌子。美国前任总统特朗普推动"新政"与英国公投"脱欧"都表现出某种"逆全球化"的倾向，这说明，以美国为首的发达资本主义国家主导的以"自由竞争"为核心的世界经济秩序已经不能容纳崛起的新兴市场国家，其偏狭性暴露无遗。

当今世界面临百年未有之大变局。靠自由竞争起家的某些发达资本主义国家已经走向古典政治经济学的对立面，任意挥舞"关税大棒"，妄图逼迫其他国家继续接受不平等的贸易秩序。相反，曾被西方哲学家视为"封闭落后"与"没有历史"的中国在社会主义改革开放道路上高举"自由贸易"的旗帜，成为推动经济全球化向纵深发展的重要一极。

变革与开放是"历史向世界历史的转变"给各民族提出的重大课

题。从鸦片战争到新中国成立的一百多年时间里，中国虽然从被动开放向形式上的主动开放转变，但实际上是在没有完全独立主权的情况下实施单方面对外开放，这种对外开放是不平等的。比如，1922年2月，北洋政府与美、英、法、日、意、比、荷、葡等八国签订了"九国公约"，公约规定"中国门户开放"，列强在华利益"机会均等"。后来，蒋介石领导的南京国民政府曾高调提出"废约"，但由于自身的阶级局限性，"废约"方案只能是虎头蛇尾、草草收场。新中国甫一成立，就立即废除帝国主义在华的一切不平等条约，"打扫好房子再请客"，从此，一个具有真正独立主权的新中国以新的开放姿态出现在世界舞台之上。毛泽东在1957年的《论十大关系》一文中曾提出用马克思主义的态度来看待资本主义，他指出，"对外国的科学、技术和文化，不加分析地一概排斥，和前面所说的对外国东西不加分析地一概照搬，都不是马克思主义的态度，都对我们的事业不利"①。在毛泽东时代，从主观上讲，中国是愿意向发达国家学习先进科学技术为社会主义建设服务的，但发达国家在经济上封锁中国，科学技术不对中国开放，中国只能靠自己，只能自力更生。毛泽东强调"自力更生"是为了将来能够更好地对外开放，但在极左路线的干扰和误导下，"自力更生"就被引向了"关起门来搞建设"。1978年10月，邓小平指出："关起门来，固步自封，夜郎自大，是发达不起来的。"② 1983年6月，邓小平又强调："对外开放政策只会变得更加开放。路子不会越走越窄，只会越走越宽。路子走窄的苦头，我们是吃得太多了。如果我们走回头路，会回到哪里？只能回到落后、贫困的状态"。③ 有些人认为，中国的改革开放政策就是对内的改革和对外的开放，这是不全面的。其实，中国对内的开放或者地区间的开放也是不容忽视的，比如剩余劳动力跨地区自由流动，逐步放开户籍管理制度，使很多人从农民变成市民，共享城市化、现代化的成果。开放发展既有对内开放，也有对外开放，改革是为了更好地开放，改革开放也是为了实现更好的发展。社会主义的中国通过改革开放盘活国内国际两种资源，在自力更生的基础上通过开放发展来"补课"，学习和引进西方

---

① 《毛泽东文集》第7卷，人民出版社，1999，第43页。
② 《邓小平文选》第2卷，人民出版社，1994，第132页。
③ 《邓小平文选》第3卷，人民出版社，1993，第29页。

科学技术和先进的管理理念,吸引跨国资本的投资,从而加速自身现代化建设的历史进程。可以说,自力更生基础上的开放发展是中国在经济全球化浪潮中实现和平发展的战略抉择。

20世纪80年代末90年代初期,国际风云突变,苏东剧变使世界社会主义运动遭受严重挫折,也给中国造成了巨大的冲击。"两大阵营"对立的局面结束之后,"一超多强"的世界格局随之形成,资本逻辑主导的经济全球化由此拉开帷幕。面对经济全球化的浪潮,社会主义的中国该何去何从?是关起门来搞建设,还是到经济全球化的浪潮中去闯一闯?中国毅然决然地选择了后者。党的十四大之后,中国确立了社会主义市场经济体制,随后顶住了亚洲金融风暴的冲击,加入WTO并正式融入经济全球化的时代发展潮流之中,逐渐成长为世界第二大经济体。当然,中国融入经济全球化的过程并不是一帆风顺的,经济全球化也是机遇与风险并存的,但中国别无他途,只能顺应世界历史的发展潮流。正如习近平所言:"当年,中国对经济全球化也有过疑虑,对加入世界贸易组织也有过忐忑。但是,我们认为,融入世界经济是历史大方向,中国经济要发展,就要敢于到世界市场的汪洋大海中去游泳,如果永远不敢到大海中去经风雨、见世面,总有一天会在大海中溺水而亡。所以,中国勇敢迈向了世界市场。在这个过程中,我们呛过水,遇到过漩涡,遇到过风浪,但我们在游泳中学会了游泳。"[①] 中国在经济全球化浪潮中学会了"游泳",中国的经济发展体量显著壮大,质量大幅提升。2008年爆发世界金融危机以来,中国对世界经济增长的贡献率一直保持在30%左右,足以见得,中国是经济全球化的获益者,更是世界经济增长的贡献者。中国的发展离不开世界,世界的发展也更加需要高水平开放的中国。

在全球化浪潮下,一个国家要想发展,就应该顺应历史潮流,开怀纳新,主动学习世界优秀文明成果。历史已经深刻证明,没有一个国家长期闭关锁国还能经久不衰,也没有一种文明能以封闭的姿态走向世界舞台的中央。与开放发展理念相对立的是保护主义的发展观,它是一种

[①] 习近平:《共担时代责任 共促全球发展——在世界经济论坛2017年年会开幕式上的主旨演讲》,《人民日报》2017年1月18日,第3版。

短视的、偏狭的、片面的思维，是发展高水平世界经济的大敌。习近平认为，经济全球化是人类历史发展的必然趋势，贸易保护主义的"逆全球化"之路是走不通的。"搞保护主义如同把自己关进黑屋子，看似躲过了风吹雨打，但也隔绝了阳光和空气。打贸易战的结果只能是两败俱伤。"① 所以，世界各国都应该顺应全球化发展的总体态势，自觉适时提高对外开放水平，抓住经济全球化正向外溢的新机遇，加速推动本国现代化建设的历史进程。

马克思敏锐地预见到资本主义"向外发展"并不能化解其固有的内在矛盾，资产阶级越是在广度上占领世界市场，应对经济危机的手段就只会越来越少。逐利的资本具有国际性，可以跨国流动，而劳动力却不像资本那样大规模地跨国流动，资本家就会舍弃本国劳动力而到异国不断寻找更加廉价的劳动力。随着新兴市场国家和发展中国家逐渐崭露头角，激烈的国际竞争导致发达资本主义国家出现不同程度的"空心化"问题。我们可以见到美国前总统特朗普煽动民粹主义情绪抵制外国商品，呼吁美国商人资本回流，把工厂从国外搬回美国，以此来缓解美国国内严峻的就业压力。

相比之下，我们为什么有底气向全世界宣布"中国开放的大门永远都不会关闭"呢？习近平指出："以数千年大历史观之，变革和开放总体上是中国的历史常态。中华民族以改革开放的姿态继续走向未来，有着深远的历史渊源、深厚的文化根基。"② 这样的底气源自从历史深处走来的中华民族在"历史向世界历史的转变"的时代境遇中历经千难万阻开辟了中国特色社会主义道路，这条道路体现了开放性、包容性和原则性的有机统一。中国特色社会主义进入新时代，中国必将要求更高层次、更高水平的开放发展。中国开放发展的大门永远都不会关闭，但我们需要清醒地看到，中国开放的"门槛"必定会不断增高。在"伟大社会革命"中开辟的"中国道路"具有深远的世界历史意义，其中一条就是向世界诠释开放发展的历史辩证法。马克思认为，交往的任何扩大都会消

---

① 习近平：《共担时代责任 共促全球发展——在世界经济论坛 2017 年年会开幕式上的主旨演讲》，《人民日报》2017 年 1 月 18 日，第 3 版。
② 习近平：《在庆祝改革开放 40 周年大会上的讲话》，《人民日报》2018 年 12 月 19 日，第 2 版。

灭地域性的共产主义，这指的是消灭那种封闭性的地域性共产主义，而不是消灭那种本身具有开放性的共产主义。开放性的共产主义必然会显示出积极的世界历史意义。

五 构建世界交往的新文明叙事体系

马克思"世界历史"思想蕴含着鲜明的社会主义与共产主义文明意涵。社会主义是世界历史性的事业。从约翰·莫尔1516年出版《乌托邦》算起，近现代意义的"社会主义"已经有五百余年的历史。"社会主义"从空想到科学，从理论到实践，本身就是一个从地域性向世界性拓展延伸的过程。世界社会主义在五百余年的发展历程中，19世纪之前主要表现在空想家的著作中，19世纪之后，随着资本主义大工业催生了除了自由之外一无所有的工人阶级，他们面对资本家的残酷剥削和压迫，跟形形色色的空想社会主义理论接轨，社会主义由此从空想走向运动。就像马克思所说，在社会主义运动中，工人阶级这个革命的心脏开始寻找哲学的头脑。正是顺应这种工人运动的迫切需要，马克思立足于唯物史观，深刻剖析资本主义社会不可调和的内在矛盾，发现剩余价值论，使社会主义实现从空想到科学的飞跃。

世界工人运动在科学社会主义这个理论头脑的指导下如火如荼地开展，俄国工人阶级率先通过革命的形式建立社会主义制度，这使得作为世界历史性存在的社会主义运动首次获得了实质性的内容。在苏联的影响和帮助下，世界社会主义运动经历了从"一国到多国"的实践，也催生了各个民族的社会主义理论形态。总体来看，20世纪的世界社会主义运动是以苏联为轴心的，不管我们愿不愿意承认，社会主义建设的苏联经验与苏共话语都曾对社会主义阵营国家产生深远影响。当处在"守势地位"的西方资本主义国家通过新科技革命化解"滞胀危机"而迎来发展新气象之时，以苏联为首的社会主义阵营却沉醉于"攻势地位"而陷入封闭僵化的泥潭。在西方和平演变阴谋的推动下，世界社会主义运动遭遇了东欧剧变与苏联解体的严重挫折，跌落到低谷。在这前后提出"历史终结论"的福山名噪一时，但他没看到的是，历史所终结的只是从封闭僵化转向改旗易帜的社会主义苏联模式。当代世界社会主义运动已经在低谷期迎来走向振兴的历史性转折。东欧剧变和苏联解体之后，中国继续通过改革开放保留和延续世界社会主义运动的薪火。邓小平曾说："只要中国社会主义不倒，社会主义在世界将始终站得住。"① 其中一个最重要的原因就是中国道路的成功实践为世界社会主义运动注入新的强劲动力，开辟了世界社会主义运动的新形态和新模式。有学者指出："中国以雄辩的力量与地位当之无愧地成为世界社会主义发展振兴的中流砥柱和引领旗帜。"② 毋庸讳言，经过改革开放40余年发展的中国特色社会主义已经成为当代世界社会主义运动的一面旗帜和风向标，中国特色社会主义的成功实践正在改变世界各国人民对传统社会主义的固有认知。过去，以苏联为轴心的世界社会主义运动对外具有"输出革命"的特征，在社会主义阵营内部则表现出大党大国的霸权主义姿态。邓小平曾明确指出，世界社会主义运动没有中心，各个国家都应该从自身实际出发，各个社会主义国家之间要讲国际主义原则，但不存在依附关系。中国特色社会主义是热爱和平的社会主义，奉行和平共处五项原则；中国特色社会主义是韬光养晦而又奋发有为的社会主义，积极参与全球治理实践；中国特色社会主义是以自身建设为中心的社会主义，力图将社会主义制度优势转化为现实的治理效能；中国特色社会主义是追求文明的社会主义，致力于实现物质文明、精神文明、政治文明、社会文明、生态文明"五大文明"协同发展。虽然当前"资强社弱""西强东弱""北强南弱"的总体世界格局没有改变，但社会主义正在迎来振兴的战略机遇期，其优越性越发展现出来。贫穷不是社会主义，社会主义必须通过发展生产力消灭贫困。中国经济在改革开放40余年中保持中高速增长，经济总量早在2010年已经超过日本，仅次于美国，超越美国已经成为必然性趋势。中国已经在2020年实现全面建成小康社会的宏伟目标，摘掉历史遗留的普遍贫困的帽子，这在人类脱贫减贫史上无疑是一个伟大奇迹。中国人民不是在其他道路上创造这个脱贫减贫的伟大奇迹，而是在中国特色社会主义道路上创造这个伟大奇迹。

中国道路的成功实践向全世界证明，社会主义并没有走向历史的终结，社会主义以崭新的面貌出现在世界历史上。唱衰社会主义、唱衰中

---

① 《邓小平文选》第3卷，人民出版社，1993，第346页。
② 姜辉：《21世纪的世界社会主义：新格局、新特征、新趋势》，《世界社会主义研究》2016年第1期，第50~57+125页。

国的各种"崩溃论"已经走向崩溃或者正在走向崩溃。俄罗斯科学院院士季塔连科说:"中国在对待现代文明方面的态度、实施社会政策方面的经验,客观上成为'历史末日'及'文明冲突'等自由化思潮的有力替代者,从而推动历史发展,防止文明之间的冲突,推动其转向建设性对话,实现全球的共同发展"。① 很多资产阶级学者开始以新的态度看待社会主义,从"中国崩溃论"转向"中国机遇论"。正如习近平指出的:"特别是苏联解体、东欧剧变以后,唱衰中国的舆论在国际上不绝于耳,各式各样的'中国崩溃论'从来没有中断过。但是,中国非但没有崩溃,反而综合国力与日俱增,人民生活水平不断提高,'风景这边独好'。"② 尽管我们反对世界社会主义运动的中心主义倾向,但苏东剧变之后,世界社会主义运动的中心已经客观上转移到中国,这是我们不可回避的事实。中国道路的成功开辟正在重构世界无产阶级政党之间的交往关系。中国共产党同世界各国共产党或左翼政党建立广泛的交往,保持紧密联系,相互交流学习彼此的执政经验,但绝不干涉彼此内政,这与20世纪以苏联为轴心的世界社会主义运动形成鲜明对比,体现了国际主义与独立自主的辩证统一。

中国特色社会主义实践在方法论上为世界社会主义运动指明了新的方向。冷战时代的社会主义与资本主义是水火不容的,从方法论上来看,彼此都过分强调矛盾的对立性,这样在实践中就容易导致"去一存一"的零和博弈取向:不是社会主义消灭或取代资本主义,就是资本主义对社会主义实施和平演变。中国改革开放的伟大实践在方法论上突破了这种二元对立的思维范式,重新发现全球化时代资社矛盾对立过程中大量存在的"中间地带"。改革开放40余年,中国大量吸收资本主义社会创造的肯定性文明成果,引进消化再创新,改变一切都要"另起炉灶,从头开始"的惯性思维,这既为自身赶上西方现代化节省了时间,也开创了社会主义制度与资本主义积极因素融合发展的新范式。比如,外国人经常对中国的社会主义市场经济及其运行机制感到非常困惑,有些外国政府或外国政客甚至不承认中国的市场经济地位,以至于一些外国理论

---

① 〔俄〕季塔连科:《中国现代化经验的国际意义》,载朱佳木主编《当代中国与它的外部世界:第一届当代中国史国际高级论坛论文集》,当代中国出版社,2006,第317~325页。
② 《十八大以来重要文献选编》(上),中央文献出版社,2014,第109~110页。

家将中国特色社会主义曲解为"中国特色资本主义"或"国家资本主义"。尽管外国人对中国特色社会主义的评价不尽相同,或是赞赏,或是贬低,但是,中国作为当代世界社会主义运动的事实中心,在"低谷期"经过韬光养晦实现跨越式发展,进入新时代,越发吸引世界各国人民的眼球。正如党的十九大报告指出的那样,中国特色社会主义进入新时代,"意味着科学社会主义在二十一世纪的中国焕发出强大生机活力,在世界上高高举起了中国特色社会主义伟大旗帜"[①]。中国特色社会主义的实践探索极大地推动了21世纪世界社会主义运动,社会主义因素在世界很多国家的制度实践中不断涌现,那些沉寂多年的左翼政党开始以新的面貌参与国家政治,以不同的形式助力世界社会主义走出低谷,迎来走向振兴的历史性转折。

马克思"世界历史"思想内蕴了社会主义或共产主义的世界交往逻辑。马克思对资本主义世界交往进行了深刻批判,指明了资本主义世界交往的剥削性与非对等性。资本主义世界交往秩序的核心是以资本为中心的自由竞争,但它只允许现实的自由在资本主义私有制的框架内发展,但凡对资本主义私有制的世界交往形成挑战,都会遭到"资本的联合"的围堵封锁。马克思"世界历史"思想所内蕴的人类交往文明在性质上必然要求超越资本主义,但在具体形态上又会因为社会主义自身发展程度而呈现多样性的特征。只有占据世界交往的文明高地,才能破除形形色色的"历史终结论",才能破除把"文明冲突"当作"自然规律"的达尔文主义。在马克思主义指导下,中国必须在世界交往中明确回答人类应该"构建什么样的现代文明话语",才能破解"一体化的世界"与"多样化的矛盾"之间的难题。构建人类命运共同体理念不仅集中表达了构建一个更加美好的世界的中国主张,而且蕴含着21世纪马克思主义关于普遍交往中的"人类向何处去"这一"世界之问"的科学社会主义回应。在资本主导的世界交往中,资产阶级用自己的方式构建了资本主义现代文明话语,甚至把资本主义文明看作人类文明的终极形态,并使资本主义文明观念渗透到"世界历史"的叙事体系当中,进而垄断世界

---

① 习近平:《决胜全面建成小康社会 夺取新时代中国特色社会主义伟大胜利——在中国共产党第十九次全国代表大会上的报告》,人民出版社,2017,第10页。

交往的文明话语。在西方中心主义的资本主义文明话语影响下,其他各民族在世界历史进程中的贡献就会被淡化,甚至被抹杀。尽管社会主义阵营曾给资本主义的世界交往秩序带来巨大冲击,但以欧洲为中心的社会主义交往秩序同样随着东欧剧变和苏联解体而走向历史的终结。以苏联为中心的社会主义国家虽然建立了社会主义制度,但尚未成功构建世界交往的文明话语体系,以至于在"世界历史"话语体系上沿用西方中心主义的逻辑。以苏联为中心的社会主义文明作为一种同资本主义文明相对立的存在,具有其历史进步性,但它向世界传达的文明理念却同发达资本主义国家传达的文明理念具有极大的类似性,以至于人们不是从文明高度认识和理解社会主义,而是从东欧社会主义国家的僵化体制去理解社会主义。在世界交往中,如果剥离社会主义文明的先进性,就很难从根本上阐释社会主义的优越性与前瞻性。"人类文明新形态"命题的时代出场,集中表达了发展中的中国在世界交往中的文明诉求。"人类文明新形态"是一种综合性的现代文明,从历史传承上看,它是中华文明的现代形态,从本质属性上看,它是社会主义现代文明的中国形态。中国式现代化创造的"人类文明新形态",是物质文明、政治文明、精神文明、社会文明、生态文明协调发展的综合性文明形态。"人类文明新形态"是主体性与开放性相统一的现代文明形态,绝不是简单延续中国传统文化的母版,不是套用马克思主义经典作家的模板,不是其他社会主义国家的再版,更不是西方现代化国家的翻版。中国特色的"人类文明新形态"扎根于中华文明悠久的历史文化沃土,顺应"两个必然"所揭示的人类社会发展规律,以博大的胸怀借鉴吸收人类文明优秀成果,体现了社会主义文明走向振兴的历史主动。"人类文明新形态"提供了有别于西方中心主义文明话语的新范式。当今世界交往中出现的"人类文明新形态"宣告西方中心主义文明话语"一统天下"的美梦走向破产,预示着广大发展中国家都能创造符合自身实际的现代文明新形态。"人类文明新形态"从具体所指上看是中国式现代化创造的中华文明现代化形态和社会主义现代文明的中国形态,它在方法论上泛指不同于西方发达国家现代文明的新范式,预示着创造多样化的人类现代文明的可能性与可行性。中国式现代化创造的"人类文明新形态"向世界各民族所展示的不只是现代文明的多样性,而且展示了社会主义现代化文明的生命活力与发展前景，进而站在真理与道义的制高点科学回答"建设一个什么样的更加美好的世界、怎样建设更加美好的世界"的世界之问。

马克思从"历史向世界历史的转变"的"历史事实"与"发展过程"中提炼概括出具有独特内涵的"世界历史"思想，实现了人类世界历史观的一次伟大变革。马克思"世界历史"思想兼具历史哲学与实证科学的理论品格，是在历史哲学指导下的实证科学，也是由实证科学作为内在支撑的历史哲学，对我们认识世界与改造世界具有重要的方法论意义。马克思"世界历史"思想为我们科学认识全球化进程中的逆全球化现象提供了重要依据，"逆全球化"现象与资本逻辑主导的全球化是相伴相生的，当前发达资本主义国家大量涌现的"逆全球化"现象在本质上并不是反全球化，其旨在通过这种"倒退"的方式捍卫和重构西方中心主义的全球秩序，而替代性的新型全球化方案还处在酝酿之中。马克思"世界历史"思想为我们科学审视中国古代天下观念提供了一面"大镜子"，以农业与手工业深度融合为基础的"深耕细作"生产方式是中华先民自给自足的根本原因。中国共产党人在一以贯之的"伟大社会革命"中探索和开辟了具有深远世界历史意义的中国道路，它提供了"中国特色"的现代化实践方案，深刻诠释开放发展的历史辩证法，书写21世纪世界社会主义发展的新篇章，我们应该更加坚定社会主义是世界历史性的事业。马克思"世界历史"思想具有鲜明的话语构建功能，我们应该高度重视"世界历史"概念包含的意识形态话语权问题，挖掘马克思"世界历史"思想的史学价值，在树立和强化"世界历史"问题意识中推动理论创新，以一体化时代的"共同价值"凝聚构建人类命运共同体的世界共识。

结　语

　　马克思"世界历史"思想作为贯穿整个马克思主义理论体系的重要线索，在过去很长时间处于隐秘状态，根本原因就在于时代主题和时代问题尚未对这一理论形态发出强烈的呐喊或呼唤。20世纪70年代以来，新科技革命开启现代全球化浪潮，以跨国公司为纽带的新型全球产业分工逐渐将整个世界连接为一个有机整体。"一体化的世界"不再是远方的预言，世界普遍交往也已经成为人们眼前日益生成的现实境遇。可以说，正是实践生成的全球化境遇使得马克思"世界历史"思想逐渐从隐秘的幕后走向了显性的前台，成为人们认识全球化现象及其本质的重要分析范式。中国理论界对马克思"世界历史"思想的研究契合改革开放的迫切需要，仿佛在马克思主义理论研究领域打开了一个新窗口，透过这个窗口可以感受不一样的意境。

　　通过对马克思"世界历史"思想发展史的再梳理，我们会发现强烈的"世界历史"问题导向在马克思迅速实现"两个转变"的过程中发挥了重要作用。哲学是时代精神的精华，站在"世界历史"时代问题前沿的马克思与费尔巴哈的哲学分野同样是彻底而迅速的。马克思在《德意志意识形态》中"站在德国以外的立场"，确立了"新唯物主义"的哲学立场，在此基础上首次完整地表述了历史向"世界历史"转变的思想，并以新的哲学范式回答了黑格尔提出的问题。马克思"世界历史"思想并没有止步于历史哲学层面，而是不断从"有关时代的经济"（特别是资本的现代生活史）中寻找实证支撑，最终达到历史哲学与实证科学有机统一的境地。马克思晚年按照唯物史观的理论逻辑撰写了大量的历史学笔记和古代社会笔记，又从时间轴上补齐了16世纪之前的"世界历史"缺环，由此历史向"世界历史"转变的总体过程就作为一个"艺术的整体"呈现在世人面前。

　　中国理论界对马克思"世界历史"思想的研究经历了从一般推介到不断深化的过程，主要围绕世界历史的"趋势论；动力、机制论；道路论；价值论；本质论；方法论"① 等问题展开，取得了可喜的成果。但是，马克思"世界历史"思想研究中"守本有余"而"开新不足"的瓶颈却长期没有得到突破，这就会限制这一思想的问题视域与理论空间。马克思"世界历史"思想的问题视域是开放性的，而不是封闭的。站在马克思"世界历史"思想指涉的基本问题所揭示的方法论基础上，进一步拓展问题边界和理论空间，已经成为学界沿着马克思的足迹走向世界历史深处的迫切要求。因而，在探讨"世界历史"的主体生成、秩序危机、自由与革命、发展道路、中国个案等基本问题的同时，回应国外理论界对"世界历史"相关问题进行的理论阐释，旨在像马克思那样"从问题找方法"。

马克思"世界历史"思想具有鲜明的实践性，这是毋庸置疑的。马克思对"世界历史"思想的阐发和探索主要表现在理论构建层面，尚未真正进入到革命实践层面。在革命实践中创造性运用和发展马克思"世界历史"思想的历史任务，主要是由俄国与中国无产阶级理论家接力进行的。列宁、毛泽东、邓小平等人在实践层面自觉遵循马克思"世界历史"思想所蕴含的方法论原则分析研判国际局势，但他们在理论层面并不是有意识地发展马克思"世界历史"思想。习近平为实践中"在场"的马克思"世界历史"思想"正名"，使"学术话语"层面的马克思"世界历史"思想获得了"政治话语"的身份确认，"构建人类命运共同体"理念的提出无疑对马克思"世界历史"思想中国化时代化作出了原创性的重大贡献。毋庸讳言，我们需要在"学术话语"与"政治话语"的良性互动中继续研究马克思"世界历史"思想，努力为发展壮大的中国更加广泛深入参与全球治理、助力世界交往秩序重构提供科学的话语支撑。

马克思"世界历史"思想的问题视域是开放的，其时代价值亦然。我们不能将马克思"世界历史"思想局限在某几个问题之上，而应该以更加开阔的视野来挖掘这一思想的方法论意义。全球化与逆全球化相伴相行，"碎片化的秩序"不可能逆转世界经济朝着一体化方向发展的总体趋势。马克思"世界历史"思想是一面"透视镜"，为我们把握中国

---

① 参见何颖《马克思的世界历史理论》，《马克思主义研究》2003 年第 2 期，第 41~49 页。

传统"天下"观念及其历史嬗变提供重要参照。马克思揭示了"历史成为世界历史"与"交往成为世界交往"的核心问题——实现现代化，中国道路所提供的现代化方案越发显示出深远的世界历史意义，我们应更加坚定社会主义是世界历史性的事业。马克思"世界历史"思想内在蕴含着话语之争，我们应该像马克思那样树立和强化"世界历史"的问题意识，积极构建马克思主义关于"世界历史"的中国话语体系，为把这个充满矛盾的"一体化的世界"建设得更加美好贡献更多中国智慧。

马克思"世界历史"思想是常研常新的，我们既要善于"守本"，准确把握这一思想发展演进的内在逻辑、总体脉络及其方法论意义，同时，我们也要敢于"开新"，通过强化"世界历史"的问题意识拓展理论空间。中国特色社会主义进入新时代，中华民族比以往任何时候都更加接近实现伟大复兴的梦想，站在新的历史起点和历史方位上，我们更加需要以宽广的"世界历史眼光"审视世情国情党情，蹄疾步稳地朝着既定的目标努力奋进。今日之中国越是融入普遍交往的"世界历史"，就越是需要站在"世界历史"高度审视人类发展的前途命运。世界历史发展的问题是具有层级性的，当我们国家还处在世界舞台边缘时，我们就很难站在世界历史高度对诸多世界性问题提出行之有效的解决方案。我们要围绕实现现代化这个世界历史发展的核心问题构建中国话语体系，全面阐释中国式现代化创造"人类文明新形态"的深远世界历史意义。

马克思"世界历史"思想创立于现代意义上的人类普遍交往初现端倪的大变革时代，马克思关于"历史成为世界历史"的科学判断已经被人类日益深化的世界性交往所证明。马克思在世界普遍交往的时空境遇与实践格局中把握人类社会发展的重大前沿问题，而不是纠缠于那些落后于时代的问题，这是马克思"世界历史"思想具有强劲生命力的关键所在。这是一个需要思想的时代，而思想必须从时代的重大前沿问题中产生。时代问题的表现形式是多方面、多层次的，随着新时代中国日益全面走向世界普遍交往，面向世界历史发展的"现代化"重大前沿问题推动理论创新越发成为一项紧迫任务。当今"一体化的世界"面临百年未有之大变局，我们在立足中国问题的同时，需要以更加积极有为的姿态拓展中国问题的世界视野，在中国问题与世界问题的良性互动中发展马克思"世界历史"思想，努力在解决中国问题与世界发展难题中与世界各国携手"构建人类命运共同体",为把这个充满矛盾的"一体化的世界"建设得更加美好贡献新时代中国马克思主义的思想智慧。同时,我们需要看到,聚焦世界历史发展的前沿问题及其中国形态,特别是面向中国式现代化的重大前沿问题进行规律性探索,深入推进马克思"世界历史"思想研究,构建中国"世界历史"话语体系依然任重道远。

参考文献

一　重要文献

1. 《马克思恩格斯选集》第1卷，人民出版社，2012。
2. 《马克思恩格斯选集》第2卷，人民出版社，2012。
3. 《马克思恩格斯选集》第3卷，人民出版社，2012。
4. 《马克思恩格斯选集》第4卷，人民出版社，2012。
5. 《马克思恩格斯文集》第1卷，人民出版社，2009。
6. 《马克思恩格斯文集》第2卷，人民出版社，2009。
7. 《马克思恩格斯文集》第3卷，人民出版社，2009。
8. 《马克思恩格斯文集》第4卷，人民出版社，2009。
9. 《马克思恩格斯文集》第5卷，人民出版社，2009。
10. 《马克思恩格斯文集》第6卷，人民出版社，2009。
11. 《马克思恩格斯文集》第7卷，人民出版社，2009。
12. 《马克思恩格斯文集》第8卷，人民出版社，2009。
13. 《马克思恩格斯文集》第10卷，人民出版社，2009。
14. 《列宁选集》第1卷，人民出版社，2012。
15. 《列宁选集》第2卷，人民出版社，2012。
16. 《列宁选集》第3卷，人民出版社，2012。
17. 《列宁专题论文集·论马克思主义》，人民出版社，2009。
18. 《列宁专题论文集·论无产阶级政党》，人民出版社，2009。
19. 《列宁专题论文集·论资本主义》，人民出版社，2009。
20. 《列宁专题论文集·论辩证唯物主义和历史唯物主义》，人民出版社，2009。
21. 《毛泽东选集》第1卷，人民出版社，1991。
22. 《毛泽东选集》第2卷，人民出版社，1991。
23. 《毛泽东选集》第3卷，人民出版社，1991。

24.《毛泽东选集》第 4 卷，人民出版社，1991。

25.《毛泽东文集》第 6 卷，人民出版社，1999。

26.《毛泽东文集》第 7 卷，人民出版社，1999。

27.《毛泽东文集》第 8 卷，人民出版社，1999。

28.《邓小平文选》第 2 卷，人民出版社，1994。

29.《邓小平文选》第 3 卷，人民出版社，1993。

30.《习近平谈治国理政》第 1 卷，外文出版社，2018。

31.《习近平谈治国理政》第 2 卷，外文出版社，2017。

32.《习近平谈治国理政》第 3 卷，外文出版社，2020。

33.《习近平谈治国理政》第 4 卷，外文出版社，2022。

34.《习近平著作选读》第 1—2 卷，人民出版社，2023。

35. 习近平：《决胜全面建成小康社会 夺取新时代中国特色社会主义伟大胜利——在中国共产党第十九次全国代表大会上的报告》，人民出版社，2017。

36. 习近平：《高举中国特色社会主义伟大旗帜 为全面建设社会主义现代化国家而团结奋斗——在中国共产党第二十次全国代表大会上的报告》，人民出版社，2022。

37. 习近平：《在纪念马克思诞辰 200 周年大会上的讲话》，《人民日报》2018 年 5 月 5 日。

38. 习近平：《担负起新的文化使命 努力建设中华民族现代文明》，《人民日报》2023 年 6 月 3 日。

39. 习近平：《高举中国特色社会主义伟大旗帜 为全面建设社会主义现代化国家而团结奋斗——在中国共产党第二十次全国代表大会上的报告》，《人民日报》2022 年 10 月 26 日。

40. 习近平：《共担时代责任 共促全球发展——在世界经济论坛 2017 年年会开幕式上的主旨演讲》，《人民日报》2017 年 1 月 18 日。

41. 习近平：《在庆祝改革开放 40 周年大会上的讲话》，《人民日报》2018 年 12 月 19 日。

42. 习近平：《中国发展新起点 全球增长新蓝图——在二十国集团工商峰会开幕式上的主旨演讲》，《人民日报》2016 年 9 月 4 日。

43. 习近平：《构建创新、活力、联动、包容的世界经济——在二十国集团领导人杭州峰会上的开幕辞》，《人民日报》2016年9月5日。

44. 习近平：《携手构建合作共赢、公平合理的气候变化治理机制——在气候变化巴黎大会开幕式上的讲话》，《人民日报》2015年12月1日。

45. 习近平：《共同构建人类命运共同体——在联合国日内瓦总部的演讲》，《人民日报》2017年1月20日。

二 专著

1. 陈先达等：《被肢解的马克思》，上海人民出版社，1990。

2.《陈先达文集（第一卷）：走向历史的深处——马克思主义历史观研究》，中国人民大学出版社，2006。

3. 丰子义、杨学功：《马克思"世界历史"理论与全球化》，人民出版社，2002。

4. 叶险明：《马克思世界历史理论的当代构建》，中国社会科学出版社，2014。

5. 叶险明：《马克思的世界历史理论与全球化》，清华大学出版社，1996。

6. 向延仲：《马克思世界历史理论研究》，湖南大学出版社，2007。

7. 王作印：《马克思世界历史理论论纲》，西南财经大学出版社，2007。

8. 黄皖毅：《马克思世界历史观：文本、前沿与反思》，知识产权出版社，2008。

9. 曹荣湘：《马克思世界历史理论与当代全球化》，中央编译出版社，2006。

10. 唐琼、姚登全：《从民族走向世界——马克思"世界历史"理论中文化全球化思想的当代考察》，光明日报出版社，2009。

11. 杨耕：《为马克思辩护》，黑龙江人民出版社，2002。

12. 任平：《出场学视域中的马克思主义哲学》，北京师范大学出版社，2009。

13. 丰子义：《马克思主义社会发展理论研究》，北京师范大学出版社，2012。

14. 钱穆：《中国文化史导论》，商务印书馆，1994。

15. 万明：《中国融入世界的步履——明与清前期海外政策比较研究》，社会科学文献出版社，2000。

16. 吴苗：《世界历史视野中的中国发展话语》，人民出版社，2018。

17. 吴于廑、齐世荣主编《世界史·古代史编》（上卷），高等教育出版社，2018。

18. 周丹：《马克思主义现代性思想研究》，中国社会科学出版社，2015。

19. 许倬云：《我者与他者：中国历史上的内外分际》，生活·读书·新知三联书店，2010。

20. 吕世荣、姚顺良：《马克思主义视域中的经济全球化》，人民出版社，2014。

21. 李秋零主编《康德著作全集》第8卷，中国人民大学出版社，2010。

22.〔德〕黑格尔：《历史哲学》，王造时译，上海书店出版社，2001。

23.〔德〕黑格尔：《世界史哲学讲演录（1822—1823）》，刘立群等译，商务印书馆，2015。

24.〔英〕J. M. 罗伯茨：《我们世界的历史》（Ⅰ古典时代），陈恒、贾斐等译，东方出版中心，2018。

25.〔英〕J. M. 罗伯茨：《我们世界的历史》（Ⅱ文明的分化），陈恒、黄公夏译，东方出版中心，2018。

26.〔英〕J. M. 罗伯茨：《我们世界的历史》（Ⅲ大加速时代），陈恒、黄公夏译，东方出版中心，2018。

27.〔英〕J. M. 罗伯茨、O. A. 维斯塔德：《我们世界的历史》，陈恒、黎海波等译，东方出版中心，2018。

28.〔德〕卡尔·洛维特：《世界历史与救赎历史》，李秋零、田薇译，生活·读书·新知三联书店，2002。

29.〔美〕阿里夫·德里克：《后革命时代的中国》，李冠南、董一格译，世纪出版集团、上海人民出版社，2015。

30.〔美〕丹尼尔·贝尔：《资本主义文化矛盾》，赵一凡、蒲隆、任晓晋译，生活·读书·新知三联书店，1989。

31.〔英〕戴维·赫尔德等：《全球大变革——全球化时代的政治、

经济与文化》，杨雪冬等译，社会科学文献出版社，2001。

32.〔日〕望月清司：《马克思历史理论的研究》，韩立新译，北京师范大学出版社，2009。

33.〔德〕弗兰克：《世界体系：500 年还是 5000 年？》，郝名玮译，社会科学文献出版社，2004。

34.〔德〕贡德·弗兰克：《白银资本：重视经济全球化中的东方》，刘北成译，四川人民出版社，2017。

35.〔意〕维柯：《新科学》，朱光潜译，商务印书馆，2011。

36.〔美〕伊曼纽尔·莫里斯·沃勒斯坦：《现代世界体系》（第一卷），郭方、刘新成、张文刚译，社会科学文献出版社，2013。

37.〔美〕伊曼纽尔·莫里斯·沃勒斯坦：《现代世界体系》（第二卷），郭方、吴必康、钟云伟译，社会科学文献出版社，2013。

38.〔美〕伊曼纽尔·莫里斯·沃勒斯坦：《现代世界体系》（第三卷），郭方、夏继果、顾宁译，社会科学文献出版社，2013。

39.〔美〕伊曼纽尔·莫里斯·沃勒斯坦：《现代世界体系》（第四卷），吴英译，社会科学文献出版社，2013。

40.〔美〕伊曼纽尔·莫里斯·沃勒斯坦：《历史资本主义》，路爱国、丁浩金译，社会科学文献出版社，1999。

41.〔美〕斯塔夫里阿诺斯：《全球通史：从史前史到 21 世纪》（上、下），吴象婴等译，北京大学出版社，2006。

42.〔埃及〕萨米尔·阿明：《全球化时代的资本主义》，丁开杰等译，中国人民大学出版社，2016。

43.〔埃及〕萨米尔·阿明：《不平等的发展：论外围资本主义的社会形态》，高铦译，社会科学文献出版社，2017。

44.〔埃及〕萨米尔·阿明：《世界规模的积累——欠发达理论批判》，杨明柱、杨光、李宝源译，社会科学文献出版社，2017。

45.〔英〕安东尼·吉登斯：《资本主义与现代社会理论》，郭忠华、潘华凌译，上海译文出版社，2013。

46.〔英〕安东尼·吉登斯：《现代性的后果》，田禾译，译林出版社，2011。

47.〔美〕福山：《历史的终结及最后之人》，黄胜强、许铭原译，中国社会科学出版社，2003。

48.〔美〕阿瑞吉等：《现代世界体系的混沌与治理》，王宇洁译，生活·读书·新知三联书店，2003。

49.〔德〕哈贝马斯：《交往行为理论》（第1卷），上海人民出版社，2004。

50.〔德〕哈贝马斯：《重建历史唯物主义》，社会科学文献出版社，2000。

51.〔美〕大卫·哈维：《希望的空间》，胡大平译，南京大学出版社，2006。

52.〔美〕大卫·哈维：《新帝国主义》，初立忠、沈晓雷译，社会科学文献出版社，2009。

53.〔美〕大卫·哈维：《资本的限度》，张寅译，中信出版集团，2017。

54.〔英〕卡尔·波普：《历史决定论的贫困》，杜汝楫、邱仁宗译，华夏出版社，1987。

55.〔英〕阿诺德·汤因比：《历史研究》（上、下卷），郭小凌等译，上海人民出版社，2016。

56.〔美〕爱德华·W.萨义德：《文化与帝国主义》，李琨译，生活·读书·新知三联书店，2016。

57.〔德〕贡德·弗兰克：《白银资本：重视经济全球化中的东方》，刘北成译，四川人民出版社，2017。

58.〔巴西〕特奥托尼奥·多斯桑托斯：《帝国主义与依附》（修订版），杨衒永、齐海燕等译，社会科学文献出版社，2016。

59.〔美〕罗伯特·布伦纳：《马克思社会发展理论新解》，张秀琴译，中国人民大学出版社，2016。

60.〔法〕弗朗索瓦·佩鲁：《新发展观》，张宁、丰子义译，华夏出版社，1987。

61.〔印度〕阿马蒂亚·森：《以自由看待发展》，任赜、于真译，中国人民大学出版社，2002。

三 报刊论文

1. 王伟光：《马克思主义的世界历史理论与中国特色社会主义道

路——学习马克思1879—1882年期间研究笔记札记》，《哲学研究》2015年第6期。

2. 张奎良：《马克思世界历史思想的深远意义》，《哲学动态》2013年第10期。

3. 张雷声：《唯物史观视野中的人类命运共同体》，《马克思主义研究》2018年第12期。

4. 丰子义：《马克思"世界历史"思想的方法论意义》，《北京大学学报》（哲学社会科学版）2000年第4期。

5. 丰子义：《社会批判视域中的马克思社会发展理论》，《江苏大学学报》（社会科学版）2012年第2期。

6. 叶险明：《马克思世界历史理论建构的方法和逻辑》，《中国社会科学》1998年第6期。

7. 叶险明：《马克思对"西方中心主义"拒斥的全面性——兼论马克思晚年关于资本主义与社会主义关系研究范式的发展》，《马克思主义与现实》2014年第5期。

8. 叶险明：《"两部历史学笔记"在马克思世界历史理论发展中的地位》，《教学与研究》2011年第8期。

9. 叶险明：《马克思的社会发展理论与社会形态的演变规律》，《清华大学学报》（哲学社会科学版）1990年第2期。

10. 叶险明：《关于"逆全球化"的方法论批判》，《中共中央党校学报》2018年第1期。

11. 梁树发：《从源头上理解马克思的世界历史理论——读〈德意志意识形态〉》，《浙江学刊》2003年第1期。

12. 马俊峰：《马克思世界历史理论的方法论意义》，《中国社会科学》2013年第6期。

13. 何怀远：《书写马克思世界历史理论的下篇文章——论习近平人类命运共同体思想对马克思世界历史理论的贡献》，《思想理论教育导刊》2018年第9期。

14. 鲁品越：《"构建人类命运共同体"伟大构想：马克思"世界历史"思想的当代飞跃》，《哲学动态》2018年第3期。

15. 郝立新、周康林：《构建人类命运共同体——全球治理的中国方案》,《马克思主义与现实》2017年第6期。

16. 刘敬东:《启蒙与救亡:在自由与富强之间——马克思世界历史理论的严复个案》,《哲学研究》2007年第9期。

17. 吕世荣:《马克思的世界历史思想与经济全球化》,《哲学研究》2002年第10期。

18. 曹绿:《马克思世界历史理论视野下逆全球化思潮批判》,《思想教育研究》2018年第7期。

19. 宋国栋:《马克思世界历史思想再思考》,《马克思主义研究》2018年第3期。

20. 王莉:《〈1857—1858年经济学手稿〉与马克思的"世界历史"思想》,《教学与研究》2017年第10期。

21. 李建国:《马克思主义视野下的"西方中心论"》,《思想教育研究》2017年第4期。

22. 成林、谌中和:《世界历史无非是自由的实现史:黑格尔和马克思的比较》,《马克思主义与现实》2016年第2期。

23. 刘敬东、王淑娟:《"唤醒"与"革命":英国侵略中国的历史后果——马克思世界历史理论的中国个案》,《哲学研究》2014年第12期。

24. 吴恒、刘勇:《马克思的"世界历史":概念与方法》,《学术界》2014年第12期。

25. 赵志勇、孙继龙:《马克思两种世界历史视阈交汇处的中国道路问题》,《社会科学战线》2014年第2期。

26. 刘会强:《论马克思世界历史理论的批判本质》,《河南师范大学学报》(哲学社会科学版)2013年第4期。

27. 李素霞:《世界普遍交往与卡夫丁峡谷的跨越——兼论马克思社会交往理论的方法论意义》,《马克思主义研究》2012年第5期。

28. 赵士发:《论马克思的世界历史视野及其对毛泽东的影响——兼谈世界历史理论的基本问题》,《哲学研究》2011年第7期。

29. 罗文东:《马克思主义的"世界历史"和"国际化"理论与超国家垄断资本主义的新发展》,《思想理论教育导刊》2009年第6期。

30. 张盾、刘招明:《黑格尔和马克思的"世界历史"概念》,《马克思主义与现实》2009年第3期。

31. 向延仲：《马克思对黑格尔世界历史观念的超越》，《学术论坛》2005年第1期。

32. 赵士发：《马克思对世界历史理论的革命性变革——从历史哲学的视角看》，《哲学研究》2004年第9期。

33. 何颖：《马克思的世界历史理论》，《马克思主义研究》2003年第2期。

34. 张云飞：《马克思社会发展理论的结构向度》，《中国人民大学学报》2000年第6期。

35. 张云飞：《马克思东方社会理论的方法论特征》，《中国人民大学学报》1997年第3期。

36. 韩海涛、李珍珍：《马克思世界历史理论的三重意蕴》，《科学社会主义》2018年第4期。

37. 曲萌、孟根龙：《论〈资本论〉时代马克思的世界历史思想》，《山东社会科学》1996年第5期。

38. 安启念：《马克思的大唯物史观及其史学价值》，《理论探索》2016年第1期。

39. 吴于廑：《时代和世界历史——试论不同时代关于世界历史中心的不同观点》，《江汉学报》1964年第7期。

40. 吴于廑：《世界史学科前景杂说》，《内蒙古大学学报》（哲学社会科学版）1985年第4期。

41. 徐艳玲、张琪如：《新一轮"逆全球化"本质的多维反思》，《毛泽东邓小平理论研究》2018年第12期。

42. 袁堂卫、张志泉：《逆全球化、再全球化的马克思主义分析》，《马克思主义研究》2019年第9期。

43. 谌中和：《马克思晚年学术转向的思想史意义》，《中国社会科学》2016年第5期。

44. 何萍：《马克思主义世界历史理论中的决定论与非决定论——关于马克思、卢森堡、列宁的一个比较研究》，《哲学研究》2008年第3期。

45. 李包庚：《世界普遍交往中的人类命运共同体》，《中国社会科学》2020年第4期。

46. 周康林：《马克思"世界历史"思想的问题域与当代启示》，《教学与研究》2022年第4期。

47. 周康林、郝立新：《马克思"人民主体"思想的内在逻辑与当代价值》，《马克思主义研究》2019年第7期。

48. 周康林：《中国式现代化道路的哲学意蕴探析》，《中国特色社会主义研究》2022年第1期。

49.〔意〕B.克罗齐：《一切历史都是当代史》，田时纲译，《世界哲学》2002年第6期。

后 记

本书是在博士学位论文《马克思"世界历史"思想及其当代价值研究》基础上进行较大幅度修改和完善的成果。从撰写博士学位论文到提交博士学位论文，我始终感觉还有一些重要问题没有得到解决，这种带有执念的困扰推动我在博士后工作期间着力解答这些问题。直到拙文《马克思"世界历史"思想的问题域与当代启示》在《教学与研究》2022年第4期上获得了学术争鸣的机会，我算是搞清楚了马克思"世界历史"思想的出场逻辑与深化路向，并尝试以"问题域"的方式去把握马克思"世界历史"思想。这个具有自我突破意义的成功尝试为我修改和完善书稿指明了新方向。在这个过程中，导师郝立新教授给予我无私厚爱和极具专业性的指导，引领我带着问题思考并取得自我突破。博士后合作导师侯衍社教授对书稿的修改和完善提出了许多针对性意见。博士学位论文答辩主席张雷声教授和答辩委员孙熙国教授、肖贵清教授、张云飞教授、熊晓琳教授等人亦提出宝贵意见。宁波大学李包庚教授、肖东波教授（退休）、刘友女教授等人对我的求学成长亦提供诸多关心帮助。同时，学界前辈的代表性成果对我亦有很大启发，这里不一一列举。社会科学文献出版社充分肯定本选题的出版价值，为本书高质量出版提供全方位的保障，特别是责任编辑王小艳老师为本书出版付出了非凡智慧和巨大心血。中国人民大学马克思主义学院陈莹莹博士、王晓菲博士、葛瑶博士、吴小玉博士、陈晓晨博士参与了本书稿的校对工作。在此，谨向大家表示由衷感谢！

学术与生活是一体两面。学术求真需要生活世界平稳、丰富以提供更加从容的思考心境。我曾长时间经历"没有日常的生活"与"没有生活的日常"，深知生活世界匮乏容易滋生急于求成的学术心态。感恩遇见我的爱人于婉舒女士，我漂泊的灵魂终于找到了渴望已久的归宿。书稿是在爱人怀孕期间进行修改并获得国家社科基金后期资助项目立项的，在小孩出生后着手推进结项申请和出版事宜。感谢岳父于兆山先生、岳母何新女士提供的鼎力支持，也感谢远在贵州老家的父亲周乐国先生、母亲罗金芝女士的默默付出，让我能够兼顾到学术研究与生活世界。面对未来学术与生活的张力，我想，唯有心中热爱方可弥合。

  由于水平有限，呈现给大家的这部著作肯定会存在诸多不足，敬请批评指正！

周康林

2024 年 6 月 3 日